Couvertures supérieure et inférieure manquantes

PROVERBES
sur
LES FEMMES

PARIS. — IMPRIMERIE CHARLES BLOT, RUE BLEUE, 7.

PROVERBES
SUR
LES FEMMES
L'AMITIÉ
L'AMOUR ET LE MARIAGE

RECUEILLIS ET COMMENTÉS
PAR
M. QUITARD
Auteur du *Dictionnaire des Proverbes*

NOUVELLE ÉDITION
CONSIDÉRABLEMENT AUGMENTÉE

PARIS
GARNIER FRÈRES, LIBRAIRES-ÉDITEURS
6, RUE DES SAINTS-PÈRES, 6
—
1880

AVIS DES ÉDITEURS

La PREMIÈRE ÉDITION de ce Livre, tiré à plusieurs milliers d'exemplaires, est entièrement épuisée depuis quelques années. Celle que nous publions aujourd'hui, d'après les nombreuses demandes qui nous ont été adressées, n'est pas une reproduction pure et simple de la précédente. Outre les retouches et les additions que l'auteur a faites à l'ancien texte, cette édition comprend une assez grande quantité d'articles inédits, et non moins instructifs qu'amusants par la variété des traditions, des usages, des origines et des documents précieux qu'elle contient. Grâce à toutes ses améliorations, cet ouvrage est devenu plus nouveau et plus amusant ; et nous sommes fondés à espérer que le public voudra bien l'accueillir avec la même faveur dont il a honoré celui dont il est le corrigé et le complément.

AVERTISSEMENT
DE LA PREMIÈRE ÉDITION

Il y a longtemps que je m'occupe DES PROVERBES, considérés comme expression des mœurs et des coutumes nationales. J'en ai publié, en 1842, un dictionnaire qui a obtenu quelque succès en France et à l'étranger. Depuis, j'ai revu et considérablement augmenté ce premier travail, dont j'ai inséré de nombreux fragments inédits dans mes *Études historiques, littéraires et morales sur les proverbes français*, etc.

Il m'a paru piquant de détacher encore de mon manuscrit les proverbes, maximes et dictons relatifs aux Femmes, à l'Amitié, à l'Amour et au Mariage, et de former, en leur donnant des développements nouveaux, une sorte de blason proverbial de ces quatre objets, sur lesquels on n'a cessé et on ne cessera jamais d'écrire.

Je n'ai point voulu suivre l'exemple des auteurs qui se sont amusés à faire des archives de satire et de scandale contre le beau sexe. J'ai dit de lui le bien comme le mal avec une liberté consciencieuse, et j'ai tenu à respecter mon sujet. J'espère donc qu'il ne désapprouvera point les vérités que ce petit livre lui présente, vérités sérieuses quoique sous une forme parfois plaisante et vive.

Puisse le public, de son côté, l'accueillir avec la même indulgence que mes publications précédentes.

PROVERBES

SUR LES

LES FEMMES

Il faut trente qualités à une femme pour être parfaitement belle.

C'est ce qu'a dit le premier l'auteur d'un vieux livre français intitulé : *De la Louange et de la Beauté des dames*, où il a résumé trois par trois en dix triades, les trente choses qui, suivant lui, constituent la perfection, la beauté idéale de la forme féminine telle que fut, dit-on, celle d'Hélène.

Corniger a mis le texte français en dix-huit vers latins, qui ont été insérés par Jean Nevizan dans sa *Forêt nuptiale*, et qui débutent ainsi :

Triginta hæc habeat quæ vult formosa vocari.
Fœmina sic Helenam fama fuisse refert.

« La femme qui veut être reconnue belle doit avoir les trente qualités que la renommée attribue à Hélène. »

Vient ensuite l'énumération de ces trente qualités dont nous donnons la traduction tirée du conte de Saintine intitulé : un *Rossignol pris au trébuchet* :

> Trois choses blanches : la peau, les dents et les mains ;
> Trois noires : les yeux, les sourcils et les cils ;
> Trois rouges : les lèvres, les joues et les ongles ;
> Trois longues : le corsage, les cheveux et les cils ;
> Trois larges : la poitrine, le front et les hanches ;
> Trois étroites : la bouche, la ceinture et le cou-de-pied ;
> Trois grosses : le bras, le mollet et *** ;
> Trois arquées : la taille, le nez et les sourcils ;
> Trois rondes : le sein, le cou et le menton ;
> Trois petites : le pied, la main et l'oreille.

Il faut choisir une femme avec les oreilles plutôt qu'avec les yeux.

Il faut considérer la bonne réputation plutôt que la beauté de celle qu'on veut prendre pour épouse. Ne regarder qu'à la beauté dans le choix d'une épouse, c'est vouloir, comme disait la reine Olympias, *se marier pour les yeux*, ou, suivant une expression dont Corneille s'est servi : *épouser un visage*.

Heirathe den Weib, nicht die Gestalt (prov. allemand), *Épouse la femme, non la figure*.

On lit dans les *Préceptes de mariage* de Plutarque :

« Il ne faut pas se marier au gré de ses yeux seulement, ni au rapport de ses doigts, comme font aucuns qui comptent sur leurs doigts combien leur femme leur apporte en mariage, et ne considèrent pas premièrement si elle est conditionnée de sorte qu'ils puissent vivre heureux avec elle. »

Lamothe le Vayer dit que le sommeil dans lequel Dieu plongea notre premier père, au moment où il

voulut lui donner une compagne, est un avis de nous
défier de notre vue et de prendre une femme les yeux
fermés.

**Fille honnête et morigénée
Est assez riche et bien dotée.**

Cette maxime rimée est prise de la réponse que fit
Bias, l'un des sept sages de la Grèce, à quelqu'un qui
lui demandait quelle était la meilleure dot d'une fille.
C'est une vie pudique, dit le philosophe. La demande
et la réponse ont été renfermées dans cet hexamètre
du poëte Ausone :

Quæ dos matronæ pulcherrima ? — Vita pudica.

« Diamant qui n'a point de tache est toujours bien
enchâssé. Il en est de même d'une fille : elle est assez
noble et assez riche si elle est chaste, modeste et vertueuse. » (Maxime chinoise.)

Gratia super gratiam mulier sancta et pudorata. (*Ecclesiastic.*, XXVI, 19.) « La femme sage et pudique a une
grâce au-dessus de toute grâce. »

Maison faite et femme à faire.

Il faut acheter une maison toute faite, afin de ne pas
être exposé aux inconvénients et aux dépenses qu'entraîne la bâtisse, et il faut prendre une jeune femme
dont le caractère ne soit pas entièrement formé, afin
de pouvoir la façonner sans peine à la manière de
vivre qu'on veut lui faire adopter.

Les Anglais disent dans le même sens : *A horse made
and a wife to make.* — Cheval fait et femme à faire.

Il faut être le compagnon et non le maître de sa femme.

Traduction littérale du proverbe roman :

*De sa molher cal estre
Lo companho no lo maestre.*

Il faut que l'autorité d'un mari sur sa femme soit celle de la raison. Il doit s'appliquer à la diriger par de sages conseils, non par des prescriptions rigoureuses, être pour elle un guide bienveillant, non un dominateur tyrannique.

La nature a soumis la femme à l'homme, mais la nature ne connaît point d'esclaves. (Prov. chinois.)

« Il faut, dit Plutarque dans ses *Préceptes de mariage*, que le mari domine la femme, non comme le seigneur fait son esclave, ains (mais) comme l'âme fait le corps, par une mutuelle dilection et affection dont il est lié avec elle, et en lui complaisant et la gratifiant. »

On lit dans une interprétation talmudique du passage de la Genèse sur la création d'Ève : « Si Dieu eût voulu que la femme devînt le chef de l'homme, il l'eût tirée de son cerveau; s'il eût voulu qu'elle fût son esclave, il l'eût tirée de ses pieds. Il voulut qu'elle fût sa compagne et son égale, en conséquence il la tira de son côté. » Ce que saint Thomas a redit, en l'amplifiant de cette manière : « Dieu a créé ainsi la première femme d'abord par égard pour la dignité de l'homme, afin que l'homme fût lui seul le principe de toute espèce, comme Dieu est le seul principe de tout l'univers. En second lieu, la femme n'a pas été créée de la tête de l'homme, afin que l'on sache qu'elle ne doit pas dominer l'homme en maîtresse de l'homme; en troisième lieu, elle n'a pas été créée des pieds de l'homme, afin que l'on sache qu'elle ne doit pas être méprisée de l'homme comme la servante et l'esclave de l'homme ; mais elle a été créée du côté de l'homme, du cœur même de l'homme, afin que l'on sache qu'elle doit être aimée par l'homme comme la moitié de l'homme, la compagne de l'homme, l'égale de l'homme. »

Ce passage de saint Thomas a été traduit et cité par le P. Ventura dans un sermon.

Les Arabes prétendent que Dieu ne voulut point tirer la femme de la tête de l'homme, de peur qu'elle ne fût coquette, ni de ses yeux, de peur qu'elle ne jouât de la prunelle, ni de ses oreilles, de peur qu'elle ne fût curieuse, ni de ses mains, afin qu'elle ne touchât point à tout, ni de ses pieds, afin qu'elle n'aimât pas trop à courir. Il la tira de la côte, de l'innocente côte d'Adam ; et, malgré tant de précautions, ajoutent-ils malicieusement, elle eut un peu de tous ces défauts à la fois.

Rien n'est meilleur qu'une bonne femme.

Nil melius mulier bona. Ce texte latin, dont le proverbe est la traduction littérale, se trouve dans un recueil de sentences morales en vers latins, qu'Abélard composa pour l'instruction de son fils.

Mais Hésiode avait dit avant Abélard : « Il n'est aucun bien préférable à une bonne femme. »

Le trouvère Chardy, dans le *Petit Plet*, poëme publié au treizième siècle, emploie cette autre sentence analogue : *Une bonne femme est le plus grand bienfait de la Providence.*

Qui invenit mulierem bonam, invenit bonum, et hauriet jucunditatem a Domino. (Salomon, *Prov.*, XXVIII, 22.)

« Qui a trouvé une bonne femme a trouvé le bien par excellence, et il a reçu du Seigneur une source de joie. »

Mulieris bonæ beatus vir : numerus enim annorum illius duplex. (*Ecclesiastic.*, XXVI, 1.) « Heureux le mari d'une bonne femme, car le nombre de ses années est doublé. »

Ce qui fait entendre, par contre, que la vie du mari d'une mauvaise femme est diminuée de moitié.

« La femme, dit Shakespeare, est un mets digne des dieux quand le diable ne l'assaisonne pas. »

Qui de femme honnête est séparé, d'un don divin est privé.

Proverbe qui paraît avoir été inspiré par ce passage de l'Ecclésiastique : « La bonne conduite de la femme est un don de Dieu. *Disciplina illius datum Dei est.* » (XXVI, 17.)

Une femme honnête est vraiment un *don divin*, et il n'y a point de plus grand malheur pour un mari que d'en être séparé, car il perd avec elle un sage conseil dans ses entreprises, une douce consolation dans ses chagrins, une heureuse assistance dans ses infirmités, une source d'agréments et de joie dans toutes les situations de la vie. Et quel trésor sur la terre pourrait valoir cette fidèle amie, cette tendre bienfaitrice ou plutôt cette providence de tous les instants : « Un pareil trésor, dit Salomon, est plus précieux que ce qu'on va chercher au loin et aux extrémités de la terre. *Procul et de ultimis finibus pretium ejus.* » (Prov., XXXI, 10.)

La femme fait la maison.

Tout irait mal dans une maison sans la femme, la femme sensée, bien entendu. C'est elle qui en est vraiment le génie tutélaire et qui en fait la prospérité, en y établissant l'ordre moral et matériel par sa sagesse, par sa surveillance, par son application aux détails du ménage et par une foule de soins que le mari ne saurait prendre aussi bien qu'elle.

Ce proverbe, auquel on ajoute souvent une contre-partie, en disant *la femme fait ou défait la maison*, existe depuis les temps les plus reculés. Il se retrouve dans les paroles suivantes de Salomon : *Sapiens mulier ædificat domum suam : insipiens exstructam quoque manibus destruet.* (*Prov.*, XIV, 1.) « La femme sage bâtit sa maison : l'insensée détruira de ses mains celle même qui était déjà bâtie. »

On lit dans le *Manava-Dharma Sastra*, ou livre de la loi de Manou : *La femme, c'est la maison*, et dans un poëte indien : *La femme, c'est la fortune.*

Les Allemands ont ce proverbe : *Die Haus Ehre liegt am Weib.* « L'honneur de la maison est à la femme. »

La plus honnête femme est celle dont on parle le moins.

« Les anciens, dit Jean-Jacques Rousseau, dans sa lettre à d'Alembert, avaient, en général, un très-grand respect pour les femmes; mais ils marquaient ce respect en s'abstenant de les exposer au jugement du public, et croyaient honorer leur modestie en se taisant sur leurs autres vertus. Ils avaient pour maxime que le pays où les mœurs étaient les plus pures était celui où l'on parlait le moins des femmes, et que la femme la plus honnête était celle dont on parlait le moins. » C'est sur ce principe qu'un Spartiate, entendant un étranger faire de magnifiques éloges d'une dame de sa connaissance, l'interrompit en colère : « Ne cesseras-tu point, lui dit-il, de médire d'une femme de bien ? » De là venait aussi que, dans leur comédie, les rôles d'amoureuses et de filles à marier ne représentaient jamais que des esclaves ou des filles publiques. »

Quoique nous n'ayons point pour les femmes le même respect que les anciens, nous n'en avons pas moins adopté la maxime proverbiale dont ils se servaient, comme d'une espèce de *criterium* qui leur faisait reconnaître le degré d'estime qu'ils devaient à chacune d'elles. Il y a même dans notre langue une expression vulgaire qui vient à l'appui de cette maxime : c'est l'expression *faire parler de soi*. Quand elle s'applique à une femme, elle emporte toujours une idée de blâme, tandis qu'elle se prend généralement dans un sens d'éloge quand elle se rapporte à un homme. *Cette femme fait parler d'elle* est une phrase qui signifie que cette femme donne lieu à de mauvais propos sur son compte par une conduite répréhensible. *Cet homme fait parler de lui* se dit ordinairement pour exprimer que cet homme se distingue par ses talents ou par ses belles actions.

La femme la mieux louée est celle dont on ne parle pas. (Prov. chinois.)

La maxime qui veut que la femme la plus honnête soit celle dont on parle le moins a été attribuée par quelques-uns à Périclès, par quelques autres à Thucydide, quoique celui-ci ne la cite que comme un mot de Périclès, et par Synésius à Osiris. Elle a été désapprouvée par Plutarque au début de son traité *Des vertus des femmes*. « Il me semble, dit-il, que Gorgias estoit plus raisonnable, qui vouloit que la renommée, non le visage de la femme, fût connue de plusieurs. »

La bonne femme n'est jamais oisive.

Si elle l'était, elle ne serait pas la bonne femme, c'est-à-dire celle qui se dévoue à la pratique de tous ses devoirs avec lesquels l'oisiveté *mère des vices* est incompatible; car, suivant une maxime de Pythagore « le phénix est une une femme oisive et sage à la fois. »

Notre proverbe est l'expression d'une pensée qui domine dans le portrait que Salomon a tracé de la *femme forte* ou vertueuse. Voici ce portrait où l'on verra la réunion des qualités qui devaient constituer le caractère de la femme par excellence dans les mœurs primitives :

« Qui trouvera la femme forte ? Elle est plus précieuse que ce qui s'apporte de l'extrémité du monde.

» Le cœur de son mari met sa confiance en elle, et il ne manquera point de dépouilles.

» Elle lui rendra le bien et non le mal pendant tous les jours de sa vie.

» Elle a cherché la laine et le lin, et elle a travaillé avec des mains sages et ingénieuses.

» Elle est comme le vaisseau d'un marchand qui apporte de loin son pain.

» Elle se lève lorsqu'il est encore nuit : elle a partagé le butin à ses domestiques et la nourriture à ses servantes.

» Elle a considéré un champ, et l'a acheté; elle a planté une vigne du fruit de ses mains.

» Elle a ceint ses reins de force, et elle a affermi son bras.

» Elle a goûté, et elle a vu que son trafic est bon; sa lampe ne s'éteindra point pendant la nuit.

» Elle a porté sa main à des choses fortes, et ses doigts ont pris le fuseau.

» Elle a ouvert sa main à l'indigent; elle a étendu ses bras vers le pauvre.

» Elle ne craindra point pour sa maison le froid ni la neige, parce que tous ses domestiques ont un double vêtement.

» Elle s'est fait des meubles de tapisserie; elle se revêt de lin et de pourpre.

» Son mari sera illustre dans l'assemblée des juges, lorsqu'il sera assis avec les sénateurs de la terre.

» Elle a fait un linceul et l'a vendu, et elle a donné une ceinture au Chananéen.

» Elle s'est revêtue de force et de beauté, et elle rira au dernier jour.

» Elle a ouvert sa bouche à la sagesse, et la loi de clémence est sur sa langue.

» Elle a considéré les sentiers de sa maison, et elle n'a point mangé son pain dans l'oisiveté.

» Ses enfants se sont levés et ont publié qu'elle était très-heureuse, son mari s'est levé, et il l'a louée.

» Beaucoup de filles ont amassé des richesses; mais vous (ô femme forte) les avez toutes surpassées.

» La grâce est trompeuse, et la beauté est vaine : la femme qui craint le Seigneur est celle qui sera louée.

» Donnez-lui du fruit de ses mains, et que ses propres œuvres la louent dans l'assemblée des juges. »
(*Proverbes*, ch. xxxi, trad. de Le Maistre de Sacy.)

Prends le premier conseil d'une femme, et non le second.

Les femmes jugent mieux d'instinct que de réflexion : elles ont l'*esprit prime-sautier*, suivant l'expression de Montaigne ; elles savent pénétrer le secret des cœurs et saisir le nœud des intrigues et des affaires avec une merveilleuse sagacité, et les soudains conseils qu'elles donnent sont presque toujours préférables aux résultats d'une lente méditation. C'est pour cela sans doute que les peuples celtiques leur attribuaient le don des oracles, et leur accordaient une grande influence dans les délibérations politiques. Ils disaient que *si la raison de l'homme vient de la vie et de la science, celle de la femme vient de Dieu.*

Les Hébreux, les Grecs et les Romains pensaient aussi que les femmes avaient des lumières instinctives qui leur venaient d'en haut. La Sulamite de Salomon, la Diotime de Platon et l'Égérie de Numa attestent, chez eux, l'existence de ce préjugé auquel l'Inde ne fut peut-être pas étrangère, comme le prouve le drame de Sacontala.

Les Chinois croient que les secondes vues chez les femmes ne valent pas les premières, et ils disent, par un proverbe semblable au nôtre : *Les premiers conseils des femmes sont les meilleurs, et leurs dernières résolutions sont les plus dangereuses.*

Ce que femme veut Dieu le veut.

Il n'y a pas moyen de résister à la volonté de la femme. Ce qu'elle veut doit s'accomplir comme si Dieu le voulait.

En attribuant ainsi à l'opiniâtre vouloir du beau sexe une force égale à la puissance divine, on n'a fait que prêter une nouvelle forme à une pensée fort ancienne qu'on trouve dans ce passage des *Troyennes* d'Euripide : « Toutes les folles passions des mortels sont pour eux autant de Vénus ; » et dans le 185e vers de l'*Énéide* de Virgile, liv. IX :

Sua cuique deus fit dira cupido.
Chacun se fait un dieu de son brûlant désir.

Les Latins avaient deux proverbes analogues, qu'ils appliquaient aux hommes comme aux femmes : « *Nobis animus est deus.* Notre esprit est un dieu pour nous. » « *Quod volumus sanctum est.* Ce que nous voulons est saint et sacré. » Le premier est rapporté en grec par Plutarque, et le second est cité par saint Augustin.

On connaît ce vers charmant de La Chaussée :

Ce que veut une femme est écrit dans le ciel.

Il est issu de notre proverbe comme une fleur de sa tige.

Le crayon de Grandville a illustré ce proverbe d'un dessin qui offre une scène de la vie privée. On y voit un marchand tenant un cachemire, un mari lisant la facture avec une espèce de contorsion qui signifie que madame doit renoncer au précieux tissu, et celle-ci pressant sur son sein le bras du Père Éternel, dont le geste commande la soumission au mari récalcitrant.

Toutes les circonstances sont très-bien caractérisées, tous les détails sont rendus fort joliment ; mais il est à regretter que l'artiste n'ait point songé à placer dans un coin le diable en tapinois, riant du Père Éternel qui a la bonhomie de soumettre sa volonté à celle de la femme.

Il n'est plus fort lien que de femme.

Il est presque impossible de se détacher d'une femme qu'on aime. L'amant dépité contre sa maîtresse a beau jurer de la fuir ; tous les serments que sa bouche prononce sont démentis par son cœur. Une attraction invincible le ramène sans cesse vers elle. Les efforts qu'il a faits pour relâcher les nœuds qui l'enlacent n'ont servi qu'à les resserrer davantage, et le voilà plus que jamais livré, corps et âme, à celle dont les regards si ravissants, les sourires si gracieux, les paroles si pleines de charme et les caresses si enivrantes, lui donnent, dans sa captivité, un bonheur qu'il n'eut pas dans son indépendance

Le proverbe : *Il n'est plus fort lien que de femme*, s'applique aussi au lien conjugal que tant de *maris bien marris* se plaignent de ne pouvoir rompre.

La plus belle femme (ou la plus belle fille) ne peut donner que ce qu'elle a.

Pour dire que, lorsqu'une personne fait tout ce qu'elle peut, il ne faut pas lui demander davantage.

Ce proverbe n'est pas juste sous tous les rapports ; car en amour une femme donne plus que ce qu'elle accorde, puisque c'est l'imagination qui fait le prix de ce qu'on reçoit. Ses faveurs *ont plus que leur réalité propre*, suivant l'heureuse expression de Montesquieu. Voltaire a très-bien dit aussi : « L'amour est l'étoffe de la nature que l'imagination a brodée. »

Stendhal a exprimé la même idée par cette comparaison ingénieuse : « Aux mines de sel de Saltzbourg, on jette, dans les profondeurs abandonnées de la mine, un rameau d'arbre effeuillé par l'hiver ; deux ou trois mois après, on le retire couvert de cristallisations brillantes : les plus petites branches, celles qui ne sont pas plus grosses que la patte d'une mésange, sont garnies d'une infinité de diamants mobiles et éblouissants ; on ne peut plus reconnaître le rameau primitif.

« C'est ce que j'appelle cristallisation, c'est l'opération de l'esprit qui tire de tout ce qui se présente la découverte que l'objet aimé a de nouvelles perfections. »

« C'est, dit-il encore, cet ensemble d'illusions charmantes qu'on se fait sur l'objet aimé que j'appelle cristallisation. »

Il n'est attention que de vieille femme.

Une jeune femme ne s'occupe guère que d'elle-même. Elle est enivrée de sa beauté au point de croire qu'elle n'a pas besoin d'autre séduction pour régner sur les hommes. Mais il n'en est pas de même d'une femme qui commence à vieillir. Elle sent que son empire ne peut plus se maintenir par des charmes qu'elle voit s'altérer chaque jour. Elle sacrifie sa vanité aux intérêts de son cœur ; elle s'applique à fixer l'homme qu'elle aime par les attraits de la bonté; elle est toujours aux petits soins pour lui plaire, et il n'y a point de douces prévenances, de délicates attentions qu'elle ne lui prodigue.

Ce proverbe s'entend aussi de certaines fonctions domestiques confiées aux femmes. Il est reconnu qu'une vieille femme s'en acquitte plus soigneusement qu'une jeune. Par exemple : elle est bien meilleure garde-malade, car elle ne cherche pas autant à prendre ses aises et ne craint pas que la privation de sommeil lui donne un teint pâle avec des yeux battus.

La femme est toujours femme.

C'est-à-dire toujours faible, toujours légère, toujours inconstante, etc.; tel est le jugement qu'en porte Virgile :

>...... Varium et mutabile semper
> Fœmina. (*Æneid.*, IV, 569.)

Ce que François Ier répétait dans le premier vers de ce distique inscrit par lui sur le panneau d'une fenêtre de Chambord :

> Toujours femme varie,
> Est bien fol qui s'y fie.

Shakespeare s'écriait : « *Frailty, thy name is Woman.* Fragilité, ton nom est femme. »

Est-il permis de douter de la vérité proverbiale affirmée par un roi et par deux grands poëtes? — Pourquoi pas? répondent les femmes : la parole royale, jadis réputée infaillible, n'a plus de crédit aujourd'hui, et les paroles des poëtes n'en ont jamais eu. Un d'eux a dit, et il faut l'en croire, qu'ils réussissaient mieux dans la fiction que dans la vérité.

La femme est un oiseau qu'on ne tient que par le bout de l'aile.

La glose, qu'on joint quelquefois au texte comme partie intégrante, ajoute que cet oiseau s'envole au premier instant et ne laisse qu'une plume dans la main de celui qui croyait le garder. C'est-à-dire, sans figure, que la femme est un être excessivement volage, qu'elle ne donne jamais sur elle de prise assurée et qu'elle ne peut être retenue dans aucun lien d'amour. Je n'ose dire qu'il en soit ainsi, quoique l'inconstance paraisse démontrée par une myriade d'exemples dont je n'ai pu trouver la vérité contestée dans aucune des apologies du beau sexe : mais je m'abstiendrai de dire le contraire tant que je verrai des ailes à l'oiseau.

Foi de femme est plume sur l'eau.

Cela signifie que la foi promise par une femme est aussi fugitive que la trace d'une plume sur l'eau, ce qui est pris du trait suivant d'une épigramme de Catulle :

> ... Mulier cupido quod dicit amanti,
> In vento et rapida scribere oportet aqua.

Ce que dit une femme à son crédule amant doit s'écrire sur le vent ou sur l'onde rapide.

Ce qui a beaucoup d'analogie avec le mot de Pittacus : « Les deux choses les plus changeantes sont le cours des eaux et l'humeur des femmes. »

Un proverbe des Scandinaves dit : *Ne vous fiez point aux promesses de la femme, car son cœur a été fait tel que la roue qui tourne.* Comparaison qui se retrouve appliquée à l'insensé dans ce verset de l'Ecclésiastique : *Præcordia fatui quasi rota carri, et quasi axis versatilis cogitatus illius* (XXXIII, 5). « Le cœur de l'insensé est comme la roue d'un char, et sa pensée comme l'essieu mobile. »

Les Orientaux expriment une idée analogue par cette triade proverbiale : *L'amitié des grands, le soleil d'hiver et les serments d'une femme sont trois choses qui n'ont point de durée.*

Les Espagnols ont ce proverbe qu'ils emploient dans le même sens que le nôtre : *Quien prende el anguila por la cola y la mujer por la palabra bien puede decir que no tiene nada.* — *Qui prend l'anguille par la queue et la femme par la parole, peut bien dire qu'il ne tient rien du tout.*

Un poëte, Alexandre Soumet, a mis dans la bouche de l'Antechrist, roi des enfers, les vers suivants contre l'inconstance et la perfidie des femmes :

> O femmes ! sous nos pas embûche si profonde,
> Flot le plus orageux de l'océan du monde,
> Pour vous livrer son sort qu'il faut être insensé !
> Le désespoir habite où la femme a passé.
> Artisans de malheur entre tout ce qu'on aime,
> De la déception votre charme est l'emblème,
> Et votre doux regard, sur nos fronts arrêté,
> Est déjà le rayon de l'infidélité.
> A tout rêve nouveau vous vous laissez conduire ;
> Autant que le démon l'ange peut vous séduire.
> Vos regrets n'ont qu'une heure. On voit briller vos pleurs
> Moins longtemps à vos yeux que la rosée aux fleurs ;

En vain à consoler la pitié vous invite,
Près des grands dévouements vos pieds froids passent vite!
Sœurs de l'ingratitude et reines de l'oubli,
Vos cœurs dans la constance ont toujours défailli.

(*Divine Épopée*, ch. IX.)

L'amour d'une femme est un sable mouvant sur lequel on ne peut bâtir que des châteaux en Espagne.

Ce mot proverbial est un trait d'*humour* de bon aloi. Tout y frappe et y surprend agréablement l'esprit. Les idées et les expressions en sont ingénieuses; leur assortiment est bien entendu, leur progression est habilement calculée pour amener naturellement et sans disparate le trait final qu'il serait difficile de prévoir : circonstance qui le rend bien plus piquant.

Il ne faut pas se fier à femme morte.

Voilà une fameuse hyperbole proverbiale ! elle est traduite de texte latin : *Mulieri ne credas, ne mortuæ quidem;* lequel est lui-même traduit du grec. Diogénien, grammairien qui vivait sous l'empereur Adrien, dit dans son recueil de proverbes qu'elle fut imaginée par allusion à la funeste aventure d'un jeune homme qui, étant allé visiter le tombeau de sa marâtre, fut écrasé par la chute d'une colonne élevée sur ce tombeau.

Les Anglais expriment la même défiance envers les femmes, en disant que le diable assoupit rarement leurs mensonges dans la fosse : *Seldom lies the devil dead in a ditch.*

> Si la femme était aussi petite qu'elle est bonne, il suffirait d'une feuille de persil pour lui faire un habillement complet et une couronne.

Manière originale et comique de classer la bonté de la femme parmi les infiniment petits. J'ai entendu citer quelquefois, en Provence, cette plaisanterie proverbiale, qui est également usitée en Italie, et je ne saurais dire avec certitude dans lequel des deux pays elle a pris naissance ; mais comme elle me paraît remonter au delà du treizième siècle, je serais tenté de croire qu'elle a été imaginée par quelque troubadour qui aura voulu s'égayer aux dépens du sexe dans quelque sirvente satirique.

> Femme rit quand elle peut et pleure quand elle veut.

La femme a peu d'occasions de rire, et elle en a beaucoup de pleurer ; mais, par compensation, elle sait tourner ces dernières à son avantage, et il faut bien croire que les larmes lui plaisent, puisqu'elle en répand à volonté. Ovide prétend que la facilité des larmes chez les femmes est le résultat d'une étude spéciale.

> *Ut flerent oculos erudiere suos.*
> « Elles ont instruit leurs yeux à pleurer. »

> Larmes de femme, assaisonnement de malice.

Ce proverbe, littéralement traduit du latin : *Muliebres lacrymæ condimentum malitiæ*, signifie que lorsqu'une femme veut vous servir un plat de son métier, elle y met ses larmes en guise de sauce.

On lit dans les distiques de Dyonisius Caton :

Tum lacrymis struit insidias quum fœmina plorat.
La femme qui pleure dresse des embûches au moyen de ses larmes.

Les Italiens disent : *Due sorte di lagrime negli occhi delle donne, una di dolore, altra d'inghanni. Deux sortes de larmes dans les yeux des femmes, l'une de douleur et l'autre de tromperie.* Ils disent encore : *Le donne sono simile al coccodrillo : per prendere l'uomo piangono e presso lo divoranno. Les femmes sont semblables au crocodile : pour prendre l'homme, elles pleurent, et une fois pris, elles le dévorent.*

Caresses de femme, caresses de chatte.

La chatte est un animal égoïste et perfide. Elle ne nous caresse pas, elle se caresse à nous, suivant l'expression de Rivarol, et dans ce manége, qui n'a que de douces apparences, elle nous fait sentir ses griffes acérées, sorties tout à coup du velours qui les recouvre. S'il fallait en croire le proverbe, la femme, à qui l'on suppose une nature féline, agirait de même, dans des vues personnelles et artificieuses. Elle ne chercherait auprès de l'homme que son propre intérêt et son propre plaisir; elle ne lui prodiguerait ses aimables cajoleries que pour déguiser les trahisons qu'elle médite contre lui. Cette accusation, qu'on prétend justifier par quelques faits particuliers, est généralement fausse et odieuse. J'en dis autant de la maxime suivante des Grecs rapportée par Stobée : « Rien n'est plus dangereux qu'une femme lorsqu'elle emploie les caresses. »
De telles incriminations sont détruites par leur exa-

gération même. Il faut être sans cœur pour redouter un guet-apens dans les témoignages d'amour qu'on reçoit d'une belle, et pour supposer des griffes satanées aux mains satinées qu'elle tend à nos baisers.

La femme sait un art avant le diable.

Il faut que cet art soit de notoriété publique pour que son nom ait pu être supprimé dans le texte proverbial sans donner à personne l'embarras de le deviner. Est-il quelqu'un, en effet, qui ait besoin de consulter la glose pour savoir que c'est l'art de tromper? La glose dit que la femme la plus innocente est plus habile pour tromper que le diable le plus malin.

Je n'examinerai point si cette glose n'est pas pire que le texte, et s'il n'y a pas beaucoup à rabattre de cette opinion, si accréditée parmi les hommes, que la femme est un être pétri de ruse, de fausseté et de malice, qui met tout son esprit à ne pas se laisser deviner, pour mieux assurer le succès de ses artifices, et dont on ne doit attendre que d'amères déceptions. Je me borne à rapporter l'accusation publique formulée par le proverbe, sans prétendre la juger, et je laisse au beau sexe le soin d'y répondre, ce qu'il ne manquera pas de faire; car *jamais femme*, dit-on, *n'a gâté sa cause par son silence.*

L'homme est de feu, la femme d'étoupe, le diable vient qui souffle.

Et sous le souffle du diable, le feu de l'homme se communique à la femme d'autant plus vite que la matière dont on la dit formée est plus inflammable. En un instant tous deux brûlent à l'unisson, et le diable, qui ne veut pas laisser leur combustion incomplète, continue à souffler de toute sa force, jusqu'à ce qu'il les ait bien enflammés. N'allez pas croire pourtant qu'ils soient réduits en cendres.

> Il n'est à l'époque présente
> Aucun amant, aucune amante
> Dont l'amour cause le trépas;
> Ils ont tous un cœur d'amiante
> Que le feu ne consume pas.

Et puis, le diable est obligé d'exercer son métier de souffleur sur tant de millions de couples, qu'il ne peut s'arrêter longtemps sur le même. Encore un moment, et vous allez voir celui qui se débat au milieu de l'incendie en sortir aussi frais que s'il venait de prendre un bain froid.

Ainsi le veut la nature qui, toujours soigneuse d'entretenir la durée par la modération, ne souffre pas que rien de violent soit durable, et ramène de l'excès qui détruit à la retenue qui conserve.

Qu'ils sont nombreux ces incendiés qui ont été rejetés tout à coup de l'enfer de feu dans l'enfer de glace!

Ce que diable ne peut, femme le fait.

La femme a de plus puissants moyens que le diable pour séduire et perdre les hommes : combien d'hommes, en effet, qui avaient eu la force de résister à leurs penchants criminels, ont fini par y succomber lorsque l'influence d'une femme est venue peser sur eux! Voyez les drames terribles qui se dénouent dans les cours d'assises : les catastrophes n'en sont-elles pas déterminées presque toujours par cette fatale influence?

Ce proverbe, qui était, je crois, un des axiomes de Méphistophélès, est traduit de ce texte latin du moyen âge : *Quod non potest diabolus mulier evincit.*

Le renard en sait beaucoup, mais une femme amoureuse en sait davantage.

La femme, ou la fille la plus simple, est toujours fort habile dans les affaires qui intéressent son cœur. On dirait que l'amour lui donne la faculté de tout voir. Rien ne lui échappe. Elle sait mettre à profit tout ce qui lui est favorable et tourner à son avantage les circonstances les plus compromettantes. Rien de subtil et d'exercé comme son instinct. Elle trouve mille expédients mieux imaginés les uns que les autres pour se tirer d'embarras; elle agit avec adresse et résolution dans des conjonctures où l'homme le plus fin tâtonne et délibère, et elle atteint le but quand celui-ci consulte encore sur les moyens d'y arriver.

La femme est une araignée.

C'est-à-dire qu'elle prend l'homme dans ses piéges comme l'araignée enlace le moucheron dans sa toile. Cette métaphore proverbiale, usitée au quinzième siècle, n'est pas gracieuse, mais elle paraît juste, et son défaut de délicatesse est compensé par son énergie. Notons, d'ailleurs, que la dénomination d'araignée n'avait alors rien d'ignoble. Louis XI était appelé dans un sens élogieux l'*Araignée universelle*, à cause de son travail incessant à ourdir la toile dont il occupait le centre et dont il étendait partout les fils.

L'œil de la femme est une araignée.

Cette variante du proverbe précédent ne s'applique guère qu'à une femme âgée dont l'œil, embusqué dans sa patte d'oie, reluque ardemment quelques jouvenceaux, comme l'araignée, tapie dans son réseau, guette quelque moucheron. Celle-ci n'est pas plus avide que l'autre d'avoir une proie à dévorer.

Prends femme, Jean, et dors tant que tu voudras, car elle saura bien te réveiller.

Les Orientaux disent : *Que celui qui ne sait pas se donner d'occupation prenne femme.* Mais leur proverbe est bien moins piquant que le nôtre, formé plaisamment d'une succession de traits inattendus, dont le dernier fait ressortir la naïveté malicieuse d'une manière vraiment comique.

Fou est le jaloux qui tente de garder sa femme.

Ce proverbe se trouve en langue romane dans le poëme de Flamenca :

> Bien es fols gilos que s'esforsa
> De gardar moillier.

Le conte suivant, rapporté avec quelques variantes de détails, dans plusieurs recueils étrangers, notamment dans les *Veillées allemandes* de Grimm, démontre fort bien l'extrême difficulté de garder une femme.

Un homme, qui se défiait de la fidélité de la sienne, appela un démon familier de sa connaissance et lui dit : « Mon bon ami, je vais faire un voyage, et je veux te confier la garde de mon honneur conjugal, pendant mon absence. Me promets-tu de ne laisser approcher aucun galant de ma maison ? — Volontiers, » répondit le diable, ne prévoyant pas à quelle rude corvée il s'engageait ; et le mari se mit en route, un peu rassuré sur les craintes dont il était assiégé. Mais il sortait à peine de la ville, que sa femme, pressée de se donner du bon temps avec ses amoureux, les avait déjà invités à venir tour à tour auprès d'elle. Le fidèle gardien chercha d'abord à faire manquer ces rendez-vous par toute sorte d'artifices. Bientôt après, sentant que son génie inventif n'y suffisait point, il entra en fureur et jura de traiter sans pitié tous les imprudents qui s'obstineraient à le contrarier. En effet, il assomma le premier qu'il surprit, noya le second dans une mare, enterra le troisième sous un tas de fumier, fit sauter le quatrième par la fenêtre, etc., etc., etc. Cependant, la dame était sur le point de tromper sa vigilance, lorsque le mari revint. « Ami, lui dit le diable tout essoufflé de fatigue, reprends la garde de ton logis ; je te rends ta femme telle que tu me l'as laissée : mais à l'avenir, choisis un autre surveillant ; je ne veux plus l'être, j'aimerais mieux garder tous les pourceaux de la forêt Noire que de forcer une femme d'être fidèle malgré sa volonté. »

Les Provençaux disent : *Vourië mai tenir un panier dë garris qu'uno fillo dë vingt ans.* « Il vaudrait mieux tenir un panier de souris qu'une fille de vingt ans. »

Une bonne femme est une mauvaise bête.

J'ai honte de rapporter ce grossier dicton, mais il tient à une circonstance nécrologique qui mérite d'être connue, et qui prouve, d'ailleurs, qu'il est gratuitement injurieux. Le seigneur des Accords nous apprend, dans son *Chapitre des notes*, qu'il est né de l'interprétation faite par les mauvais plaisants du monogramme lapidaire M. B., qui signifie *Mulier Bona* (femme bonne), et auquel ces messieurs ont voulu faire signifier *Mala Bestia* (mauvaise bête).

J'ajouterai que ce monogramme, qu'on inscrivait jadis sur les tombeaux des femmes, a donné lieu aussi à cet autre dicton : *Les bonnes femmes sont toutes au cimetière*.

Bonne femme, mauvaise tête.
Bonne mule, mauvaise bête.

Encore un dicton qui tient à l'interprétation que nos pères, grands amateurs de rébus, ont donnée abusivement au monogramme M. B. (*Mulier Bona*) dans lequel ils ont vu *Mula Bona* (mule bonne), tout aussi bien que *Mala Bestia*, ce qui a fait dire, en combinant les trois versions : *Une bonne femme et une bonne mule sont deux mauvaises bêtes*. A la vérité, le dicton : *Bonne femme, mauvaise tête; bonne mule, mauvaise bête*, n'indique la prétendue similitude des deux êtres que par un simple rapprochement, au lieu de la marquer en termes exprès; mais la réticence a été malignement calculée pour mieux attirer l'attention sur l'entêtement de la femme, auprès duquel n'est pas même compté celui de la mule, qui passe pourtant pour la bête la plus têtue. C'est un trait décoché avec une habileté perfide contre la tête féminine. Malgré cela, il ne reste pas moins impuissant que tous les autres traits auxquels cette tête a été destinée à servir de but. Elle est, dit-on, à l'épreuve de toutes les atteintes, par la faveur spéciale de Satan, toujours attentif à la conservation de son plus cher ouvrage; car sachez bien que Satan en a été le fabricateur. Ce n'est pas moi qui le dis; c'est un grave docteur *in utroque jure*. On lit dans le livre savant et curieux intitulé : *Sylva nuptialis* (la Forêt nuptiale), composé par Jean Nevizan, professeur de droit à Turin, au commencement du seizième siècle: « Dieu se plut à former dans la femme toutes les parties du corps qui sont douces et aimables; mais pour la tête, il ne voulut pas s'en mêler, et il en abandonna la façon au diable. *De capite noluit se impedire, sed permisit illud facere dæmoni.* »

Les impertinents prétendent que ce fait est hors de doute, attendu que l'ouvrage porte la marque de l'ouvrier.

La femme ne doit pas apporter de tête dans le ménage.

Le mot *tête* se prend pour *entêtement*, volonté opiniâtre, dans ce vieux proverbe qui correspond très-exactement, par le sens et par l'expression, à la maxime latine du moyen âge : « *Mulier non debet esse proprii capitis*. La femme ne doit pas avoir une tête à elle, » c'est-à-dire ne doit pas agir d'après sa propre tête.

C'est assez d'une seule tête chez un couple conjugal. S'il y en avait deux, elles ne sauraient compatir ensemble, car deux têtes de cette espèce ne sont pas de celles qui puissent réaliser le symbole proverbial des *deux têtes dans un bonnet*. Elles se choqueraient sans cesse comme les têtes de deux béliers furieux, et Dieu sait quels graves accidents il en résulterait pour l'une et pour l'autre. Il faut donc que la femme renonce à la sienne, qu'elle se soumette à l'autorité raisonnable de son mari, et qu'elle n'ait d'autre volonté que la volonté de son mari.

Les Danois disent : *Heureux ménage, lorsque la femme est sans volonté et qu'elle consulte son mari.*

La bonne femme est celle qui n'a point de tête.

Je crois que ce proverbe n'est qu'une variante du précédent. Mais au lieu de s'entendre au figuré, il s'entend presque toujours au propre. Cette scandaleuse acception, qu'y attachent les mauvais plaisants, est provenue d'une singulière anecdote que j'ai racontée dans mes *Études sur le langage proverbial*, et que M. Édouard Fournier, dans un savant et spirituel article sur mon ouvrage, a redite en termes nouveaux que je vais lui emprunter, persuadé que les lecteurs auront probablement plus d'agrément à lire sa rédaction qu'à relire la mienne.

« Je ne répète, a-t-il dit, le proverbe, avec son commentateur, que pour le réfuter comme lui, et prouver, à votre plus grande gloire, mesdames, que son origine est un contre-sens.

» Au seizième siècle, pour dire *renommée*, on disait *fame*, du latin *fama*, d'où cette expression : bien ou mal *famé*.

» Ainsi, parlant de la renommée, Ronsard a écrit dans la quatrième hymne de son livre Ier :

Mais la *fame* qui vole et parle librement….

» Les marchands qui ont toujours eu la manie de mettre sur leur enseigne une *bonne renommée*, qu'ils n'ont pas toujours, firent peindre au-dessus de leur boutique la bavarde déesse avec ces mots : *A la bonne fame*.

» Les peintres, qui savaient leur Virgile, n'avaient pas manqué de représenter la Renommée comme le demande le poëte, dans le 117e vers du quatrième livre de l'*Énéide*, c'est-à-dire la tête complétement perdue dans les nuages, *inter nubila*. De là vint l'erreur. En voyant cette déesse sans tête, avec ces mots sous ses pieds : *A la bonne fame*, on crut à une épigramme. Ce qui n'était, encore une fois, qu'un contre-sens, devint une malice qui court encore. »

Le cerveau de la femme est fait de crème de singe et de fromage de renard.

Bouffonnerie excessivement drôlatique pour faire entendre que la femme n'a pas de cerveau, puisque les deux animaux, types de malice et de ruse, avec lesquels ce dicton veut la montrer apparentée de nature, ne fournissent point les substances dont il suppose que son cerveau est composé. C'est un trait facétieux de l'*humeur gauloise*, en prenant le mot *humeur* dans le sens qu'il avait autrefois et que les Anglais donnent à leur mot *humour* qu'ils ont pris du nôtre.

Corps de femme et tête de diable.

Notre-Seigneur Jésus-Christ et saint Pierre se promenaient un soir, à la nuit tombante, dit une vieille légende populaire. Ils entendirent des cris qui annonçaient une grande querelle. Le Fils de Dieu ordonna à son apôtre d'aller au plus vite à l'endroit d'où partaient ces cris et d'y faire régner la paix. L'apôtre y courut, et y vit une femme aux prises avec le diable. Il s'efforça de les séparer et de les mettre d'accord, mais il eut beau faire et dire, le diable et la femme le repoussèrent et leur dispute continua plus opiniâtre. Indigné de voir son autorité ainsi méconnue, il ne put maîtriser un mouvement de colère et, tirant son glaive, il coupa la tête à l'un et à l'autre. Puis il retourna auprès de son divin maître, à qui il raconta ce qu'il venait de faire. Le Seigneur lui reprocha vivement cette action criminelle et le renvoya auprès de ses victimes, afin de rajuster la tête de chacune d'elles au corps dont elle avait été séparée. Saint Pierre repartit en toute hâte, désireux de réparer le mal. L'obscurité était déjà un peu épaisse quand il arriva. Il retrouva à tâtons les deux têtes, les remit de même en leur place et, les ayant entendues recommencer aussitôt la dispute, il se retira, persuadé que rien ne manquait à son opération. Cependant ce merveilleux rebouteur avait fait une étrange méprise : prenant une tête pour l'autre, il avait adapté celle de la femme au cou du diable et celle du diable au cou de la femme. De là le dicton : *Corps de femme et tête de diable.*

La femme et la poule se perdent pour trop courir.

« Tout le malheur des hommes, a dit Pascal, répété par Mme de Sévigné, vient d'une seule chose, qui est de ne pas savoir demeurer en repos dans une chambre. » Tout le malheur des femmes vient aussi de ne pas savoir se tenir à la maison. En prenant des *habitudes trottières*, elles s'exposent à rencontrer fréquemment des séducteurs qui les perdent, comme les poules des renards qui les croquent. Ce proverbe, commun à presque tous les peuples modernes, est fondé sur une observation qui remonte à la plus haute antiquité où l'on avait pour maxime que *la femme doit être sédentaire*, ce qu'on exprimait encore sous forme symbolique, en réduisant en cendre l'essieu du char d'hyménée sur le seuil de la maison de l'époux, lorsque l'épouse y faisait son entrée avec lui, après la cérémonie nuptiale.

On sait que Phidias avait voulu rappeler cette maxime en sculptant pour les Éliens une statue de Vénus, dont le pied posait sur la carapace d'une tortue.

Alciat a fait de cette statue l'emblème de la femme vertueuse. « O belle Vénus, dit-il, que signifie cette tortue que vous pressez sous un pied délicat? — C'est une leçon que Phidias a voulu donner aux personnes de mon sexe. Il leur conseille, par cet emblème, de rester toujours attachées à leur maison comme la tortue, sans jamais y faire plus de bruit qu'elle. »

> Temps pommelé et femme fardée
> Ne sont pas de longue durée.

Le temps est pommelé lorsqu'il y a des couches de ces petits nuages blancs qui ressemblent à des flocons de laine et qui sont appelés, en quelques endroits, par une métaphore assez heureuse, les *éponges du ciel.* Ce signe, paraît-il quand il fait beau, c'est une preuve que les vapeurs se condensent ; se montre-t-il quand il fait mauvais, c'est une preuve qu'elles se divisent, et, dans les deux cas, il indique un changement prochain dans l'état de l'atmosphère. — Le fard est un cosmétique pernicieux à la peau. Les femmes qui en font usage sont flétries bien promptement, et c'est là tout ce qu'elles gagnent à vouloir *mettre sur leur visage plus que Dieu n'y a mis,* comme dit le troubadour Pierre de Resignac ou Ricignac. — On lit à ce sujet dans la *Somme* de maître Drogon de Hautvillers, chanoine de Reims et professeur de droit civil, que « leurs visages sont des masques derrière lesquels sont cachées les figures que Dieu leur a données, et que c'est à elles que s'adresse cette apostrophe de saint Jérôme : « Par quelle audace levez-vous vers le ciel des visages que le Créateur ne reconnaît point[1] ? »

Antoine Lasale, traducteur de Bacon, dit que, selon toute apparence, ce sont les femmes laides qui ont imaginé le fard, pour masquer tout à la fois et leur propre laideur et les agréments des belles.

Le poëte Brébeuf a composé cent cinquante épi-

---

[1] J'ai tiré ce fragment de maître Drogon d'un plus long fragment que M. Charles d'Héricault a cité dans son commentaire sur les œuvres de Coquillart.

grammes sur une femme fardée. Je n'y ai vu, en général, que l'abus de l'esprit contre l'abus du fard.

Il y a deux variantes de ce proverbe qu'on a converti en triade, en y ajoutant, tantôt *feu de bourrée* et tantôt *pomme ridée*, qu'on intercale entre *temps pommelé* et *femme fardée*.

Les dames parisiennes se fardaient beaucoup au dix-huitième siècle. Un étranger, à qui l'on demanda ce qu'il pensait de leurs charmes, répondit sans façon : « Je ne me connais pas en peinture. »

> Soleil qui luisarne au matin,
> Enfant qui est nourri de vin
> Et femme qui parle latin
> Ne viennent pas à bonne fin.

Ce soleil est pluvieux, cet enfant est valétudinaire, et cette femme est supposée ne faire usage de son esprit que pour dominer ou tromper son mari.

On lit dans l'Histoire du Bas-Empire que l'empereur Théophile ne voulut pas épouser la belle Icasie, dont il était fort épris, parce qu'elle lui fit un jour une réponse si spirituelle qu'il en fut épouvanté.

« Une femme bel esprit, dit Jean-Jacques Rousseau, est le fléau de son mari, de ses enfants, de ses amis, de ses valets, de tout le monde. De la sublime élévation de son beau génie, elle dédaigne tous ses devoirs de femme et commence toujours par se faire homme à la manière de Mlle de Lenclos. Au dehors, elle est toujours ridicule et très-justement critiquée, parce qu'on ne peut manquer de l'être sitôt qu'on sort de son état et qu'on n'est point fait pour celui qu'on veut prendre. Toutes les femmes à grands talents n'en imposent qu'aux sots. On sait toujours quel est l'artiste ou bien l'ami qui tient la plume ou le pinceau quand elles travaillent ; on sait quel est le discret homme de lettres qui leur dicte en secret leurs oracles. Toute cette charlatanerie est indigne d'une honnête femme. Quand elle aurait de vrais talents, sa prétention les avilirait. Sa dignité est d'être ignorée, sa gloire est dans l'estime de son mari, ses plaisirs sont dans le bonheur de sa famille... Toute fille lettrée restera fille quand il n'y aura que des hommes sensés sur la terre. » (*Émile*, liv. V.)

Quæris cur nolim te ducere, Galla ? diserta es.
(Martial, XI, 20.)

On connaît cette pensée du vicomte de Bonald : « A un homme d'esprit il ne faut qu'une femme de sens. C'est trop de deux esprits dans un ménage. » Elle me rappelle la plaisante raison qu'allégua le troubadour Raymond de Miraval à sa femme en la répudiant : « Tu rimes comme moi : c'est assez d'un poëte dans un ménage. »

Mlle de Lespinasse disait : « Les femmes doivent être instruites, mais non savantes. »

Le préjugé contre les femmes savantes ou *clergesses*, comme on les appelait autrefois, était fort répandu dans le moyen âge, et les faisait passer pour magiciennes et sorcières. On croyait qu'elles étaient capables de faire éclore, par leur sueur, des monstres qui ne pouvaient être détruits qu'à force d'eau bénite et d'exorcismes. Il existe sur ce sujet diverses traditions plus absurdes les unes que les autres. Marchangy, dans son *Tristan*, ch. XXVI, en cite une d'après laquelle une femme savante de Ploujean (en Bretagne) aurait fait couver un œuf de serpent d'où serait sorti un dragon volant à trois têtes, qui ne se nourrissait que de sang humain.

L'opinion publique est aujourd'hui moins injuste pour les femmes qu'on nomme *bas bleus*. Elle se contente de les signaler comme ridicules, en faisant toutefois d'honorables exceptions en faveur de celles à qui on ne peut refuser de vrais talents ni attribuer des manières excentriques.

Jamais habile femme ne mourut sans héritier.

C'est-à-dire que si le mari n'a pas assez de savoir-faire pour lui en donner un, elle ne se fait pas scrupule de s'adresser à *la cour des Aides*, qui lui fournit le vrai moyen de prévenir le cas de déshérence. Ce proverbe est traduit de l'espagnol : *Muger ayuda no muere sin herederos*. On croit qu'il fut introduit dans notre langue par la citation qu'en fit le comte de Grignaux au comte d'Angoulême, devenu depuis François Ier, pour détourner ce prince de courtiser Marie d'Angleterre, troisième femme de Louis XII.

Il se pourrait pourtant qu'il fût en France d'aussi vieille date qu'en Espagne. Quoi qu'il en soit, l'idée qu'il exprime se retrouve chez divers peuples, et il est probable qu'elle a suggéré à Shakespeare ces paroles d'Yago à Desdémona dans le second acte d'*Othello* :
« Femme belle n'est jamais sotte. Elle aura toujours l'esprit de se faire un héritier. »

Qui femme a, noise a.

Saint Jérôme dit : « *Qui non litigat cœlebs est.* Celui qui n'a point de dispute vit dans le célibat. » Ce qui paraît avoir été un proverbe de son temps, inventé probablement par quelque moine. Ainsi, il est décidé par l'autorité même d'un Père de l'Église que les querelles sont inséparables de l'état de mariage. Mais est-ce avec raison que le tort de ces querelles est imputé aux femmes seules, comme le fait entendre cet autre proverbe formulé par Ovide : *Dos est uxoria lites.*

Consultez ces dames : elles répondront toutes qu'il appartient en entier aux maris, qui ont voulu les charger des reproches qu'ils méritent eux-mêmes. Après cela, tâchez de résoudre, si vous le pouvez, une question qui divise le genre humain en deux opinions si tranchées. Le plus sage est de croire que ces opinions sont également fondées. Montaigne dit très-bien, à la fin du chapitre v du livre III de ses *Essais* : « Il est bien plus aisé d'accuser un sexe que d'excuser l'autre. »

Cependant, s'il fallait émettre son avis sur cette grave question, je n'hésiterais pas à prononcer que les femmes ont plus souvent raison que les hommes, en me fondant sur cette maxime chinoise, qui n'est pas moins vraie à Paris qu'à Pékin : « Un mari ne connaît pas assez sa femme pour oser en parler, et une femme connaît trop bien son mari pour pouvoir s'en taire. »

La femme querelleuse est pire que le diable.

L'explication de ce proverbe se trouve dans ce distique latin d'un auteur du moyen âge :

> *Quid dæmone pejus ? — Mulier rixosa : fugatur*
> *Iste piis precibus fit, et hæc rabiosior illis.*

Qu'y a-t-il de pire que le diable ? — La femme querelleuse ; car si l'on a recours aux prières le diable s'enfuit, et la femme devient plus enragée.

Salomon dit deux fois dans ses Proverbes (XXI, 9 et XXV, 24): « Il vaudrait mieux être assis en un coin sur le toit de sa maison que de rester avec une femme querelleuse sous le même toit. »

Dans un autre endroit il compare la femme querelleuse à un toit d'où l'eau dégoutte toujours : *Tecta jugiter pestillantia litigiosa mulier.* (Prov., XIX, 13.)

Le peuple dit : *La femme est comme la botte : la meilleure est celle qui crie le moins.*

On ne peut avoir en même temps femme et bénéfice.

Il y avait autrefois des bénéfices que, durant certains mois, les collecteurs patrons étaient obligés de conférer aux gradués de l'Université ; mais ces gradués ne pouvaient y être nommés s'ils étaient mariés ; de là ce proverbe dont le sens était qu'on ne pouvait cumuler deux avantages.

Les Italiens emploient dans un sens analogue cette facétieuse ironie : « *Non si può avero la moglie ebbrice e la botta piena.* On ne peut avoir sa femme ivre et sa barrique pleine. »

Rien n'est pire qu'une méchante femme.

On disait au treizième siècle : *Le pire riens qui soit est une male femme*, c'est-à-dire une méchante femme. Mais ce proverbe remonte beaucoup plus haut. L'idée qu'il exprime se trouve dans l'*Iliade* où Agamemnon s'écrie : « O femmes, lorsque vous tournez au mal, les furies de l'enfer ne sont pas plus méchantes. » En effet, dès qu'elles ont renoncé à cette retenue qui est le premier mérite de leur sexe, il n'y a point d'excès dont elles ne deviennent capables. C'est une vérité qu'ont mise en évidence de grands poëtes tragiques dans la peinture qu'ils ont faite des femmes perverses et cruelles. Voyez lady Macbeth, de Shakespeare; Médée, Cléopatre et Rodogune, de P. Corneille.

M. V. Hugo, dans sa *Légende du beau Pécopin*, charmant épisode de ses *Lettres sur le Rhin*, cite le proverbe suivant sur la méchanceté féminine : *Les chiens ont sept espèces de rage, les femmes en ont mille*.

Je ne sais quelles sont les sept espèces de rage des chiens, et encore moins les mille des femmes.

Il y a plusieurs autres dictons grossiers où les femmes sont assimilées aux chiens sous divers rapports, parmi lesquels ne figure point, on le pense bien, celui de la fidélité. Je m'abstiens de les reproduire, car ils ne peuvent donner lieu à aucune remarque susceptible de quelque intérêt; mais je rappellerai qu'une telle assimilation existait dans le langage proverbial des anciens. Elle avait été suggérée peut-être par une tradition mentionnée dans une poésie de Simonide. Ce poëte dit que Dieu forma la femme de la substance d'une chienne, et la fit semblable à sa mère : *Mulierem ex cane fecit Deus, parenti suæ similem.* Ces mots latins sont la traduction littérale du texte grec, dont le sens allégorique n'a pas été expliqué par les commentateurs.

Il faut craindre sa femme et le tonnerre.

Voilà un rapprochement qui présente la femme comme un être bien redoutable. L'est-elle donc à ce point ? — Oui, s'il faut en croire l'*Ecclésiastique*, qui a fait de sa méchanceté un portrait effrayant, dont je ne citerai que ce trait analogue à notre proverbe : « *Non est ira super iram mulieris.* (xxv, 23.) Il n'y a pas de colère qui surpasse la colère de la femme. »

Virgile a dit : « On sait ce que peut une femme furieuse. *Notumque furens quid fœmina possit.* (*Æneid.*, V, 6.)

La conclusion morale à tirer du proverbe, c'est qu'il faut avoir pour sa femme des procédés pleins de douceur ; car plus son courroux est à craindre, plus il importe à l'homme de ne pas le provoquer.

La femme est un mal nécessaire.

Mulier malum necessarium, proverbe de tous les temps et de tous les lieux, pour signifier que l'homme ne peut se passer de la femme, et qu'il doit s'appliquer à vivre avec elle aussi bien que possible puisqu'il ne saurait vivre sans elle.

Un personnage de l'antiquité, qui avait épousé une femme presque naine, s'en excusait en disant : « J'ai choisi le plus petit des maux. »

Femme barbue, de loin la salue, un bâton à la main.

C'était un préjugé assez généralement admis dans le moyen âge qu'une femme qui avait de la barbe ne pouvait manquer d'être sorcière, et qu'il fallait se garantir de l'approche de ce suppôt de Satan, en usant d'abord de certains procédés poliment calculés pour ne pas l'irriter et en recourant enfin à des moyens coercitifs, *si faire autrement ne se pouvait.* C'est là précisément ce que recommande ce vieux dicton en disant de *la saluer de loin, un bâton à la main.*

Dans un temps où tant de gens étaient accusés d'être sorciers par tant d'autres qui certainement ne l'étaient pas, on ne se bornait point à regarder la barbe chez les femmes comme un indice de sorcellerie, on se figurait aussi que leur vieillesse en était un non moins manifeste, lorsqu'elle offrait certain caractère de laideur, et de là est venue la locution proverbiale de *vieille sorcière*, qui s'est conservée pour désigner une femme vieille, laide et méchante. Cette qualification injurieuse fut fondée, suivant Gerson, sur ce que les femmes vieilles ont toujours eu plus de penchant à la superstition que les jeunes (*Tract. contra superstitios, dierum observat.*), ce qui ne veut pas dire que les jeunes en soient exemptes; car la superstition abonde dans tout cœur féminin, s'il faut en croire Martin de Arles, qui a remarqué, dans son *Traité des superstitions*, que le nombre des sorcières a été en tout temps bien plus considérable que celui des sorciers. — Joignez à cela l'observation suivante faite par M. E. Pelletan : « La femme tourne aisément à la sorcellerie. Le jésuite Paul Leyman, envoyé comme inquisiteur en Allemagne pour y brûler des multitudes de sorciers, explique ainsi, dans son *Malleus maleficarum*, cette incorrigible condescendance de la femme à la volonté de Satan : — Le nom de femme, dit-il, vient de *mulier*, tendre ; *mulier* vient de *mollis*, qui a engendré, à son tour, *malleabilis*, malléable ; or, par cela même que la femme est malléable, elle est facile à pétrir, et le diable a toujours la main fourrée dans le pétrin. » Feuilleton de la *Presse*, 31 janvier 1850.)

Lactance avait donné de *mulier* une étymologie, semblable quant au fond, qui était reçue chez les Latins. On lit dans son traité intitulé : *De l'ouvrage de Dieu*, ch. XVII : « *Mulier* vient de *mollities*, et signifie la faiblesse et la mollesse. »

Femme qui prend se vend, femme qui donne s'abandonne.

Ce proverbe, qu'on divise quelquefois en deux, est une sentence émanée des anciennes cours d'amour. Il n'a une juste application qu'en matière de galanterie, pour signifier que la femme qui reçoit des présents d'un homme met son honneur en danger, et que celle qui fait des présents à un homme est tout à fait vile et déshonorée. J.-J. Rousseau a dit de cette dernière : « La femme qui donne est traitée par le vil qui reçoit comme elle traite le sot qui donne. »

Gabriel Meurier rapporte, dans son *Trésor des sentences*, ce distique proverbial, qui propose une excellente règle de conduite :

> Fille, pour son honneur garder,
> Ne doit ni prendre ni donner.

Une femme ne cèle que ce qu'elle ne sait pas.

C'est-à-dire qu'une femme est incapable de garder un secret. Mais cela doit s'entendre d'un secret qui lui est confié et non d'un secret qui lui appartient en propre; car elle cache toujours très-bien ce qui lui importe personnellement de cacher; par exemple, son indiscrétion ne va presque jamais jusqu'à révéler son âge, pour peu que cet âge dépasse le chiffre de la première jeunesse, et *si l'on veut la faire mentir à coup sûr, il n'y a qu'à le lui demander*, comme le dit un proverbe qu'on trouvera commenté dans ce recueil.

La conclusion à tirer de ce proverbe, c'est qu'il ne faut confier aux femmes que les choses dont on désire que le public soit instruit.

Les Orientaux conseillent de se tenir en garde contre les trahisons attribuées, à tort ou à raison, à la langue féminine, en disant : *Si la femme est mauvaise, méfie-toi d'elle; si elle est bonne, ne lui confie rien.*

A qui Dieu veut aider sa femme lui meurt.

Ce proverbe paraît être une allusion à l'histoire de Job, dont Dieu fit, dit-on, mourir subitement la femme, quand il le délivra de tous ses maux, et lui rendit sa belle existence; car il jugeait impossible que le saint homme pût redevenir complétement heureux en conservant sa mauvaise compagne. Ce fait, qui ne se trouve point mentionné dans le texte sacré, est de tradition juive, et il doit être considéré comme une de ces fables imaginées par les rabbins pour expliquer et corroborer l'esprit de la Bible généralement hostile aux filles d'Ève.

Nous avons encore ce proverbe singulier sur l'avantage qu'un *mari bien marri* croit retirer de la mort de sa femme : *A qui perd sa femme et un denier c'est grand dommage de l'argent.* Les Italiens disent de même : *Chi perde la sua moglie e un quattrino, ha gran perdita del quattrino.*

> Deuil de femme morte
> Dure jusqu'à la porte.

Trop souvent, hélas! il ne va guère plus loin, et quelquefois même il y a lieu de soupçonner qu'il n'irait pas jusque-là s'il n'était accompagné du mécontentement que peut causer encore la présence de la morte. C'est un dernier effet de l'antipathie conjugale à laquelle cette contrariété semble communiquer une apparence de douleur, et voilà pourquoi l'on accuse les maris d'être toujours pressés de faire enterrer leurs femmes. On connaît le mot de celui qui ordonna de porter la sienne au cimetière au moment même où elle venait d'expirer. Comme on lui représentait que le corps était encore tout chaud : « Faites ce que je dis, s'écria-t-il en colère : elle est assez morte comme cela. »

> Ci-gît ma femme. Ah! qu'elle est bien,
> Pour son repos et pour le mien!

Cette épitaphe épigrammatique passée en proverbe a été faussement attribuée à Piron; elle est du jurisconsulte Jacques du Lorens, connu par un recueil de satires imprimé en 1624. Nicolas Bourdon, poëte latin, ami de l'auteur, la reproduisit dans ce distique assez joliment tourné qu'on a pris à tort pour l'original :

> Clausa sub hoc tumulo conjux jacet. O bene factum !
> Nam requiesco domi, dum requiescit humi.

Bientôt après elle fut traduite en anglais, en italien et en plusieurs autres langues, qui en firent comme la nôtre la devise de tout mari joyeux d'avoir enterré sa femme.

La chandelle se brûle, et cette femme ne meurt point.

Dicton usité par plaisanterie parmi le peuple de Paris, en parlant d'une chose qui se fait attendre ou d'une espérance qui tarde à se réaliser. On prétend qu'il fut, dans le principe, un mot d'impatience échappé à un certain mari qui, témoin de l'agonie de sa femme, se désolait de la voir durer plus longtemps que la chandelle bénite, allumée, selon l'usage, au chevet du lit de l'agonisante.

Ce n'est rien, c'est une femme qui se noie.

Mauvaise plaisanterie de quelque Sganarelle. Celui de Molière en fait une de la même espèce. Lorsque la suivante de Célie l'appelle en s'écriant : « Ma maîtresse se meurt ! » il lui répond :

> .... Quoi ! ce n'est que cela.
> Je croyais tout perdu de crier de la sorte.

Un proverbe espagnol venge le beau sexe de l'injustice du nôtre. Une femme y dit : « *No es nada, sino que matan a mi marido.* Ce n'est rien, c'est mon mari que l'on tue. »

Je partage le sentiment exprimé par La Fontaine dans les vers du début de sa fable intitulée *la Femme noyée*.

> Je ne suis pas de ceux qui disent : *Ce n'est rien,*
> *C'est une femme qui se noie ;*
> Je dis que c'est beaucoup, et ce sexe vaut bien
> Que nous le regrettions, puisqu'il fait notre joie.
> (Liv. III, fable XVI.)

Il est permis de battre sa femme, mais il ne faut pas l'assommer.

Ce proverbe a été originairement une formule de droit coutumier. Plusieurs anciennes chartes de bourgeoisie autorisaient les maris, en certaines provinces, à battre leurs femmes, même jusqu'à effusion de sang, pourvu que ce ne fût pas avec un fer émoulu et qu'il n'y eût point de membre fracturé. Les habitants de Villefranche, en Beaujolais, jouissaient de ce brutal privilége qui leur avait été concédé par Humbert IV, sire de Beaujeu, fondateur de leur ville. Quelques chroniques assurent que le motif d'une telle concession fut l'espérance qu'avait ce seigneur d'attirer un plus grand nombre d'habitants, espérance qui fut promptement réalisée.

On trouve dans l'*Art d'aimer*, poëme d'un trouvère, la recommandation suivante : « Garde-toi de frapper ta dame et de la battre. Songe que vous n'êtes point unis par le mariage, et que, si quelque chose en elle te déplaît, tu peux la quitter. »

La chronique bordelaise, année 1314, rapporte ce fait singulier : « A Bordeaux, un mari, accusé d'avoir tué sa femme, comparut devant les juges et dit pour toute défense : « Je suis bien fâché d'avoir tué me femme ; mais c'est sa faute, car elle m'avait grandement irrité. » Les juges ne lui en demandèrent pas davantage, et ils le laissèrent se retirer tranquillement, parce que la loi, en pareil cas, n'exigeait du coupable qu'un témoignage de repentir.

Un de ces vieux almanachs qui indiquaient à nos aïeux les actions qu'ils devaient faire jour par jour donne, en plusieurs endroits, l'avertissement que voici : « Bon battre sa femme en hui. »

Cette odieuse coutume, qui se maintint légalement en France, suivant Fernel, jusqu'au règne de François Ier, paraît avoir été fort répandue dans le treizième siècle ; mais elle remonte à une époque bien plus reculée. Le chapitre 131 des *Lois anglo-normandes* porte que le mari est tenu de châtier sa femme comme un enfant si elle lui fait infidélité pour son voisin. *Si deliquerit vicino suo tenetur eam castigare quasi puerum.*

Mahomet permet aussi aux musulmans de battre leurs épouses lorsqu'elles manquent d'obéissance. (*Koran*, IV, 38.)

Un canon du concile tenu à Tolède, l'an 400, dit : « Si la femme d'un clerc a péché, le clerc peut la lier dans sa maison, la faire jeûner et la châtier, sans attenter à sa vie, et il ne doit pas manger avec elle jusqu'à ce qu'elle ait fait pénitence. »

Il fallait que ce concile eût des raisons bien graves pour rendre cette décision. Sans cela, des ministres de la religion chrétienne, qui a tant fait pour l'émancipation et la dignité des femmes, auraient-ils pu concevoir la pensée de les soumettre à une pénalité si brutale et si dégradante ? N'auraient-ils pas été conduits, au contraire, par l'esprit de cette religion où tout est douceur et charité, à proclamer le principe de la loi indienne du code de Manou, qui dit dans une formule pleine de délicatesse et de poésie : « Ne frappe pas une femme, eût-elle commis cent fautes, pas même avec une fleur. »

Remarquons, du reste, que le droit de battre n'a pas toujours appartenu aux maris exclusivement. La dame noble qui avait épousé un roturier pouvait lui infliger la correction avec des verges, toutes les fois qu'elle le jugeait convenable.

Rœderer dit dans son *Histoire de François I*[er] : « Plusieurs monuments attestent que le règne de ce prince fut l'époque où le sexe, non content de se soustraire à la barbarie qui autorisait les maris, les obligeait même à corriger les épouses infidèles, établit encore l'usage plus révoltant qui autorisa les femmes infidèles ou fidèles à corriger et à battre leurs maris. »

Jean Belot, dans son *Explication de l'office divin*, parle d'un singulier usage de son temps : « La femme, dit-il, bat son mari à la troisième fête de Pâques, et le mari bat sa femme le lendemain. Ce qu'ils font pour marquer qu'ils se doivent la correction l'un à l'autre et empêcher qu'ils ne se demandent, en ce saint temps, le devoir conjugal. »

La raison pour laquelle les époux devaient s'abstenir du devoir conjugal, non-seulement pendant les fêtes de Pâques, mais pendant les autres fêtes et les dimanches, était fondée sur une superstition qui leur faisait craindre que les enfants procréés ces jours-là ne fussent noués, contrefaits, épileptiques ou lépreux. Cette superstition existait dès le sixième siècle. (Voyez Grégoire de Tours, *de Mirac.*, S. Martini, lib. II, cap. XXIV.)

Les prêtres païens prescrivaient aussi la continence pendant les jours consacrés aux fêtes d'Isis, comme nous l'apprennent Ovide et Properce : le premier, dans la huitième élégie du livre I*er* *des Amours*, et le second dans la trente-cinquième élégie de son livre II, où il se plaint de la longue séparation que cette déesse a imposée à des cœurs si brûlants de se réunir.

Quæ dea tam cupidos toties divisit amantes.

Battre sa femme ne lui ôte folle pensée.

Proverbe traduit du roman *Battre molher non li tol fol consire.*

Arlequin a beau dire que les femmes ressemblent aux côtelettes, qui deviennent plus tendres quand elles sont bien battues, il faut se défier de cette tendresse qu'elles font paraître après les mauvais traitements; car ce n'est presque toujours qu'une feinte sous laquelle elles cachent des projets de vengeance. La brutalité des maris ne sert qu'à les rendre pires, et ceux-ci n'ont rien de mieux à faire que de *prendre patience en enrageant*. Je les engage dans leur propre intérêt à méditer sérieusement cet autre proverbe fort raisonnable : *Celui qui frappe sa femme est comme celui qui frappe un sac de farine : tout le bon s'en va, et le mauvais reste.*

Il faut toujours que la femme commande.

C'est un vers du joli conte de Voltaire intitulé : *Ce qui plaît aux dames*. Mais ce vers n'est que la reproduction d'un proverbe antique, rapporté dans le *Zend-Avesta*, où une femme, sommée par les Mages de dire ce que chaque femme désire le plus, leur répond : « Être aimée et soignée de son mari, *être maîtresse de la maison*, » réponse pour laquelle ces prêtres indignés la font mourir sous leurs coups.

Nous avons aussi le proverbe rimé :

> Femme veut en toute saison
> Être maîtresse en sa maison.

Le désir le plus vif et l'étude la plus constante des femmes, de mère en fille, depuis que le monde existe et dans tout pays, c'est donc d'être maîtresses. Elles ont, pour y parvenir, une tactique merveilleuse, qui ne se trouve presque jamais en défaut. Les hommes civilisés ne savent pas y résister, et le droit du plus fort dont ils se glorifient n'est rien en comparaison du droit du plus fin dont elles ne se vantent pas.

Un vieux Minnesinger, dans un accès de gynécomanie poétique, a cherché à montrer par une allégorie singulière que la femme est réellement la maîtresse. Il l'a représentée assise sur un trône superbe, avec une constellation de douze étoiles pour couronne et la tête de l'homme pour marchepied.

On a prétendu que dans l'antiquité le beau sexe fut généralement réduit à une espèce d'esclavage. Cet état, inconciliable avec le caractère dont il est doué, n'a pu exister que par exception et chez un petit nombre de peuples, et je pense qu'on pourrait établir contre l'opinion commune que la gynécocratie politique et la gynécocratie domestique ont été plus en usage dans les siècles antérieurs au christianisme que dans certains siècles postérieurs. Sans vouloir nier les améliorations que l'esprit de cette divine religion a fini par introduire dans l'état social de la femme, je vais présenter quelques faits historiques assez curieux à l'appui de mon assertion. La *Bible* et les poëmes d'Homère nous montrent les femmes libres dès les temps les plus reculés. On ne saurait tirer une preuve du contraire de ce que, à ces époques primitives, elles vivaient confinées dans l'intérieur des maisons. C'étaient les mœurs et non les lois qui le voulaient ainsi; car il n'y aurait pas eu de sécurité pour elles au dehors. Les inconvénients de cet état cessèrent à mesure que la civilisation se développa. Les femmes grecques jouissaient d'une liberté modérée qui dégénéra en indépendance pendant que leurs maris faisaient le siége de Troie. Plus tard, elles régnèrent chez elles et exercèrent souvent une influence puissante sur les affaires de l'État, comme nous le voyons dans Aristophane. Les dames romaines, d'abord tenues pour mineures, devinrent bientôt maîtresses. Caton l'Ancien signalait leur empire en disant : « Les autres hommes commandent à leurs femmes; nous, à tous les autres hommes, et nos femmes à nous. »

On sait que chez les Gaulois, les femmes possédaient une grande autorité et siégeaient dans le haut conseil de la nation. Elles étaient honorées par eux et par tous les peuples de la même race comme des êtres doués de lumières instinctives émanées du ciel. C'était un préjugé sacré que les druides avaient emprunté, dit-on, à la religion assyrienne à laquelle la leur ressemble en plusieurs points, et l'on a prétendu que ce fut en vertu de ce préjugé que Sémiramis fit une loi réputée longtemps inviolable qui attribuait aux femmes l'autorité sur les hommes. La législation des Sarmates proscrivit qu'en toutes choses, dans les familles et dans les villes, les hommes fussent sous le gouvernement des femmes. En Égypte, chaque mari devait être esclave de la volonté de la sienne : il s'y engageait formellement par une clause indispensable exigée dans tous les contrats de mariage. A Carras en Assyrie, il y avait un temple dédié à la lune, où l'on n'admettait que ceux qui faisaient hautement profession de se montrer toujours soumis à leurs épouses, et l'on assure que de toute la contrée les dévots pèlerins ne cessaient d'y affluer.

La femme veut porter la culotte.

On a dit plus anciennement : *Veut porter le haut-de-chausses*, et plus anciennement encore : *Veut chausser les braies*, expressions parfaitement synonymes en parlant d'une femme qui aspire à maîtriser son mari. Fleury de Bellingen, auteur des *Illustres Proverbes*, a pensé que ces expressions avaient leur fondement dans l'histoire ancienne, et voici la singulière explication qu'il en a donnée : « La reine Sémiramis, prévoyant, après la mort de Ninus, son époux, que les Assyriens ne voudraient pas se soumettre à l'empire d'une femme, et voyant que son fils Zaméis, ou Ninias, comme le nomme Justin, était trop jeune pour tenir les rênes d'un si grand État, se prévalut de la ressemblance naturelle qu'il y avait entre la mère et l'enfant, se vêtit des habits de son fils et lui donna les siens afin qu'étant pris pour elle, et elle pour lui, elle pût régner en sa place. Plus tard, ayant acquis l'amour de ses sujets, elle se fit connaître pour ce qu'elle était et fut jugée digne du trône. Quand nous disons des femmes généreuses qu'*elles portent le haut-de-chausses*, nous faisons allusion à cette reine qui régna en habits d'homme. »

On trouvera sans doute que Fleury de Bellingen est allé chercher trop loin l'origine d'une locution qui, en la supposant antique, n'a pu naître que dans notre ancienne Gaule narbonnaise que les Romains appelaient *Gallia braccata*, parce qu'elle était le seul pays du monde où l'on portât des braies ou culottes. Cependant il aurait pu l'aller chercher plus loin encore, si la fantaisie lui en eût pris ; son imagination, au lieu de s'arrêter à la reine d'Assyrie, n'avait qu'à remonter à la mère du genre humain. Il lui eût été même plus aisé de démontrer qu'Ève *porta la culotte*, dans le sens propre, comme dans le sens figuré, car la Genèse, parlant de nos premiers parents occupés à vêtir leur nudité, dit textuellement : *Consuerunt folia ficus et fecerunt sibi perizomata;* ce qu'un ancien traducteur, Le Fèvre d'Estaples, a rendu en ces termes : « Ils cousirent des feuilles de figuier et s'en firent *des braies*. » (Édition de Genève, 1562). Bellingen aurait du moins obtenu par une telle explication le suffrage de toutes les femmes, charmées de voir dans un passage des livres saints la preuve irrécusable qu'elles n'ont pas moins que les hommes le droit de *porter la culotte*.

Mais faisons trêve à la plaisanterie, et cherchons une origine raisonnable. Hue Piaucelle, un de nos plus anciens trouvères, a composé un fabliau intitulé : *Sire Hains et dame Anieuse*. Ces deux époux n'étaient jamais d'accord. La femme contrecarrait sans cesse le mari. Celui-ci, fatigué, lui dit un jour : « Écoute, tu veux être la maîtresse, n'est-ce pas ? et moi je veux être le maître. Or, tant que nous ne céderons ni l'un ni l'autre, il ne sera pas possible de nous entendre. Il faut, une fois pour toutes, prendre un parti, et puisque la raison n'y fait rien, décidons-en autrement. » Quand il eut parlé de la sorte, il prit un haut-de-chausses qu'il porta dans la cour de la maison et proposa à la dame de le lui disputer, à condition que la victoire donnerait pour toujours, à qui l'obtiendrait, une autorité pleine et entière dans le ménage. Elle y consentit : la lutte s'engagea en présence de la commère Aupais et du voisin Simon, choisis pour témoins. Sire Hains, après avoir éprouvé la plus opiniâtre résistance de dame Anieuse, finit par emporter le prix de ce combat judiciaire. L'abbé Massieu et le Grand d'Aussy ont pensé que le fabliau de Piaucelle a donné lieu à l'expression *porter le haut-de-chausses;* mais il n'a fait que la populariser, car il est positif qu'elle lui est antérieure.

On pourrait conjecturer qu'elle a dû s'introduire à une époque où les caleçons et les hauts-de-chausses faisaient partie de l'habillement des dames nobles, et où celles de ces dames qui avaient pris des maris bourgeois jouissaient du privilége de leur commander et même de les frapper avec des verges lorsqu'ils ne se montraient pas assez soumis. Mais une telle conjecture, quoique fondée sur un fait attesté par de graves et véridiques auteurs, A.-A Monteil entre autres, me semble inadmissible comme la précédente, et pour la même raison. Je rejette toute origine historique, et je crois qu'on a naturellement attribué le costume du mari à la femme qui aspire à jouer le rôle du mari. C'est d'ailleurs ce qui se faisait chez les anciens. Denys de Syracuse, voulant punir un homme qui s'était laissé battre par sa femme, ordonna qu'il fût habillé en femme et que la femme fût habillée en homme, parce que la nature avait dû se tromper en les créant.

La locution *porter la culotte* est ce qu'on appelle un symbole parlé.

Être sous la pantoufle de sa femme.

Voici l'origine historique justement assignée à cette locution par M. Chassan, auteur de la *Symbolique du droit :* « Grégoire de Tours, dans la *Vie des Pères*, ch. xx, et Ducange, au mot *calceamenta*, disent que le fiancé faisait présenter un soulier, ordinairement le sien, à sa future épouse. Il paraît même, d'après M. Ryscher, que c'était lui qui l'en chaussait. En se déchaussant, il s'exposait à marcher d'un pas moins ferme, et se plaçait ainsi dans une condition inférieure vis-à-vis de sa fiancée ; en mettant lui-même le soulier au pied de sa fiancée, il s'humiliait devant elle, et de là vient que, pour désigner un mari que sa femme gouverne, on dit encore aujourd'hui en France qu'*il est sous la pantoufle de sa femme*. De là aussi le mot de Grimm, qui enseigne que la pantoufle est encore un symbole fort usité de la puissance qu'exerce la femme sur le mari. » (*Poesie in Recht.*, § 10.)

La poule ne doit pas chanter devant le coq.

Proverbe qui se trouve textuellement dans la comédie des *Femmes savantes*, mais qui est antérieur à cette pièce, comme le prouvent ces deux vers de Jean de Meung :

C'est chose qui moult me desplaist
Quand poule chante et coq se taist.

Quelques glossateurs prétendent qu'une femme qui se trouve avec son mari dans une société ne doit pas prendre la parole avant que son mari ait parlé, car le mot *devant*, disent-ils, est ici une préposition de temps qui remplace *avant*, comme dans cette phrase de Bossuet : « Les anciens historiens qui mettent l'origine de Carthage *devant* la prise de Troie. » Mais il est certain que leur érudition grammaticale les a fourvoyés. Le véritable sens est qu'une femme doit se taire en présence de son mari, et attendre qu'il *lui donne langue*, comme on disait autrefois. Un usage de l'ancienne civilité obligeait les femmes à demander aux maris la permission de parler, quand elles avaient quelque chose à dire devant des étrangers. La preuve en est dans plusieurs passages de nos vieux auteurs, notamment dans la phrase suivante de l'*Heptaméron* de Marguerite de Valois, reine de Navarre : « Parlemante, qui estoit femme d'Hircan, laquelle n'estoit jamais oisive et mélancolique, ayant demandé à son mari congé (permission) de parler, dist, etc. (1). »

Les Persans disent : *Quand la poule veut chanter comme le coq, il faut lui couper la gorge.* Proverbe dont ils font l'application aux femmes qui veulent cultiver la poésie. Ce même proverbe existe en France de temps immémorial chez les habitants de la campagne, pour exprimer, au figuré, une menace peu sérieuse contre les femmes qui se mêlent de discourir et de décider à la manière des hommes, et, au propre, une observation d'histoire naturelle. Cette observation est que la poule cherche quelquefois à imiter le chant du coq, et que

---

1. On a prétendu que cet usage était une dérivation des ordonnances de Numa Pompilius contre le caquet des femmes, qu'il voulait obliger de ne parler qu'en présence de leurs maris.

cela lui arrive surtout lorsqu'elle est devenue trop grasse et ne peut plus pondre, c'est-à-dire dans un temps où elle n'est plus bonne qu'à mettre au pot.

Il y a une superstition sur la poule qui coqueline. On croit, en Normandie, quelle annonce la mort de son maître, ou la sienne.

Les habitants de la vallée de la Garonne, qui s'étend entre Langon et Marmande, sont persuadés que par cette manière de coqueliner, qu'ils appellent *chanter le béguey* (1), elle présage une foule de malheurs.

Voici ce que disait à ce sujet un feuilleton signé J. B., dans la *Quotidienne* du 15 août 1845 : « Une poule vient-elle à *chanter le béguey*, il n'y a pas un instant à perdre, il faut la porter au marché, la vendre et consacrer le prix obtenu à l'acquisition d'un cierge dont vous ferez hommage à la paroisse. Si vous n'avez pas trouvé d'acheteur pour cette bête réprouvée, vous aurez la ressource de la peser après l'avoir attachée dans un linge blanc, et vous verrez ensuite si elle demeure parfaitement tranquille. Je suppose que vous avez essayé de tous ces moyens, et qu'aucun ne vous a réussi : décidez vous alors à tordre le cou au volatile. Il ne cesserait de faire des contorsions, des soubresauts, et entretiendrait au milieu de la population de votre basse-cour une inquiétude continuelle et des terreurs sans nom. Mais surtout que personne ne porte la dent sur la chair de la victime. »

Les Romains avaient aussi leur superstition sur le chant de la poule. Ce chant présageait aux maris que la femme serait la maîtresse. Donat, grammairien

1. *Béguey* se dit pour *coq* et, par extension, pour *chant du coq*, dans l'idiome du pays. *Chanter le béguey* a été originairement une ellipse de *chanter comme le béguey* ou *coq*.

latin du quatrième siècle, on a fait la remarque dans son commentaire sur Térence, en expliquant la phrase *Gallina cecinit*, « la poule a chanté », que ce comique a employée, acte IV, sc. IV, du *Phormion*.

Pour faire mentir une femme à coup sûr il n'y a qu'à lui demander son âge.

Il est à peu près certain que, si elle répond à une telle question, elle ne le fera qu'aux dépens de la vérité, car elle voit trop d'avantages à être jeune et à le paraître pour qu'elle résiste à l'envie de se rajeunir un peu. De là cette accusation de mensonge formulée dans ce proverbe peu galant dont la LII° des *Lettres persanes* offre le spirituel développement en action que voici :

« J'étais l'autre jour dans une société où je me divertis assez bien. Il y avait là des femmes de tous les âges ; une de quatre-vingts ans, une de soixante, une de quarante qui avait une nièce de vingt à vingt-deux ans. Un certain instinct me fit approcher de cette dernière, et elle me dit à l'oreille : « Que dites-vous de ma
» tante qui, à son âge, veut avoir des amants et fait en-
» core la jolie ? — Elle a tort, lui dis-je, c'est un dessein
» qui ne convient qu'à vous. » Un moment après, je me trouvai auprès de sa tante qui me dit : « Que dites-
» vous de cette femme, qui a pour le moins soixante
» ans, qui a passé aujourd'hui plus d'une heure à sa
» toilette ? — C'est un temps perdu, lui dis-je, et il faut
» avoir vos charmes pour devoir y songer. » J'allai à cette malheureuse femme de soixante ans et la plaignai dans mon âme, lorsqu'elle me dit à l'oreille :
» Y a-t-il rien de si ridicule ? Voyez cette femme qui a
» quatre-vingts ans, et qui met des rubans couleur de

» feu : elle veut faire la jeune, et elle y réussit, car
» cela approche de l'enfance. » Ah! mon Dieu! dis-je
en moi-même, ne sentirons-nous jamais que le ridicule des autres? C'est peut-être un bonheur, disais-je
ensuite, que nous trouvions de la consolation dans les
faiblesses d'autrui. Cependant j'étais en train de me
divertir, et je dis : Nous avons assez monté; descendons
à présent, et commençons par la vieille qui est au
sommet. « Madame, vous vous ressemblez si fort, cette
» dame à qui je viens de parler et vous, qu'il semble
» que vous soyez deux sœurs; je vous crois à peu près
» de même âge. — Vraiment, monsieur, me dit-elle,
» lorsque l'une mourra, l'autre devra avoir grand'-
» peur; je ne crois pas qu'il y ait d'elle à moi deux
» jours de différence. » Quand je tins cette femme
décrépite, j'allai à celle de soixante ans. « Il faut, ma-
» dame, que vous décidiez un pari que j'ai fait : j'ai
» gagé que cette femme et vous, lui montrant la femme
» de quarante ans, étiez de même âge. — Ma foi, dit-
» elle, je ne crois pas qu'il y ait six mois de diffé-
» rence. » Bon! m'y voilà, continuons; je descendis
encore et j'allai à la femme de quarante ans. « Ma-
» dame, faites-moi la grâce de me dire si c'est pour
» rire que vous appelez cette demoiselle, qui est à
» l'autre table, votre nièce? Vous êtes aussi jeune
» qu'elle; elle a même quelque chose dans le visage de
» passé que vous n'avez certainement pas : et ces cou-
» leurs vives qui paraissent sur votre teint... — Atten-
» dez, me dit-elle, je suis sa tante, mais sa mère avait
» pour le moins vingt-cinq ans de plus que moi; nous
» n'étions pas de même lit; j'ai ouï dire à feu ma sœur
» que sa fille et moi naquîmes la même année. — Je le

» disais bien, madame, et je n'avais pas tort d'être
» étonné. »

» Mon cher Usbeck, les femmes qui se sentent finir d'avance par la perte de leurs agréments, voudraient reculer avec la jeunesse. Eh! comment ne chercheraient-elles pas à tromper les autres? elles font tous leurs efforts pour se tromper elles-mêmes, et se dérober à la plus affligeante de toutes les idées. »

Servez monsieur Godard! sa femme est en couches.

Ironie proverbiale contre les prétentions outrecuidantes d'un paresseux qui voudrait qu'on lui fît sa besogne, d'un indiscret qui, en demandant quelque service, semble l'exiger, ou d'un impertinent qui se donne des airs de commander. Elle fait allusion à un usage autrefois répandu dans le Béarn et dans les provinces limitrophes, en vertu duquel le mari d'une femme en couches se mettait au lit pour recevoir les visites des parents et amis, et s'y tenait mollement plusieurs jours de suite, ayant soin de se faire servir des mets succulents. Une telle étiquette, désignée par l'expression *faire la couvade*, qui en indique assez clairement le motif, se rattachait probablement au culte des *Géniales*, dieux qui présidaient à la génération. Elle n'était pas moins ancienne que singulière. Le poëte Apollonius de Rhodes en a signalé l'existence sur les côtes des Tiburéniens, « où les hommes, dit-il, se mettent au lit quand les femmes sont en couches, et se font servir par elles ». (*Argonaut.*, ch. II.) Diodore de Sicile et Strabon rapportent qu'elle régnait de leur temps en Espagne, en Corse et en plusieurs endroits de l'Asie, où elle s'est conservée parmi quelques tribus de l'empire chinois. Les premiers navigateurs qui abordèrent au nouveau monde l'y trouvèrent établie. Il n'y a pas longtemps qu'elle était observée par les naturels du Mexique, des Antilles et du Brésil. Des voyageurs assurent qu'elle existe encore chez quelques sauvages de l'Amérique et chez certaines peuplades africaines; enfin, elle n'est pas entièrement tombée en désuétude dans la Biscaye française, où des personnes dignes de foi attestent en avoir été deux ou trois fois témoins dans ces dernières années.

Quant au nom de *Godard*, que le peuple applique aujourd'hui au mari d'une femme accouchée, il est, s'il faut en croire M. Bacon-Tacon, le même que celui de *God-Art* (le Dieu fort), donné, dit-il, à Hercule, que les païens imploraient dans les accouchements difficiles (*Orig. celtiq.*, tome II, p. 401-402). Je ne conteste point une si savante étymologie; cependant il me paraît plus probable que ce nom a été formé du latin *gaudere*, se réjouir, se donner du bon temps. Il signifiait autrefois un homme adonné aux plaisirs de la table, habitué à prendre toutes ses aises. C'était un synonyme de *Godon*, autre vieux mot qu'on employait pour désigner un riche plongé dans toutes les jouissances d'une vie sensuelle. Le prédicateur Maillard s'en est servi dans plusieurs de ses sermons, notamment dans le vingt-quatrième, où le mauvais riche est appelé *unus grossus Godon qui non curabat nisi de ventre.* « Un gros Godon qui n'avait cure que de sa panse. »

Ajoutons que la formule : *Servez monsieur Godard!* cesse d'être ironique lorsqu'elle est appliquée à un homme à qui un enfant vient de naître. Elle est alors une espèce de félicitation équivalente à un *Gloria Patri*, une exclamation d'amical et joyeux enthousiasme en faveur de la paternité.

La nuit, il n'y a point de femme laide.

Proverbe fort ancien rappelé et expliqué par Ovide dans ces deux vers du premier chant de l'*Art d'aimer :*

> *Nocte latent mendæ, vitioque ignoscitur omni.*
> *Horaque formosam quamlibet illa facit.*

La nuit fait disparaître bien des taches et oublier bien des imperfections. Elle rend toute femme belle.

Alors *Hélène n'a aucun avantage sur Hécube*, suivant l'expression d'Henri Estienne.

Les Grecs se servaient d'un proverbe analogue passé dans la langue latine en ces termes : « *Sublata lucerna, nihil discriminis inter mulieres.* Quand la lampe est ôtée, les femmes ne diffèrent pas l'une de l'autre. » Plutarque rapporte qu'une belle et chaste dame cita ce proverbe à Philippe, roi de Macédoine, pour l'engager à cesser les poursuites amoureuses dont il s'obstinait à l'obséder.

Nous disons trivialement dans le même sens : *La nuit tous chats sont gris.*

Les Espagnols disent : *De noche, a la vela, la burra parece doncella.* — La nuit, à la chandelle, l'ânesse semble demoiselle à marier. On sait que, si l'obscurité cache la laideur, la lumière du flambeau l'atténue beaucoup ; d'où l'expression *belle à la chandelle*, en parlant d'une femme qui n'est pas belle au grand jour. C'est pour cela qu'Ovide conseillait aux amants de se défier de la clarté trompeuse de la lampe.

> *Fallaci nimium ne crede lucernæ.*
> (*De Arte amandi*, I.)

Jeter le mouchoir à une femme.

Se dit pour signifier qu'on la préfère à toutes les autres à cause de sa beauté ou de ses grâces.

Cette expression, toute figurée chez nous, fait allusion à un usage qu'on prétend exister chez les Turcs et par lequel le sultan, ou un pacha, ou un seigneur, déclare à une des femmes le choix qu'il fait d'elle, en lui jetant un mouchoir. Mais tout porte à croire qu'un tel usage est imaginaire. Les auteurs qui en ont parlé ont consacré une erreur provenue probablement de ce que les fiançailles en Turquie et en Perse sont constatées par l'envoi que fait le futur époux à sa future d'un mouchoir brodé, d'un anneau et d'une pièce de monnaie. Ainsi les musulmans, à l'époque de leur mariage, envoient le mouchoir, et, dans leurs harems, ils ne le jettent pas.

Quelque fondée que soit la remarque qui vient d'être faite, elle n'empêchera point de conserver cette expression ainsi que ses analogues *briguer le mouchoir*, *refuser le mouchoir*, etc., qu'une galanterie peu délicate a introduites dans notre langue.

Il y a une pièce fugitive de Duault présentant le monologue d'un fat qui passe en revue dans son imagination un essaim de belles, à qui il se propose de *jeter le mouchoir* tour à tour. Cette pièce se termine par ces vers assez plaisants :

> Ainsi parlant, seul dans sa chambre,
> Chaque matin, monsieur Morgan
> Balance de l'air d'un sultan
> Son fin mouchoir parfumé d'ambre.
> sort tout radieux d'espoir,

Promène sa fadeur galante,
Frais et dispos rentre le soir,
Se fait un turban du mouchoir
Et tombe aux pieds de sa servante.

C'est à peu près ce qu'un de nos spirituels chansonniers, l'abbé de L'Attaignant, appelait « allumer son flambeau au soleil, et l'éteindre dans la boue ».

La femme de César ne doit pas même être soupçonnée.

Les dames romaines avaient pour Isis, ou plutôt pour Fauna, leur divinité spéciale, qu'elles appelaient *la Bonne Déesse*, un culte fervent et plein de mystères que les érudits n'ont pas su bien éclaircir. Elles en célébraient solennellement la fête avec les Vestales dans la maison du consul ou du préteur, sous la présidence de la femme de ce magistrat, lequel était obligé de rester absent de chez lui pendant la durée de cette fête, car aucun homme ne pouvait y être admis. L'année où Pompéia, troisième épouse de J. César, se trouva investie de cet important ministère, Clodius, ce lovelace romain, qui était d'intelligence avec elle, à ce qu'on suppose, voulut la voir dans l'appareil de ses fonctions pontificales, et il se glissa déguisé en joueuse d'instruments parmi les dévotes qui se rendaient à la cérémonie. Une esclave, nommée Abra par Plutarque, et Séprulla par Cicéron, avait été mise dans la confidence. Elle le cacha et lui promit de lui amener sa maîtresse. Mais, retenue auprès d'Aurélia, mère de César, cette esclave le fit tant attendre que, perdant patience, il sortit de sa cachette pour l'appeler et fut reconnu : afin d'éviter les regards qui se portaient sur sa personne, il se hâta de revenir sur ses pas, espérant que la chose n'aurait pas de suites. Cependant les matrones, averties, le cherchèrent de chambre en chambre, et finirent par le découvrir sous le lit d'Abra ou de Séprulla. Leur fureur était à son comble. Elles ne lui épargnèrent ni les injures ni les coups, et elles auraient sans doute poussé la vengeance aux excès les plus terribles s'il n'eût eu le bonheur de s'y soustraire en gagnant par la fuite le dehors de la maison.

Cette aventure scandaleuse souleva contre lui l'indignation générale. Il fut mis en jugement comme sacrilége, et, quoique son crime fût attesté par les dépositions les plus irrécusables, les juges, qu'il parvint à corrompre, le déclarèrent absous. César, appelé en témoignage dans le procès, ne voulut ni inculper ni disculper Pompéia, qu'il s'était contenté de répudier. Il dit qu'il ne savait rien, attendu qu'un mari était toujours le moins instruit en pareil cas, et comme on lui demanda pourquoi il l'avait renvoyée, il ajouta que *la femme de César ne devait pas même être l'objet d'un soupçon.* Apophthegme passé en proverbe pour signifier qu'il ne suffit pas que la conduite d'une femme soit irréprochable, qu'il faut aussi qu'elle soit crue telle.

Il ne faut prêter ni son épée, ni son chien, ni sa femme.

La noblesse française avait jadis deux occupations importantes, la guerre et la chasse, et toujours elle se montrait sous le costume du guerrier ou celui du chasseur. Ainsi tout bon gentilhomme devait être inséparable de son épée et de son chien ou de son faucon, qu'il regardait comme des attributs de sa dignité. Il lui était défendu par des capitulaires de nos rois de s'en dessaisir, et même de les donner pour prix de sa rançon, s'il venait à être fait prisonnier, défense provenue sans doute par suite de l'opinion qui notait d'infamie celui qui serait revenu du combat sans ses armes. Quoi qu'il en soit, il attachait son honneur à ces objets comme à sa femme, et c'est à cette raison qu'il faut rapporter l'origine du proverbe.

Il ne faut montrer ni sa bourse ni sa femme.

C'est-à-dire qu'il ne faut pas exposer par ostentation aux regards des autres certains objets qu'on veut garder pour soi, attendu qu'une telle exhibition, n'étant propre qu'à exciter leur envie, peut avoir une foule d'inconvénients pour celui qui la fait. Ce proverbe est une variante de cet autre cité par Franklin : *Celui qui montre trop souvent sa femme et sa bourse s'expose à ce qu'on les lui emprunte.*

La femme est la moitié de l'homme.

L'homme et la femme seraient incomplets l'un sans l'autre. Chacun d'eux ne forme qu'une moitié de l'être humain, dont l'intégralité ne peut résulter que de leur intime union. C'est une vérité morale aussi vieille que le monde et universellement répandue. Elle remonte à notre premier père, s'écriant, dans la joie de son cœur, à la vue de l'aimable compagne que Dieu lui présentait : « Voilà l'os de mes os, et la chair de ma chair. Elle s'appellera d'un nom qui marque l'homme, parce qu'elle a été prise de l'homme. C'est pourquoi l'homme quittera son père et sa mère, et s'attachera à sa femme ; et ils seront deux dans une seule chair. » (*Genèse*, ch. II, ℣ 23-24.)

Les Védas disent que *l'épouse est la moitié du corps de l'époux* et considèrent le mariage comme supprimant la dualité de l'un et de l'autre pour les confondre dans une parfaite unité. Cet état a été fort bien figuré par le *lingam* primitif ou l'*yoni lingam* de la théorie hindoue, et par d'autres symboles analogues qu'il ne me paraît pas convenable d'expliquer ici, ni même de désigner nominativement.

Le plus ingénieux de tous, sans contredit, est celui qu'on trouve dans le *Sympose* ou *Banquet* de Platon. Suivant ce philosophe, l'homme et la femme ne faisaient originairement qu'une même personne, qu'il nomme *androgyne* (homme-femme). Cette créature bissexuelle était si parfaite et si heureuse qu'elle excita la jalousie des dieux et des déesses. Par leur ordre, Apollon la divisa en deux corps, et Mercure arrangea dans ces corps les formes extérieures de leur individualité qui avaient été un peu endommagées pendant l'opération du dédoublement. Depuis lors, les moitiés disjointes ont une tendance invincible à se rapprocher pour constituer l'androgyne. On les voit partout y travailler de toute leur ardeur et de tous leurs efforts. Mais, hélas! elles ne sauraient y parvenir, à moins d'un très-grand miracle. Tristes jouets d'une continuelle méprise, elles sont à peu près comme ces enfants, changés en nourrice, qui prennent une parenté de hasard à la place de la parenté de nature. Des moitiés étrangères viennent presque toujours se substituer à celles qui furent créées l'une pour l'autre. Le sort ennemi, afin d'empêcher ces dernières de se rejoindre, ne leur permet pas de se reconnaître, les fait errer comme ces ombres de Dante, qui vont sans jamais s'arrêter, et les tient souvent séparées par des distances incommensurables. De là l'excessive rareté des bonnes unions et l'innombrable quantité des mauvaises.

N'oubliez pas cette allégorie, ô vous, pauvres êtres dédoublés, qui aspirez à ressaisir cette portion de vous-mêmes dont l'absence vous condamne à gémir, et surtout ne vous imaginez pas que vous pourrez la retrouver à Paris. Il vaudrait peut-être mieux l'aller chercher aux antipodes.

Femme (ou dame) qui moult se mire peu file.

Une femme qui met beaucoup de temps à sa toilette en emploie fort peu aux occupations du ménage. Les Espagnols disent : *La mujer, cuanto mas mira la cara, tanto mas destruye la casa*, ce qui est rendu exactement par cet ancien jeu de mot proverbial :

> Plus la femme mire sa mine,
> Plus sa maison elle mine.

Il fut un temps où la principale occupation des dames était de filer. De vieux portraits les représentent avec une quenouille attachée sur le sein du côté gauche, et avec un miroir suspendu à leur ceinture du côté droit. Elles ne quittaient guère ces deux attributs; ils étaient, pour ainsi dire, les pièces essentielles de leur costume. Mais l'un faisait tort à l'autre, et celui du travail devait être fréquemment négligé pour celui de la coquetterie. Le dernier finit par l'emporter. Les dames cessèrent de filer et se mirèrent tout à leur aise.

Jean de Caurres, auteur du seizième siècle, dit dans ses *OEuvres morales* que les courtisanes et *damoiselles masquées* (1) de son temps portaient le miroir sur le ventre : « O bon Dieu ! hélas ! s'écrie-t-il, en quel malheureux règne sommes-nous tombés de voir une telle dépravation sur la terre, que nous voyons jusques à porter en l'église les miroirs de macule pendants sur le ventre. » Il ajoute qu'un pareil usage tendait à devenir général : « Si est-ce qu'avec le temps il n'y aura bourgeoise ne chambrière qui par accoutumance n'en veuille porter. » Cependant cet usage ne s'est pas conservé. Le beau sexe l'a jugé inutile depuis que les moindres appartements ont été ornés de trumeaux et de glaces où il peut se mirer et s'admirer de la tête aux pieds.

La femme perd l'homme.

Salomon assimile l'homme entraîné par la femme qui l'a séduit au taureau mené comme une victime au sacrifice : *Eam sequitur quasi bos ad victimam.* (*Prov.*, VII, 22.)

Saint Cyprien dit que les femmes sont des démons qui font entrer les hommes en enfer par la porte du paradis.

Suivant un proverbe oriental : *Il faut craindre l'amour d'une femme plus que la colère d'un homme.*

On lit dans le *Furetériana* le résumé suivant des principales accusations des hommes contre les femmes : « Que de maux elles ont causés dans le monde ! Adam en a été séduit, Samson dompté. La sainteté de David en a été troublée, Salomon en a perdu la sagesse.

---

(1) On appelait *damoiselles masquées* certaines dames qui, voulant courir les aventures galantes sans être reconnues, se couvraient le visage d'un masque de velours auquel on donna le nom de *loup*, dérivé, non de *lupus*, mais de *lobus*, cosse.

Ce fut une femme qui fit renoncer saint Pierre à Notre-Seigneur. Elle fit plus d'effet sur l'esprit de Job que le diable, qui ne put l'ébranler. Le poëte Codrus disait que le ciel ne contenait pas tant d'étoiles ni la mer tant de poissons que la femme a de fourberies cachées dans son cœur. Barthole disait que toutes les femmes sont mauvaises, et qu'il n'est pas besoin de faire des lois pour les bonnes femmes, parce qu'il n'y en a point. Hippocrate nous assure que la malice est naturelle à la femme. L'auteur de l'*Ecclésiastique*, aussi illustre en sagesse parmi les Hébreux que Thalès en philosophie entre les Grecs, nous a laissé par écrit que la source du péché nous est venue de la femme; qu'il vaudrait mieux demeurer avec un lion ou avec un dragon qu'avec une mauvaise femme (ch. XXV) et même que les crimes des hommes sont plus supportables que les bienfaits des femmes : *Melior est iniquitas viri quam mulier benefaciens* (ch. XLII). Entre toutes les bêtes sauvages, dit saint Chrysostome, il n'y en a point qui soit plus dangereuse que la femme. Pandore répandit toute sorte de maux sur la terre; Hélène causa la mort de tant de milliers d'hommes; Déjanire fit mourir Hercule son mari, un des plus fameux héros qui aient jamais été : les Danaïdes et les filles d'Egyptus tuèrent leurs maris en une nuit. Salomon dit qu'il a trouvé la femme plus amère que la mort. De mille hommes, ajoute-t-il, il ne s'en trouve qu'un de bon; mais, parmi toutes les femmes, il n'y en a pas une de bonne. (*Ecclésiaste*, ch. VII.) Les chrétiens leur ont ôté le maniement de l'Église, les philosophes ne les ont pas voulu admettre dans la philosophie, les jurisconsultes leur ont défendu le barreau, les mahométans les ont exclues du paradis et les ont mises au rang des esclaves. Il serait cependant agréable de chanter les louanges de Dieu, de philosopher, de plaider, d'être en paradis avec des femmes. Il faut bien qu'il y ait de leur faute à tout cela. »

Oui, sans doute, il y a de leur faute; mais il y a beaucoup plus de celle des hommes, qui sont presque toujours injustes, ingrats et tyranniques envers elles, qui leur aigrissent et leur faussent le caractère, qui les forcent à recourir à la ruse, à la dissimulation et à la vengeance. Aussi ont-elles raison de retourner contre eux le proverbe, en disant : *L'homme perd la femme*. Il la perd par son indifférence, par son égoïsme, par sa défiance, par ses calomnies, par ses outrages, enfin par une foule d'erreurs, d'inconséquences et de torts de sa conduite anticonjugale. Ce n'est p[as] tout : non-seulement il la perd, en ne l'aimant [pas] comme il devrait l'aimer; il la perd encore en [ai]mant d'une manière déraisonnable; car il arrive [ordi]nairement que plus un mari aime sa femme, pl[us i]l augmente les travers qu'elle peut avoir; tandis que, au contraire, plus une femme aime son mari, plus elle le corrige de ses défauts.

Je ne prétends pas m'ériger en apologiste enthousiaste de la femme, ni rehausser son mérite en rabaissant celui de l'homme. Je conviens qu'elle a aussi de nombreux défauts qui déparent ses qualités; mais je crois qu'en général ses qualités lui appartiennent en propre et que ses défauts lui viennent de nous. Il en est d'elle comme de ce rosier qui croît sans épines, sur le sommet des hautes Alpes, et qui se hérisse de pointes acérées quand il est cultivé dans nos jardins. En la faisant descendre de la région élevée où elle se développerait sous de célestes influences, en la plaçant dans un mauvais milieu, où elle est privée de l'air pur dont elle a besoin ; en lui donnant une culture trop artificielle, et souvent en opposition avec ses aptitudes natives, nous abâtardissons cette belle créature de Dieu, nous la rendons différente d'elle-même, nous la transformons en un nouvel être presque entièrement factice, tant nous sommes habiles à contrarier les facultés de sa nature et à les vicier par le mélange de quelque élément de dégénération qui les fait tourner à mal et produit des effets pernicieux, de même qu'une certaine malignité de séve dans le rosier transplanté rend sa floraison épineuse.

Ne nous en prenons donc qu'à nous si la femme a tant d'imperfections, et n'ayons pas la sottise de les lui reprocher, au moins celles qu'elle a contractées par notre faute. Il serait meilleur et plus juste de chercher le bon moyen de l'en corriger, en commençant par nous corriger nous-mêmes des vices qui les lui ont communiquées. Les deux sexes n'ont pas été créés et ils ne s'unissent pas pour vivre en état de guerre permanente. Leur serait-il impossible de terminer ou de rendre moins dures des hostilités incompatibles avec le repos et la moralité de tous deux ?

Ah ! si le mariage pouvait être ramené à cette confiance réciproque, à cette entente cordiale, à cet échange délicieux de pensées et de sentiments dont l'absence n'y laisse place qu'aux amertumes et aux déceptions, combien cet état contribuerait à l'amélioration et au bonheur de l'homme et de la femme ! il est évident qu'il les rendrait meilleurs, puisqu'ils y seraient affranchis des passions qui les pervertissent, et plus heureux, parce qu'ils y jouiraient avec une sécurité inaltérable de toutes les délices que pourrait leur donner un amour épuré et devenu pour eux une vertu.

Qui décrira la suprême félicité de deux époux également animés du double zèle de l'amour et du devoir, de l'amour qui fortifie le devoir, et du devoir qui purifie l'amour!... Que de secrets merveilleux, de dons célestes, la femme trouverait dans le fonds inépuisable de sa tendresse plus délicate, plus ingénieuse, plus pénétrante que celle de l'homme, pour le réjouir et l'enivrer de plus en plus! Elle lui donnerait un nouveau paradis qui vaudrait bien celui qu'il l'accuse de lui avoir fait perdre.

Mais pourquoi parler d'une chose impossible à réaliser. Le diable a flétri cette prime fleur de nature qu'eut la femme dans l'Éden, et l'on chercherait en vain à lui rendre son parfum et sa fraîcheur. Elle s'est desséchée sous la mauvaise culture de l'homme. Il n'y a déjà plus dans sa sève de vertu qui puisse la régénérer. Elle ressemble à l'arbre aux fruits amers dont parle le grand poëte persan Ferdouci : « On aurait beau planter cet arbre en paradis, l'arroser avec l'eau du fleuve de l'éternité, humecter ses racines du miel le plus doux, il conserverait toujours sa nature et ne cesserait de porter des fruits amers. »

J'abandonne cette thèse chimérique et je reviens au but que je me suis proposé dans cet article. Il a été de démontrer l'injustice des reproches que les hommes adressent aux femmes. Je crois avoir opéré cette démonstration. Il ne me reste qu'à y joindre un corollaire : c'est que toutes ces sottes accusations, à l'appui desquelles ils citent la fable et l'histoire, sont inadmissibles au tribunal de la raison. La fable ne prouve rien, et l'histoire prouve, au contraire, que les femmes ont toujours fait moins de mal que les hommes.

Une maîtresse est reine, une femme est esclave.

Avis aux belles qui se flattent que l'Hymen leur laissera la royauté qu'elles ont reçue de l'Amour, sans penser que l'Hymen et l'Amour sont deux frères ennemis, et que l'Hymen n'est pas solidaire des engagements de l'Amour.

Les vers suivants de Corneille, dans la tragédie de *Polyeucte* (act. I*er*, sc. III), offrent l'explication de ce proverbe, qui forme lui-même un vers heureux :

> Lorsqu'ils ne sont qu'amants nous sommes souveraines,
> Et jusqu'à la conquête ils nous traitent en reines ;
> Mais après l'hyménée ils sont rois à leur tour.

On a fait cette remarque de linguistique assez curieuse, c'est que l'homme dit toujours *ma maîtresse* pour désigner celle qu'il aime, et que la femme ne donne jamais le nom de *maître* à son amant. Elle sent bien qu'en pareil cas le nom paraîtrait dérisoire, et elle le réserve pour son mari, lors même qu'elle tient celui-ci sous sa domination absolue.

Une femme et un almanach ne valent que pour une année.

Une femme avait un mari qui passait tout son temps dans sa bibliothèque ; elle alla l'y trouver un jour, et lui dit : « Monsieur, je voudrais bien être un livre. — Pourquoi donc, madame ? — Parce que vous êtes toujours après. — Je le voudrais bien aussi, répliqua-t-il, pourvu que ce fût un almanach dont on change chaque année. » C'est de cette répartie maritale que les parémiographes font dériver le proverbe. Pour moi, je crois qu'il a dû son origine à un usage historique d'après lequel les contrats matrimoniaux ont pu être naturellement assimilés aux almanachs. Cet usage, provenu sans doute de la polygamie autrefois fort commune chez les Celtes, permettait de changer de femme. Le fait était assez fréquent en Champagne dans le neuvième siècle. Il y fut prohibé par le concile tenu à Troyes, en 878; mais l'autorité ecclésiastique ne parvint pas à le faire cesser entièrement, ni en cette province ni en d'autres, où il se maintint sous la protection de certain droit coutumier. C'est au pays basque surtout que se pratiquait cette espèce de mariage temporaire, comme nous l'apprend Jean d'Arérac dans son livre intitulé *Pandectes ou Digestes du droit romain en français.* (ch. VI de la loy *De quibus*). La même chose avait lieu dans les Hébrides et autres îles (*Martin's Hebrides*, etc.). Elle existait encore, dans le pays de Galles, à la fin du siècle dernier, si l'on en croit un article du *Moniteur* de l'an IX. On lit dans cet article : « Chez les Gallois, on distingue deux sortes de mariages : le grand et le petit. Le petit n'est autre chose qu'un essai que les futurs font l'un de l'autre. Si cet essai répond à leurs espérances, les parents sont pris à témoin du désir que forment les candidats de s'épouser. Si l'essai ne répond pas à l'idée qu'ils en avaient conçue, les époux se séparent, et la jeune fille n'en éprouve pas plus de difficultés pour trouver un mari. »

On sait que Platon, dans sa *République*, substituait aux mariages des unions temporaires.

> Qui sa femme n'honore,
> Lui-même se déshonore.

Il faut avoir pour sa femme une tendresse décente et respectueuse, une considération bienveillante et soutenue; car l'honneur d'une femme est, en grande partie, l'ouvrage de son mari; et celui qui, violant ces devoirs, fait déchoir la sienne du rang moral qu'elle doit occuper, se flétrit et se dégrade lui-même.

On emploie dans un sens analogue cet autre proverbe beaucoup plus usité : *C'est un vilain oiseau que celui qui salit son nid.*

On peut compter sur la fidélité de son chien jusqu'au dernier moment, et sur celle de sa femme jusqu'à la première occasion.

Ce proverbe est une conclusion rigoureuse qu'on a tirée des médisances et des calomnies auxquelles la conduite des femmes a été de tout temps exposée. S'il fallait en croire leurs détracteurs, il serait difficile d'en trouver une seule qui laissât échapper l'occasion favorable d'être infidèle. C'est une accusation odieuse qui se réfute par son exagération même, et les femmes ne la méritent peut-être pas autant que les hommes. Mais ceux-ci se sont réservé le privilége exclusif de n'imputer qu'à elles seules les trahisons conjugales dont ils leur donnent souvent l'exemple, et dont, en bonne justice, ils devraient être responsables. S'ils espèrent gagner quelque chose à cela, qu'ils se détrompent, et qu'ils sachent bien qu'à force de leur reprocher d'être trompeuses ils les portent à devenir telles : car, en leur répétant sans cesse qu'ils les croient incapables de garder la foi promise, ils ne sauraient réussir à la leur rendre plus sacrée. Se figureraient-ils, par hasard, qu'elles seront assez simples pour s'attacher, en pure perte, à l'observation d'un devoir qu'elles n'accompliraient pas, sans être accusées de le violer? Ou bien se flatteraient-ils qu'elles voudront y tenir par un prodigieux effort de l'esprit de contradiction qu'ils leur supposent? Il est plus que probable qu'elles ne prendront pas des peines inutiles pour les démentir, et qu'elles trouveront plus commode et plus agréable de se venger d'eux en les traitant ainsi qu'ils le méritent. La dépense en étant déjà faite, comme on dit, elles n'ont plus rien à ménager.

Voilà le résultat ordinaire de la mauvaise opinion que les hommes se font de la fidélité des femmes. Il est moins au détriment de ces dames qu'à celui de ces messieurs. Les accusations qu'ils dirigent contre elles sont des armes perfides qui leur tournent dans la main et les blessent eux-mêmes, et, s'ils étaient mieux avisés, ils ne les emploieraient pas. D'ailleurs, cette humeur guerroyante contre le sexe n'est pas de bon ton, et ne peut que faire mal augurer de ceux qui s'y livrent. Les jeunes gens feront bien de ne pas la prendre, et les maris encore mieux de s'en défaire. En agissant ainsi, les premiers se donneront un aimable relief de politesse et de galanterie qui leur attirera quelque regard sympathique des belles, et les seconds éviteront de mettre le comble au malheur de leur situation par un odieux ridicule : car le monde est toujours prêt à soupçonner qu'un mari qui dénigre les femmes doit être fort mécontent de la sienne, et qu'il tire secrètement de l'infidélité de celle-ci, par une conclusion du particulier au général, les arguments dont il se sert pour nier la vertu de toutes les autres. Il a beau retrancher la trahison qu'il éprouve du nombre infini des trahisons dont il les accuse, on ne voit que lui parmi tous les sots derrière lesquels il se cache, et ses accusations ne paraissent que des vengeances de Sganarelle.

La femme a été faite pour l'homme, et non l'homme pour la femme

C'est ce qu'a dit saint Paul dans sa première épître aux Corinthiens : *Non est creatus vir propter mulierem, sed mulier propter virum* (XI, 9), et ses paroles sont passées en proverbe pour signifier que la femme doit être soumise à l'autorité de son mari. Mais l'apôtre n'a point entendu que cette autorité pût être arbitraire et tyrannique, puisqu'il a dit aussi, au chapitre VII de la même épître, que, si la femme appartient au mari, de même le mari appartient à la femme, et que tous deux ont des devoirs à remplir l'un envers l'autre.

C'est de l'observation de ces devoirs, réciproques et conformes à la nature de chacun des époux, que dépendent et le bonheur de leur union et le succès de la mission sociale qu'ils ont à poursuivre ensemble. Et qu'on ne s'imagine pas que l'action de l'homme, pour atteindre ce double but, soit supérieure à celle de sa compagne. On pourrait plutôt démontrer que celle-ci l'emporte sur lui si l'on comparait les avantages qui proviennent de leurs rôles respectifs. Mais il ne serait pas rationnel d'attribuer, d'après ces avantages particuliers, la prééminence à l'un des collaborateurs dans une œuvre qui est également due à tous deux, et qui ne peut être accomplie qu'au moyen de l'entente parfaite et des soins bien combinés de l'un et de l'autre. Admettons donc qu'il y a parité de valeur entre eux dans leur coopération, en reconnaissant toutefois que cette valeur résulte de qualités différentes ; car chaque sexe a les siennes propres, et l'on ne saurait voir dans l'homme et la femme que des rapports et des différences, ainsi que l'a remarqué J.-J. Rousseau, dont le passage suivant revient au sujet que je traite.

« La raison des femmes est une raison pratique qui leur fait trouver très-habilement les moyens d'arriver à une fin connue, mais qui ne leur fait pas trouver cette fin. La relation sociale des sexes est admirable. De cette société résulte une personne morale dont la femme est l'œil et l'homme le bras, mais avec une telle dépendance l'une de l'autre que c'est de l'homme que la femme apprend ce qu'il faut voir, et de la femme que l'homme apprend ce qu'il faut faire. Si la femme pouvait remonter aussi bien que l'homme aux principes, et que l'homme eût aussi bien qu'elle l'esprit des détails, toujours indépendants l'un de l'autre, ils vivraient dans une discorde éternelle, et leur société ne pourrait subsister ; mais, dans l'harmonie qui règne entre eux, tout tend à la fin commune ; on ne sait lequel met le plus du sien, chacun suit l'impulsion de l'autre, chacun obéit, et tous deux sont les maîtres. » (*Émile*, liv. V.)

La femme est un être qui s'habille, babille et se déshabille.

C'est-à-dire que les trois choses principales auxquelles la femme consacre toute sa journée sont la toilette, la causerie et le sommeil, car elle ne quitte guère ses atours que pour se mettre dans son lit, où elle a grand besoin de se délasser, après tant d'heures si activement employées à se parer et à donner de l'exercice à sa langue. Mais le triple penchant attribué à la femme ne lui appartient pas exclusivement. L'essence de cette nature féminine s'est si bien infusée dans le caractère de certains hommes, qu'on n'y découvre presque plus rien de viril, et notre jeu de mots proverbial s'applique aussi avec raison à tout individu de cette espèce ridicule qui semble avoir abdiqué les occupations sérieuses du sexe masculin pour copier sottement les usages frivoles de l'autre sexe.

Femme est mère de tout dommage.
Tout mal en vient et toute rage.

Ce distique proverbial me paraît être une allusion allégorique de Perroz de Saint-Clost ou Pierre de Saint-Cloud, dans la première branche du roman du *Renard*. Ce trouvère raconte qu'Adam ayant frappé la mer avec une verge que Dieu, en l'exilant de l'Éden, lui avait donnée, il en sortit une brebis, et qu'Ève, désireuse d'en avoir une seconde, ayant pris la verge miraculeuse de la main de son époux, fit surgir des flots, par le même acte, un loup qui se précipita sur la brebis, qu'il aurait dévorée si Adam ne se fût pressé de frapper un second coup, duquel provint un chien, qui arracha l'innocente proie au loup en le tuant. Ce procédé si expéditif de création à tour de bras, alternativement employé par l'homme et la femme, produisit en peu de temps une foule innombrable d'animaux, en chacun desquels se trouvait quelque chose d'analogue au caractère moral de son auteur. Les évains, c'est-à-dire ceux qu'Ève faisait naître, étaient sauvages et dangereux, ceux qui devaient l'existence à Adam avaient une nature bonne et susceptible de devenir meilleure, ou, pour parler comme le trouvère,

>Les Évains assauvagissoient,
>Et les Adams assagissoient.

Cette allégorie, assez diaphane, où l'on voit tout ce qui émane de la femme participer de l'esprit de méchanceté qu'on lui attribue, n'appartient pas en propre à notre trouvère. Il en a tiré l'idée de quelques traditions populaires, qui reprochent à la mère du genre humain d'avoir été aussi, en quelque sorte, celle de beaucoup de bêtes malfaisantes, qu'on suppose n'être devenues telles que par suite de la faute qu'elle commit. Cette idée, répandue presque partout, se retrouve dans une légende orientale qui nous apprend que, lorsque Adam et Ève furent créés, chacun d'eux éternua à l'instant où le souffle divin introduisit l'âme dans le corps. De l'éternuement de l'homme naquit le lion, symbole de la force et du courage, et de l'éternuement d'Ève naquit le chat, symbole de la ruse et de la lâcheté.

Une femme est comme votre ombre; suivez-la, elle fuit; fuyez-la, elle suit.

Cette comparaison est traduite du proverbe latin : *fugax, sequax ; sequax, fugax*. « Suivez la femme, elle vous fuit; fuyez-la, elle vous suit. » Elle a été attribuée à Chamfort, parce qu'elle se trouve dans le recueil des pensées de cet ingénieux écrivain. Mais elle existait longtemps avant lui, comme on vient de le voir, chez les Latins qui nous l'avaient transmise, ainsi qu'à plusieurs autres peuples. Le poëte arabe Zehir, qui, sans nul doute, ne l'a pas plus inventée que l'auteur français, en a fait l'application à la femme coquette, à qui elle convient mieux qu'à toute autre femme; car c'est un vrai manége de coquetterie dont l'image y frappe, en quelque sorte, la vue non moins que l'esprit. « La coquette, dit-il, ressemble à l'ombre qui marche avec vous : si vous courez après, elle vous fuit; si vous la fuyez, elle vous suit. »

La même idée a été plusieurs fois exprimée en assimilant la femme à tel ou tel objet qu'on a jugé propre à la représenter. Voici une de ces similitudes qu'il me souvient d'avoir trouvée dans une pièce du théâtre italien de Gherardi :

> A des soldats poltrons je compare les belles :
> On les fait fuir en courant après elles;
> On les attire en les fuyant.

Il n'y a de femme chaste que celle qui ne trouve pas d'amant.

C'est ce qu'a dit Ovide dans le premier livre des *Amours*, élégie VIII : *Casta est quam nemo rogavit*, et ce que Mathurin Régnier a redit dans ce vers de la satire intitulée *Macette*, ou l'*Hypocrisie déconcertée* :

> Celle est chaste, sans plus, qui n'en est point priée.

L'auteur des *Lettres Persanes* a reproduit la même idée en ces termes : « Il est des femmes vertueuses; mais elles sont si laides, si laides, qu'il faudrait être un saint pour ne pas haïr la vertu. »

Jehan de Meung, dans le *Roman de la Rose*, a exprimé la chose d'une manière plus énergique, mais moins spirituelle, en quatre vers que je ne citerai pas.

Quelques poëtes licencieux l'ont répétée avec un cynisme révoltant. Enfin il s'est rencontré des écrivains privés de tout sens moral, qui, prenant au sérieux ce que les autres n'avaient avancé que par jeu ou débauche d'esprit, ont osé développer, dans des pages sans raison comme sans pudeur, cette abominable opinion des Esséniens[1] : qu'il est impossible à toute femme d'être chaste et fidèle.

Que deviendrait la famille, que deviendrait la société, que deviendrait tout ce qu'il y a de sacré dans le genre humain, si cette infâme doctrine pouvait être accréditée? Les libertins qui la professent mériteraient d'être punis. Le beau sexe ne devrait avoir aucune relation avec ces effrontés renieurs de sa vertu, et les hommes les devraient bannir des assemblées publiques. C'est ainsi que nos aïeux les traitaient dans les siècles chevaleresques. Ils chassaient des tournois ceux qui étaient convaincus d'avoir mal parlé des femmes, con-

---

1. Les Esséniens ou Esséens étaient des sectaires juifs qui commencèrent à faire parler d'eux vers le temps des Machabées. La mauvaise opinion qu'ils avaient des femmes les avait portés à proscrire le mariage et à vivre dans le célibat.

trairement aux statuts de la chevalerie, qui commandaient de les honorer et de ne pas souffrir qu'on osât *blasonner et mesdire d'elles*. Ils savaient très-bien que plus les femmes sont respectées, plus elles se rendent respectables.

Où trouver aujourd'hui ce respect dont nos aïeux voulaient qu'on leur offrît des témoignages effectifs? Faut-il l'aller chercher dans le pays où La Fontaine a placé la demeure de la véritable amitié? — Eh bien, oui; c'est là qu'il existe réellement. Dans le royaume de Monomotapa, les femmes sont si sévères, que le fils du roi, quand il en rencontre une, est obligé de s'arrêter, de s'incliner devant elle et de lui céder le pas. Les Cafres à demi barbares pourraient, sur ce point, donner des leçons aux Européens, qui se prétendent civilisés.

Dites une fois à une femme qu'elle est jolie, le diable le lui répétera dix fois par jour.

Parce que le diable sait que, pour se rendre maître de l'esprit des femmes, il n'y a pas de meilleur moyen que de chatouiller leur vanité. Comme elle est en quelque sorte le premier de leurs sentiments, comme elle se mêle à tous ceux qu'elles éprouvent, elle ne manque guère, aussitôt qu'elle est mise en jeu par la louange habilement maniée, de les entraîner dans les piéges où le grand séducteur les attend. Les filles d'Ève ne résistent pas mieux que leur mère aux illusions décevantes de la flatterie, et, si l'on consultait la liste infinie des victimes de la séduction, on verrait que presque toutes ont été perdues par la flatterie plus encore que par l'amour.

Chacun cuide (pense) avoir la meilleure femme.

Ce proverbe a été mal compris et mal expliqué par tous les parémiographes, qui n'ont pas vu que le verbe *cuider* y est employé à la troisième personne du présent du subjonctif et non de l'indicatif. Il ne signifie donc pas *chacun pense*, mais *que chacun pense*, etc. Ce n'est pas un fait qu'il énonce, c'est un conseil qu'il donne, en usant d'un tour de phrase elliptique autrefois fort usité et conforme à l'expression latine *quisque putet* (que chacun pense...). Le fait ne peut être vrai qu'exceptionnellement, à l'égard d'un fort petit nombre de maris que leurs femmes savent tenir, par un art merveilleux, dans les illusions de l'optimisme conjugal. — Quant au conseil, il est plein de raison, et ceux à qui il serait possible de le mettre en pratique s'en trouveraient parfaitement bien. Sancho Pança disait : « La sagesse en ménage est de croire qu'il n'y a qu'une bonne femme au monde, et qu'on l'a rencontrée. »

L'esprit d'une femme est de vif-argent, et son cœur est de cire.

On sait que le vif-argent, ou le mercure, est impossible à fixer, et que la cire est susceptible de prendre toutes sortes de modifications. Par conséquent, si l'esprit et le cœur féminins sont justement assimilés à ces deux objets, il faut reconnaître que cet esprit est des plus mobiles et ce cœur des plus changeants. On pourrait dire pourtant que la comparaison, établie par le proverbe, entre la cire et le cœur, pèche en un point : c'est que la cire, lorsqu'elle a vieilli avec l'empreinte qu'elle a reçue, en refuse une autre, au lieu qu'une vieille impression faite sur le cœur n'en exclut pas une nouvelle. Mais on objecterait qu'il ne s'agit pas ici d'un vieux cœur de femme, sur lequel d'ailleurs on ne cherche jamais à faire quelque impression.

Quand une femme prend congé de la compagnie, sa visite n'est encore faite qu'à moitié.

C'est un fait réel et renouvelé chaque jour dans un salon de réception, que, lorsqu'une dame s'est levée pour en sortir, elle y reste encore, et, sans reprendre son siége, continue la causerie durant un temps qui double au moins celui de sa visite. Mais pourquoi agit-elle ainsi? Est-ce parce qu'elle espère que ses compagnes, en la voyant debout et prête à partir, seront moins impatientes de lui ravir le dé de la conversation? ou bien parce qu'elle compte que cette attitude, plus favorable au développement de ses avantages physiques dans le débit oratoire, attirera mieux sur elle les regards? On peut admettre les deux motifs à la fois, surtout chez une jolie femme; car celle-ci tient à briller par le charme de son maintien, la grâce de ses mouvements, l'élégance de ses gestes, le feu de ses yeux et l'expression animée de sa physionomie. Elle ne désire pas seulement qu'on l'écoute parler, elle désire aussi qu'on la *regarde parler*.

La femme est le savon de l'homme.

La femme nettoie l'homme de bien des défauts : elle le corrige de ses instincts grossiers, et le décore d'une foule de qualités aimables, dans cet âge surtout où il est porté, par le plus doux des penchants, à lui offrir les prémices de son cœur. C'est elle dont l'heureuse influence l'initie aux manières polies, aux mœurs courtoises, et fait prendre quelquefois à son caractère sa forme la plus épurée. Tel qui se distingue par l'élévation de ses sentiments n'aurait peut-être jamais eu qu'une âme commune si le désir de plaire aux femmes n'avait éveillé son amour-propre et ne lui avait donné ce relief de noblesse et d'urbanité qui manifeste, en traits charmants comme elles, le merveilleux changement qu'elles ont opéré dans sa nature. (Voyez ci-contre le proverbe : *Sans les femmes, les hommes seraient des ours mal léchés.*)

On dit quelquefois dans le même sens : *La femme est une savonnette à vilain;* ce qui est une extension donnée à l'expression *savonnette à vilain*, par laquelle on désignait, avant la révolution de 1789, une charge qui anoblissait et qui lavait, pour ainsi dire, de la roture celui à qui elle était concédée à prix d'argent. Il y avait alors en France une quantité considérable de ces vilains décrassés.

Il y a une maxime de Saint-Évremont qui a de l'analogie avec le proverbe que je viens de commenter ; la voici : « L'étude commence un honnête homme, le commerce des femmes l'achève. » *Honnête homme,* dans cette maxime, doit se prendre dans la signification qu'il avait autrefois, c'est-à-dire homme aimable, élégant, qui a des manières distinguées, qui sait vivre.

Sans les femmes les hommes seraient des ours mal léchés.

Si les hommes ne vivaient qu'avec d'autres hommes, ils ne seraient pas seulement malheureux, mais grossiers, rudes, intraitables, et nous voyons que ceux qui, dans le monde, restent isolés du commerce des femmes ont généralement un caractère disgracieux et même brutal. Ce sont donc elles, on n'en saurait douter, qui préviennent ou corrigent de tels défauts et y substituent des qualités aimables, délicates, dont le principe est dans leur douce nature. Le plus rustre se polit et s'humanise auprès de ces enchanteresses; transformé par leur merveilleuse influence, il devient un être charmant. C'est la métamorphose de l'âne de Lucien ou d'Apulée. Cet animal est changé en homme après avoir brouté des roses.

L'expression proverbiale *ours mal léché*, par laquelle on désigne un individu mal fait et grossier, est venue d'une opinion erronée des naturalistes du moyen âge qui croyaient, sur la foi d'Aristote et de Pline, que les oursons venaient informes et que leur mère corrigeait ce défaut à force de les lécher; ce qu'elle ne fait que pour les dégager des membranes dont ils sont enveloppés en naissant.

Les femmes font les hommes.

Un ambassadeur de Perse demandait à l'épouse de Léonidas pourquoi les femmes étaient si honorées à Lacédémone. « C'est qu'elles seules, répondit-elle, savent faire des hommes. » De là ce proverbe dont le passage suivant du comte J. de Maistre explique très-bien le sens moral : « Faire des enfants, ce n'est que de la peine. Mais le grand honneur est de faire des hommes, et c'est là ce que les femmes font mieux que nous. Croyez-vous, messieurs de l'Académie, que j'aurais beaucoup d'obligations à ma femme si elle avait composé un roman, au lieu de faire un fils ? Mais faire un fils, ce n'est pas le mettre au monde et le poser dans un berceau, c'est faire un brave jeune homme qui croit en Dieu et qui n'a pas peur du canon. Le mérite de la femme est de régler sa maison, de rendre son mari heureux, de le consoler, de l'encourager et d'élever ses enfants, c'est-à-dire de faire des hommes. Voilà le grand accouchement qui n'a pas été maudit comme l'autre. Les femmes n'ont d'ailleurs fait aucun chef-d'œuvre dans aucun genre. Elles n'ont fait ni l'*Iliade*, ni l'*Énéide*, ni la *Jérusalem délivrée*, ni *Phèdre*, ni *Athalie*, ni *Rodogune*, ni le *Misanthrope*, ni le Panthéon, ni la *Vénus de Médicis*, ni l'*Apollon*, ni le *Perse*. Elles n'ont inventé ni l'algèbre, ni les télescopes, ni le métier à bas : mais elles font quelque chose de plus grand que tout cela. C'est sur leurs genoux que se forme ce qu'il y a de plus excellent dans le monde : un honnête homme et une honnête femme. »

Il y a un mot de Napoléon I*er*, non moins remarquable dans sa brièveté que l'est dans son étendue le morceau précédent : « L'avenir des enfants est l'ouvrage des mères. »

Buffon avait exprimé la même idée en ces termes dans une de ses lettres dont le recueil a été publié, il y a quelques années : « C'est la mère qui transmettra aux fils les qualités de l'esprit et du cœur. »

Je citerai encore quelques phrases de l'abbé F. de Lamennais, qui reviennent à notre proverbe : « Plus sûr que le raisonnement, un infaillible instinct préserve la femme des erreurs fatales auxquelles l'homme se laisse entraîner par l'orgueil de l'esprit et de la science. Tandis que la vaine et débile raison de l'homme ébranle aveuglément les bases de l'ordre et de l'intelligence même, la femme, éclairée d'une lumière et plus intime et plus immédiate, les défend contre lui, conserve dans l'humanité les croyances par lesquelles elle subsiste; elle en est, au milieu de la confusion des idées et des révolutions, la gardienne pieuse et incorruptible. » — « Les vérités, les lois morales, non-seulement perdraient leur autorité sur la terre, mais, altérée par mille conceptions fausses, la nature même s'en éteindrait, si, doublement mère, la femme, dès le berceau, n'initiait l'enfant à ces sacrés mystères, si elle ne déposait en lui l'impérissable germe de la foi qui le sauvera, si elle ne le nourrissait de ce lait divin. » — « Les semences primordiales du vrai et du beau, les sentiments profonds qui décident de l'existence entière, les hommes les doivent à la femme; c'est elle qui les fait ce qu'ils sont. »

Sans les femmes les deux extrémités de la vie seraient sans secours et le milieu sans plaisir.

Il faut laisser à chacun le soin de développer dans son propre cœur cette vérité proverbiale qui résume si bien les obligations dont l'homme, à chaque phase de son existence, est redevable à la femme considérée comme mère, comme épouse, comme amante, comme amie; car l'esprit ne saurait analyser tant de témoignages ineffables de tendresse, de dévouement et d'abnégation, qu'elle ne cesse de nous prodiguer depuis le berceau jusqu'à la tombe; et le cœur, qui les a reçus, qui en a gardé l'impression dans toutes ses fibres, peut seul les reproduire en ses suaves réminiscences. Je me contenterai de citer les vers suivants que le cœur de Ducis lui inspirait dans son *Épître à ma femme* :

> O sexe fait pour la tendresse !
> La douleur vous vend vos enfants ;
> Vous veillez sur nos pas naissants ;
> De vous l'homme a besoin sans cesse ?
> Par vous nous vivons au berceau,
> Par vous nous marchons au tombeau
> Sans voir la mort et sans tristesse.
> Du ciel la profonde sagesse
> Fit de vous notre enchantement,
> Notre trésor le plus charmant,
> Notre plus chère et douce ivresse,
> Et nos amis les plus constants,
> Le transport de notre jeunesse,
> Le calme de notre vieillesse,
> Notre bonheur dans tous les temps.

Les femmes ont l'œil américain.

Avoir l'œil américain, c'est regarder de côté tout en paraissant ne regarder que devant soi, comme font les sauvages d'Amérique, lesquels, ayant le sens de la vue très-développé, peuvent apercevoir distinctement ce qui se passe à droite et à gauche, sans tourner la tête. Les femmes européennes, en général, sont douées de cette faculté visuelle dont l'exercice ne dérange en rien l'immobilité qu'elles savent donner à leur visage en certaines occasions où elles voient tant de choses en regardant ailleurs. « Il est juste, dit Mme de Genlis, que la nature ait accordé un tel privilége à celles qui ne doivent jamais avoir un regard assuré, ou du moins fixe, et qui sont si souvent obligées de baisser les yeux et de les détourner. (Nouveaux Contes moraux : *le Malencontreux*.)

Les hommes font les lois, les femmes font les mœurs.

On sait que le comte de Guibert a placé ce vers heureux dans sa tragédie du *Connétable de Bourbon* où le premier hémistiche est dit par Adélaïde et le second par Bayard. Mais le comte de Guibert ne l'a point inventé ; il l'a trouvé tout fait dans le recueil des proverbes usités en Provence. Voici le texte patois qui correspond mot pour mot et métriquement au français :

Leis homés fan leis leis, leis frémos fan leis murs.

On a établi, entre les lois et les mœurs, cette différence essentielle que les lois règlent plus les actions du citoyen et les mœurs règlent plus les actions de l'homme. D'après cela, on peut conclure avec raison que l'influence des femmes est d'une importance qui la rend supérieure à celle des législateurs : car avec des mœurs on pourrait se passer de lois, et avec des lois on ne pourrait se passer de mœurs.

« A quoi servent des lois, inutiles sans les mœurs? » s'écriait Horace :

Quid leges sine moribus
Vanæ proficiunt?
(Lib. III, od. 24.)

Tant que les femmes ont fait les mœurs, les femmes ont été respectées. Ce n'est qu'en les défaisant, ce qui leur est arrivé quelquefois, qu'elles ont cessé de l'être. L'histoire nous apprend que c'est à des époques sans mœurs qu'ont été imaginées et mises en circulation ces formules injurieuses qui leur reprochent leurs torts avec une certaine vérité, il faut bien l'avouer, quoiqu'elles soient presque toujours fausses parce qu'elles sont trop généralisées.

Que les femmes fassent les femmes, et non les capitaines.

C'est-à-dire qu'elles restent dans le rôle qui leur est assigné par la nature; car, en voulant en prendre un autre pour lequel elles ne sont point faites, elles ne peuvent s'attirer que des désagréments et des malheurs. — Proverbe qui paraît avoir été formulé, au moyen âge, d'après ce passage de Plutarque : « Alexandre, ayant défait Darius, envoya plusieurs beaux présents à sa mère; mais il demanda qu'elle ne se mêlât pas autant de ses affaires, et qu'elle n'entreprît point l'état de capitaine. »

Ce n'est point un ridicule imaginaire que signale ce proverbe. Les dames françaises, à diverses époques, affichèrent réellement des prétentions militaires, non-seulement dans leurs discours, mais dans leurs actions, comme si elles n'avaient pas eu de passe-temps plus agréable que d'imiter les Marphise et les Bradamante. — Plusieurs histoires, notamment les *Antiquités de Paris*, par Sauval, an 1457, parlent de capitainesses investies du commandement de certaines places fortes. Cette manie, à laquelle contribua beaucoup sans doute la lecture des romans chevaleresques, prit un nouveau développement dans le seizième siècle, lorsque l'imprimerie eut multiplié les exemplaires de plusieurs de ces livres par les soins de François Ier, qui les jugeait propres à favoriser le projet qu'il avait conçu de faire revivre l'ancienne chevalerie dans une seconde chevalerie de sa façon.

Sous le règne de Charles IX les salons étaient devenus des espèces d'écoles d'amour et de guerre, où les dames se montraient jalouses de donner des leçons dans les deux arts. Elles se faisaient un point d'honneur d'exercer en public une sorte d'empire sur leurs amants guerriers; elles les enrôlaient dans telle ou telle faction de l'époque, et les envoyaient, parés d'écharpes et de faveurs, remplir le rôle qu'elles leur avaient assigné. Quelquefois même elles leur faisaient la conduite et traversaient la ville à cheval, caracolant à côté d'eux ou montées en croupe avec eux.

Elles se signalèrent, du temps de la Fronde, par de semblables excentricités. On sait quelle fut leur influence sur les événements de cette époque. La duchesse de Longueville engagea Turenne, qui venait d'être nommé maréchal, à faire révolter contre l'autorité royale l'armée qu'il commandait. La duchesse de Montbazon gagna le maréchal d'Hocquincourt, qui lui écrivit ce billet laconique, mais significatif : « Péronne est à la belle des belles. » Les *Mémoires* de Mademoiselle contiennent une lettre de Gaston d'Orléans, son père, avec cette curieuse suscription : « A mesdames les comtesses *maréchales de camp* dans l'armée de ma fille contre le Mazarin. »

Des femmes et des chevaux,
Il n'y en a point sans défaut.

La perfection n'appartient à aucun être sur la terre, et sans doute il n'en faut point chercher le modèle chez les femmes ; mais les hommes sont-ils moins imparfaits qu'elles ? La vérité est qu'en général les femmes ont plus de petits défauts, et les hommes plus de vices achevés. Quant aux qualités qui brillent en elles, il est impossible de ne pas reconnaître qu'elles se distinguent par des avantages que celles des hommes n'offrent pas au même degré. « Vertus pour vertus, dit une maxime chinoise, les vertus des femmes sont toujours plus naïves, plus près du cœur et plus aimables. »

Le rapprochement des femmes et des chevaux, que présente notre proverbe, n'a pas été suggéré peut-être par une pensée aussi impertinente qu'on pourrait le penser ; il tient aux habitudes chevaleresques : tout paladin consacrait sa vie à l'amour et à la guerre. Pour aimer, il devait avoir une belle dame ; pour combattre, il avait besoin d'un bon cheval, et il confondait ces deux êtres dans une affection presque égale, quoiqu'il fût souvent obligé de reconnaître que ni l'un ni l'autre n'étaient jamais sans défauts.

Les femmes sont trop douces, il faut les saler.

Ce dicton, qui s'entend sans commentaire, me paraît avoir suggéré l'idée d'une ancienne farce dramatique dont voici le titre : « Discours facétieux des hommes qui font *saler leurs femmes à cause qu'elles sont trop douces.*

lequel se joue à cinq personnages. » L'*Histoire du Théâtre-Français* a parlé de cette pièce curieuse, imprimée à Rouen, chez Abr. Cousturier en 1548; et le docte A.-A. Monteil en a donné la piquante a...yse que voici :
« Des maris sont venus se plaindre que leur ménage, sans cesse paisible, était sans cesse monotone ; que leurs femmes étaient trop douces. L'un d'eux a proposé de les faire saler. Aussitôt voilà un compère qui se présente, qui se charge de les bien saler. On lui livre les femmes, et le parterre et les loges de rire. Les femmes, quelques instants après, reviennent toutes salées, et, leur sel mordant et piquant se portant au bout de la langue, elles accablent d'injures leurs maris, et le parterre et les loges de rire. Les maris veulent alors faire dessaler leurs femmes : le compère déclare qu'il ne le peut, et le parterre et les loges de rire davantage. Enfin la pièce, si plaisamment nouée, est encore plus plaisamment dénouée, car les maris, qui sont des maris parisiens, c'est-à-dire des maris de la meilleure espèce, qu'on devrait semer partout, particulièrement dans le nouveau monde, au lieu de dessaler, comme en province, les femmes avec un bâton [1], se résignent à prendre patience, et le parterre et les loges de rire encore davantage, de ne pouvoir plus applaudir, de ne cesser de se tenir les côtes de rire. »

Paris est l'enfer des chevaux, le purgatoire des hommes, et le paradis des femmes.

Les chevaux ont beaucoup à souffrir à Paris, les maris y éprouvent bien des contrariétés, et les femmes y

---

[1]. Allusion à la coutume de frapper avec un bâton les quartiers de lard salé pour en faire tomber les grains de sel.

jouissent de toute sorte de plaisirs. Cette triade proverbiale était autrefois d'une vérité plus incontestable qu'aujourd'hui, surtout à l'égard des femmes, parce que la coutume de Paris, plus favorable pour elles que toutes les autres coutumes du royaume, n'admettait point qu'elles fussent battues comme ailleurs, et ne prononçait point de peines sévères contre la violation de la foi conjugale.

Corneille a rappelé la dernière partie de cette triade dans la *Suite du Menteur*, où Lise dit à Mélisse, sa maîtresse, en parlant de Dorante qu'elle l'engage à épouser :

> Il est riche et de plus il demeure à *Paris*,
> Qui, *des femmes*, dit-on, *est le vrai paradis ;*
> Et, ce qui vaut bien mieux que toutes ces richesses,
> Les maris y sont bons et les femmes maîtresses.

On connaît ce mot de Montesquieu : « Quand on a été femme à Paris, on ne peut plus être femme ailleurs. »

Les femmes ont des souris à la bouche, et des rats dans la tête.

Il n'est pas nécessaire d'expliquer le sens de ce calembour proverbial, mais il est bon de rappeler pourquoi l'expression *avoir des rats* signifie, au figuré, être capricieux, fantasque. Le Duchat prétend que cette expression fait allusion à *la rate d'où la plupart des bizarreries procèdent*. L'auteur de l'*Histoire des rats* la croit fondée sur la supposition qu'une personne sujette à des inégalités d'humeur a la tête remplie de rats qui s'y promènent, et qui, par leurs différents mouvements, y déterminent ses pensées et ses volontés. L'abbé Desfontaines croit avec plus de raison que *rat* est ici un vieux mot français tiré du latin *ratum* (pensée, résolution, dessein), et qu'on dit d'un individu qu'*il a des rats*, de même que l'on dit qu'*il a des idées*, pour faire entendre qu'il a des hallucinations, des lubies, des folies.

Cette étymologie rentre dans celle qu'a proposée dom Louis le Pelletier, qui assure dans son dictionnaire que ce mot a été pris du celto-breton, où il est employé dans une signification identique.

Il faut prendre les hommes tels qu'ils sont, et les femmes telles qu'elles veulent être.

C'est-à-dire qu'il faut prendre ces messieurs avec leurs défauts et ces dames avec leurs prétentions, si l'on veut vivre en paix avec eux et avec elles.

Il est vrai que cette paix est extrêmement difficile et qu'elle doit être payée fort cher par les ménagements continuels qu'on est obligé d'avoir pour ces défauts et surtout pour ces prétentions, plus intolérables que ces défauts : elles sont si exigeantes qu'il faut tout leur sacrifier, et de plus si tenaces qu'il n'est pas possible d'en rien rabattre ; ce qui a fait dire qu'il vaut mieux s'y soumettre que s'y opposer, afin de s'épargner les efforts pénibles qu'on tenterait en vain pour y résister. C'est ainsi qu'on explique cet adage, sérieux dans sa première partie et ironique dans sa dernière. Quant à moi, je ne puis voir dans cette explication qu'une glose pire que le texte, et dont la malice se donne carrière aux dépens de la vérité. Il n'est pas prouvé que les femmes aient les prétentions déraisonnables que les préventions des hommes leur reprochent : il n'y a que des folles incapables de se modérer chez lesquelles on les rencontre. Objectera-t-on que les autres ont l'adresse de les cacher ; mais en supposant que cela soit, on doit leur en savoir gré, et j'aime à croire que cette conduite non moins habile que réservée leur donne le droit de répondre à leurs accusateurs que si elles tiennent à être prises telles qu'elles veulent être, c'est qu'elles veulent être réellement telles qu'elles doivent être.

L'amour des femmes tue le courage des plus braves.

C'est un fait en preuve duquel on peut citer la fable et l'histoire. Voyez Hercule abandonnant sa massue et filant une quenouille aux pieds de la reine Omphale ; voyez Antoine asservi lâchement aux charmes de Cléopâtre ; et jugez, par ces exemples qu'il serait facile de multiplier, combien l'amour des femmes est dangereux et funeste. Il étouffe toute énergie chez l'insensé qui s'y abandonne ; il le rend incapable de tout noble élan, il le tient plongé dans une mollesse abrutissante ; en un mot, il lui fait oublier tous ses intérêts et tous ses devoirs.

Voilà pourquoi on dit encore l'*amour des femmes tue la sagesse :* ce qui a son explication suffisante dans les réflexions que je viens de présenter. Ce proverbe et le précédent ne diffèrent l'un de l'autre que par l'application particulière que chacun d'eux fait de cette vérité générale : que la passion pour les femmes a des effets pernicieux sur le moral de l'homme, et qu'elle fait souvent de lui, par l'usage immodéré des coupables plaisirs qu'elle lui présente, un animal dégradé.

Êtes-vous pauvre, détournez-vous de ces plaisirs

ils coûtent plus chers que les vrais besoins. Aspirez-vous à la gloire, détournez-vous-en de même : ils vous la feraient prendre en pitié. Voulez-vous rester bon, fuyez-les jusqu'au bout du monde : ils ne vous laisseraient pas de cœur.

Les femmes sont toutes fausses comme des jetons.

Les femmes veulent plaire à tout le monde, et, pour y parvenir, elles sont obligées de jouer tant de personnages divers qu'il est bien difficile qu'en s'essayant à un pareil manége elles ne deviennent pas plus ou moins fausses. C'est sans doute sur cette observation d'expérience qu'a été fondé le proverbe, qui est parfaitement vrai des femmes coquettes, et qui ne l'est pas également des autres femmes. J'en connais plusieurs qui méritent une honorable exception, et j'aime à croire qu'elles ne sont pas les seules. Je n'oserais pourtant les compter par douzaines, et je suis forcé de convenir, pour me conformer à l'opinion la plus circonspecte, que les femmes, en général, ont, à des degrés différents, une certaine dose de dissimulation et de mauvaise foi qu'elles cachent sous de belles apparences de franchise et de sincérité, de même que les jetons ne laissent pas voir le mauvais alliage dont ils sont ordinairement composés sous la brillante dorure qui en décore les surfaces.

Les femmes ne mentent jamais plus finement que lorsqu'elles disent la vérité à ceux qui ne les croient pas.

Pourquoi cela? N'est-ce point parce que les femmes, en général, sont peu sincères et ne font guère usage de la vérité que pour mieux tromper, quand elles savent qu'on n'ajoutera pas foi à leur parole? On ne peut, ce me semble, expliquer autrement ce malin proverbe qui fait si bien ressortir leur fausseté jusque dans son contraire. Mais l'opinion qu'il exprime est-elle parfaitement fondée? J'ai consulté là-dessus les experts les plus compétents, dans l'espérance qu'ils me fourniraient de bonnes raisons pour la combattre. Aucun d'eux jusqu'ici ne m'a répondu selon mon désir, et je suis forcé d'attendre encore entre le pour et le contre, n'ayant pas les preuves de l'un, et ne voulant pas admettre celles de l'autre.

Je remarquerai seulement que, si le proverbe était aussi vrai qu'il est ingénieux, les hommes ne sauraient éviter, soit en accordant, soit en refusant leur confiance aux femmes, d'être réduits à une alternative fâcheuse, signalée par cet autre proverbe : *Qui croit sa femme se trompe, et qui ne la croit pas est trompé.*

La vieillesse est l'enfer des femmes.

C'est ce que répétait la belle et spirituelle Ninon de Lenclos, qui vécut, pour ainsi dire, sans vieillir, inspira une passion à l'âge de quatre-vingts ans, et mourut à quatre-vingt-onze... Si elle sentait cette cruelle vérité, combien plus doivent la sentir les autres femmes qui n'ont pas, comme elle, des avantages propres à la leur rendre moins sensible.

On lit parmi les maximes de Saint-Évremond : « L'enfer pour les femmes qui ne sont que belles, c'est la vieillesse. » Est-ce de Ninon qu'il tenait le mot, ou Ninon le tenait-elle de lui?

La vieillesse est pour les femmes pire que la boîte de Pandore : elle renferme tous les maux, moins l'espérance.

La vieillesse a quelque chose de digne, d'imposant chez les hommes ; mais hélas ! chez les femmes, elle est terrible, désespérante, et dénuée de poésie. Elle ne fait d'elles que des ruines sans grandeur et sans majesté.

Les femmes sont comme les énigmes, qui ne plaisent plus quand on les a devinées.

Cette comparaison proverbiale existe dans beaucoup de langues comme dans la nôtre, et elle a été employée par beaucoup d'écrivains qui s'accordent à la regarder comme vraie. Cependant, malgré cette imposante unanimité d'opinion, je ne puis me résoudre à penser avec eux que ces aimables enchanteresses perdent à se faire connaître ce qu'elles gagnent à se faire voir. Mais j'aurais besoin, je l'avoue, qu'elles voulussent bien m'expliquer le soin extrême qu'elles prennent de ne pas se laisser deviner, et l'antipathie décidée qu'elles ont contre ceux qui les devinent. Sans cela, je crains de finir par dire comme les autres :

> Les femmes de l'énigme offrent le caractère :
> Sitôt qu'on les devine elles cessent de plaire.

Les femmes sont comme les paons dont les plumes deviennent plus belles en vieillissant.

Le plumage des paons acquiert plus de lustre avec les années, et la toilette des femmes devient plus brillante à mesure que leur jeunesse diminue, car elles cherchent à suppléer, par les prestiges de l'art, aux charmes naturels que chaque jour qui s'envole leur enlève. Comme elles ne voient pas dans l'avenir de malheur plus grand que de cesser de plaire, elles n'ont pas de désir plus vif ni d'intérêt plus pressant que de paraître toujours jeunes et belles ; et, dans le nombre infini de celles qui peuvent conserver l'espoir d'en imposer sur leur âge, vous n'en trouverez aucune qui dise de bonne foi, comme la belle-mère de Ruth : « Ne m'appelez plus Noémi ; nom qui signifie belle. *Ne vocetis me Noemi, id est pulchram.* » (Ruth, I, 20.)

Notre comparaison proverbiale s'applique particulièrement à ces vieilles coquettes récrépies qui aiment à se pavaner sous les magnifiques livrées de la mode, et prétendent éclipser les jeunes et jolies femmes par le luxe de leur parure hors de saison.

Les femmes sont des paons dans les promenades, des pies-grièches dans leur domestique, et des colombes dans le tête-à-tête.

On attribue à Fontenelle cette formule proverbiale qu'il n'est pas nécessaire d'expliquer ; mais en admettant qu'elle soit due à son esprit, ce qui est douteux, il faut reconnaître que les parties dont elle se compose existaient séparément avant lui dans une foule de locutions analogues. Les femmes ont été assimilées à toutes sortes d'oiseaux sous le rapport des mœurs et du caractère, et elles ont avec eux des ressemblances assez frappantes pour faire penser qu'elles pourraient être étudiées dans les volières aussi bien que dans les salons. Cette étude morale formerait une nouvelle branche d'ornithologie comparée qui ne serait pas moins intéressante que curieuse.

Les femmes qui sont anges à l'église sont diables à la maison.

Parce que, à la maison, elles trouvent toujours à redire à la conduite de leurs maris, et les poursuivent de reproches continuels. Un d'eux, pour s'affranchir des remontrances criardes de la sienne, qui remplissait très-bien les deux rôles, souhaitait qu'elle eût l'église pour unique domicile. Elle serait sainte, ajoutait-il, et moi bienheureux.

On dit aussi de ces furies dévotes qu'*elles mangent les saints et vomissent les diables.*

Vides chambres font dames (ou femmes) folles.

Vieux proverbe qui signifia primitivement que la misère fait oublier la pudeur aux femmes, les entraîne à une conduite déréglée et les pousse même à la plus honteuse prostitution, car le mot *folle* y était mis comme équivalent de *folles de leurs corps,* dénomination qu'on appliquait autrefois aux femmes de mauvaise vie.

Ce proverbe s'emploie aujourd'hui pour dire que, lorsque les femmes n'ont pas dans leur ménage les choses nécessaires, elles ne cessent de quereller leurs maris dont l'avarice ou l'inconduite leur en impose la privation.

Les dames à la grand'gorge.

On appelait ainsi les dames de la cour de François Iᵉʳ, parce qu'elles portaient des robes échancrées autour du sein qui, soutenu et relevé par une riche bande d'étoffe nommée *gorgias*, s'étalait dans une complète nudité.

Le clergé les réprimanda d'oser se montrer *sous les livrées de l'impudicité*. Jean Polman, chanoine théologal de Cambrai, dans son ouvrage intitulé *le Chantre ou Couvre-sein féminin*, leur reproche « de piaffer les bras nus, à sein ouvert, et à tetins découverts ».

Le père Gardeau, Génovéfain, fit contre elles plusieurs prédications où il prit pour texte les versets 16 et 17 du chapitre III d'*Isaïe* annonçant aux filles d'Israël que Dieu les rendra chauves parce qu'elles vont la tête levée, la gorge nue et l'œil tourné à la galanterie.

Un autre prédicateur, dit-on, leur recommandait d'avoir toujours sur leur gorge un fichu de toile de Hollande, et de repousser les mains téméraires des amants qui tenteraient de l'enlever, car, ajoutait-il, « quand la Hollande est prise, adieu les Pays-Bas! » Malgré tout ce que le clergé put faire et dire contre cette mode indécente, elle se maintint sous plusieurs règnes.

C'est probablement pour ridiculiser la polémique dont elle avait été l'objet que Rabelais, dans son facétieux catalogue de la librairie ou bibliothèque de Saint-Victor, s'est amusé à imaginer et à classer une ordonnance universitaire sous ce titre fort drôlatique : *Decretum universitatis Parisiensis super gorgiasitatem muliercularum ad placitum.* (Liv. II, ch. VII.) « Décret de l'Université de Paris sur la *gorgiagiste* (étalage de la gorge) des jeunes femmes selon leur bon plaisir. »

Trois femmes font un marché.

C'est-à-dire qu'elles échangent entre elles autant de paroles qu'il s'en échange dans un marché. Le proverbe italien associe une oie aux trois femmes : *Tre donne e una occa fan un mercato.*

On trouve dans le recueil de Gabriel Meurier : *Deux femmes font un plaid, trois un grand caquet, quatre un plein marché.*

Les Auvergnats disent d'une manière pittoresquement hyperbolique : *Les femmes sont faites de langue comme les renards de queue;* et l'on peut les en croire, car ils doivent être impartiaux, attendu qu'ils ne sont *ni hommes ni femmes, mais bons Auvergnats,* d'après un dicton qui circule depuis quelques années.

Il y a dans tous les pays du monde des proverbes qui s'accordent à reprocher au beau sexe une intarissable loquacité. Je m'abstiens de les rapporter, regardant comme inutile la peine que je prendrais à transcrire ces témoignages trop nombreux d'un défaut sur lequel lui-même semble avoir passé condamnation. Il vaut mieux rechercher quelles sont les principales causes de ce défaut.

Fénelon les a signalées dans les deux phrases suivantes :

« Les femmes sont passionnées dans tout ce qu'elles disent, et la passion fait parler beaucoup.

» Une autre chose contribue beaucoup aux longs discours des femmes, c'est qu'elles sont artificieuses et qu'elles usent de longs détours pour arriver à leur but. »

Montesquieu considérait leur bavardage comme une

suite nécessaire de leur inoccupation. « Les gens qui ont peu d'affaires, disait-il, sont de très-grands parleurs: moins on pense, plus on parle. Ainsi les femmes parlent plus que les hommes ; à force d'être oisives, elles n'ont point à penser. »

C'est, je crois, la même idée que les Chinois ont voulu exprimer dans ce proverbe : *La langue des femmes croît de tout ce qu'elles ôtent à leurs pieds.*

Les femmes ont des langues de la Pentecôte.

C'est-à-dire des langues de feu. L'allusion n'a pas besoin d'être expliquée ; car personne ne peut ignorer que le Saint-Esprit descendit en langues de feu sur les disciples de Jésus-Christ, le jour de la Pentecôte, et leur communiqua ainsi le don des langues pour les mettre en état d'aller prêcher la vérité évangélique chez tous les peuples de la terre.

La glose nous avertit qu'il ne faut pas conclure de ce proverbe que tout ce que disaient les femmes soit paroles d'évangile, car les langues envoyées par l'Esprit-Saint ne descendirent pas sur elles, et celles qu'elles ont n'en sont que des contrefaçons faites par l'esprit malin.

L'abbé Guillon disait, en usant d'une expression tirée d'un proverbe fort connu : « L'enfer est pavé de langues de femmes. »

La langue des femmes est leur épée, et elles ne la laissent pas rouiller.

Proverbe que nous avons reçu des Chinois qui, du reste, ne se bornent pas à une telle plaisanterie sur l'intempérance de la langue féminine, car un de leurs livres classiques met le babil fatigant au nombre des sept causes de divorce que les maris peuvent alléguer pour se débarrasser de leurs femmes.

Les Allemands ont fait une addition grossière à ce proverbe, ils disent : « *Die Weiber führen das Schwerd im Maule, darum muss man sie auf die Scheide schlagen.* Les femmes portent l'épée dans la bouche ; c'est pourquoi il faut frapper sur la gaîne. »

Les Anglais conseillent et emploient un moyen qu'ils jugent plus efficace pour faire taire les femmes ; c'est de leur mettre la *bride du silence*. Si vous ignorez ce que c'est, le *Morning-Herald* va vous le dire. On lit, dans un de ses numéros de la fin de mai 1838, que le magistrat de police de Straffort, jugeant une femme dont la loquacité résistait à tous ses avertissements, lui fit appliquer cette bride que le journaliste appelle une *machine ingénieuse* et décrit ainsi : « Elle consiste en un cercle de fer ceignant la tête d'une oreille à l'autre, et en une plaque transversale du même métal, laquelle descend du front jusqu'à la bouche qu'elle tient close, de manière à empêcher la langue de fonctionner. Cette *ingénieuse machine* se ferme sur le derrière de la tête. » Le journaliste ajoute qu'il serait bon que chaque tribunal eût sa *bride de silence* pour la montrer comme épouvantail et pour en faire usage au besoin.

On peut juger par un pareil fait de l'esprit de galanterie qui doit régner chez nos voisins d'outre-Manche, et se former une idée des licences que les magistrats se permettent quelquefois sans scrupule en ce pays de liberté.

La langue des femmes ne se tait pas, même lorsqu'elle est coupée.

Ce proverbe, hyperbolique à l'excès, est traduit de ce texte latin : *Lingua mulierum nequidem excisa silet*, qu'ont employé quelques écrivains du moyen âge. Je crois qu'il est d'origine grecque, car il se trouve pour la première fois dans la première épître de saint Grégoire de Nazianze, qui l'a peut-être inventé. L'idée qu'il exprime a beaucoup d'analogie avec une plaisanterie d'Ovide qui raconte que la langue d'une bavarde, arrachée de son palais, s'agitait par terre en parlant toujours. Étrange effet de l'habitude !

> La rage du babil est-elle donc si forte
> Qu'elle doive survivre en une langue morte ?

Les Allemands disent d'une manière fort originale : « *Einer todten Frau der muss man die Zunge besonders todt schlagen.* A femme trépassée il faut tuer la langue en particulier. »

Un auteur facétieux a prétendu que la langue, chez les femmes, n'est pas l'unique instrument des paroles, et que les bonnes commères ne resteraient pas muettes quand même elles seraient privées de cet organe. Il cite à l'appui de cette assertion l'exemple d'une jeune fille portugaise qui, étant née sans langue, n'en jasait pas moins du matin au soir. Ce qui donna lieu au distique suivant de je ne sais quel savant en *us* :

> *Non mirum elinguis mulier quod multa loquatur,*
> *Mirum cum lingua quod taceat mulier.*

Voici une imitation française de ce distique :

> Il se peut que sans langue une femme caquette,
> Mais non qu'en ayant une elle reste muette.

Femmes ne sont pas gens.

Cet impertinent proverbe est traduit littéralement du provençal : *Frémos noun soun gens.* Je le crois dérivé de cette ancienne maxime de jurisprudence : *Mulier non habet personam,* par laquelle on déclarait que la femme n'était pas une personne devant la loi, c'est-à-dire qu'elle devait rester toujours mineure et dépendante.

J'avais d'abord conjecturé qu'il était provenu d'un autre fait auquel il s'ajuste assez bien ; je le regardais comme une allusion probable à la thèse soutenue au second concile de Mâcon, le 23 octobre 585, par un évêque qui prétendait que le mot *homme,* dans la généralité de son acception, ne comprenait pas la femme, ce qu'un autre réfuta par divers passages de l'Écriture sainte où ce mot est employé pour désigner les deux sexes, notamment par le verset de la Genèse qui dit que *Dieu créa l'homme, mâle et femelle,* et par les versets de l'Évangile dans lesquels le fils de Dieu est appelé le *Fils de l'homme,* quoiqu'il ne soit que le fils de la femme quant à son humanité. Le concile, après une assez longue discussion, décida : *Mulieres esse homines,* que les femmes étaient hommes, c'est-à-dire qu'elles faisaient partie du genre humain [1].

On a trouvé fort ridicule que les pères de ce concile se soient arrêtés à l'examen d'une thèse si étrange ; mais c'est faute de comprendre les motifs assez graves

---

1. C'est ainsi qu'un ami de Cicéron l'engage, dans une lettre, à se consoler de la mort de sa fille Tullie, « parce qu'elle est née homme, » *quia homo nata est.*

qu'ils ont eus pour cela. Ils se proposaient, en agissant ainsi, d'empêcher, par l'autorité suprême d'une décision ecclésiastique, la propagation d'une fausse idée, renouvelée d'Aristote. Ce philosophe, sur la parole duquel on jurait alors, avait prononcé, comme un oracle, que c'était d'une erreur de la nature que provenait la femme, créature incomplète, ouvrage manqué, résultat de l'imperfection de la matière impuissante à parvenir au sexe parfait, c'est-à-dire à produire l'homme, qu'on verrait naître seul dans un ordre de choses meilleur. Et son opinion était entrée en partie dans l'esprit de quelques théologiens du quatrième siècle, qui se figuraient que Dieu, au grand jour de la résurrection générale, ne ferait revivre la femme qu'en la changeant en homme.

Ce fut, tout porte à le penser, un partisan de cette déraisonnable opinion aristotélique et théologique à la fois qui en saisit l'assemblée : elle obtint l'appui de plusieurs autres qui cherchèrent à la faire prévaloir dans des vues plus politiques encore que religieuses. Ils espéraient que, si elle était canoniquement proclamée, elle deviendrait un moyen puissant de détruire l'influence de deux reines contemporaines généralement détestées, Frédégonde et Brunehaut, qui dirigeaient les affaires publiques au gré de leurs passions et de leurs caprices.

De ce qu'on dit des femmes, il n'en faut croire que la moitié.

Proverbe dont on ne fait l'application qu'en parlant des aventures qu'on leur attribue. « De ces choses-là, suivant l'historien Mézerai, on en compte toujours plus qu'il n'y en a, et il y en a toujours beaucoup plus qu'on n'en sait. » Phrase non moins spirituelle que malveillante, à laquelle ressemble beaucoup cette autre de Sénac de Meilhan : « On débite un grand nombre d'histoires fausses sur les femmes, mais elles ne sont qu'une faible compensation des véritables, qu'on ignore. »

Les Italiens ont un proverbe analogue d'après lequel, en matière de galanterie, tout peut se croire et rien ne peut se dire : *In materia di lussuria, si può creder tutto, ma dirne nulla.*

Si les femmes étaient d'argent, elles ne vaudraient rien à faire monnaie.

Parce qu'on suppose qu'elles garderaient sous cette nouvelle forme le caractère indélébile de fausseté que les mauvais plaisants leur attribuent, et que par conséquent elles ne produiraient qu'une monnaie de mauvais aloi ou une fausse monnaie. C'est ainsi que j'ai entendu expliquer ce proverbe par une femme de beaucoup d'esprit, qui se plaisait à le citer en riant.

Je n'oserais contester positivement cette explication, dont je laisse la responsabilité à son auteur. Cependant je doute que ce soit la fausseté des femmes qu'on ait eu particulièrement en vue en formulant le proverbe. Il y a chez elles d'autres défauts qui, non moins que celui-là, ont pu en suggérer l'idée ; et c'est peut-être par allusion à l'inconstance et au mauvais alliage que ces défauts réunis produisent dans leur nature, qu'on a dit qu'*elles ne vaudraient rien à faire monnaie,* en sous-entendant ces mots : *parce qu'elles ne seraient pas malléables.*

Cette raison toute naturelle est indiquée par un proverbe italien qui correspond au nôtre : « *Se le donne fossero d'argento, non varrebber' un quattrino, perchè non starebber' al martello.* Si les femmes étaient d'argent, elles ne vaudraient pas quatre deniers, parce qu'elles ne tiendraient pas sous le marteau », ce qui signifie au figuré, si je ne me trompe, qu'elles ne seraient pas malléables.

Les femmes qui ont donné leur farine, veulent vendre leur son.

Proverbe dont on fait l'application à certaines femmes galantes qui, après avoir prodigué gratuitement les prémices de leurs appas, ou leur farine, prétendent en faire payer au-dessus de leur valeur les restes, ou le son. Ces meunières intéressées, à qui le vice a fait oublier tout sentiment généreux, n'ont d'autres pensées que de s'enrichir aux dépens de quelques jeunes gens sans expérience qu'elles ont attirés à leur moulin, et qu'elles en chasseront impitoyablement aussitôt qu'elles auront achevé de les ruiner.

Les mots « farine » et « son » ont été employés allégoriquement par les auteurs du moyen âge dans le même sens qu'ils ont ici. On lit dans un recueil de ce temps cette curieuse définition de la beauté féminine : « C'est la farine du diable qui se réduit tout en son. » On y trouve aussi cette comparaison non moins curieuse de la femme prodigue de sa beauté pour son plaisir, avec un bluteau qui jette la farine et retient le son.

Il y a peu d'honnêtes femmes qui ne soient lasses de leur métier.

La Rochefoucauld l'a dit textuellement dans sa 376º *Pensée*, et Molière l'a redit, à sa manière, dans ces vers d'*Amphitryon*, que Cléantis adresse à Sosie :

> Va, va, traître, laisse-moi faire,
> On se lasse parfois d'être femme de bien.
> (Acte II, sc. VII.)

Je crois que c'est une phrase proverbiale antérieure à ces deux auteurs. Elle est du moins employée comme telle dans quelques patois méridionaux, et elle a des équivalents dans plusieurs langues étrangères.

Sans doute le *métier* d'honnête femme peut paraître fatigant, puisqu'il oblige à une lutte vigoureuse pour triompher de ce désordre d'idées et de tentations que peuvent exciter, par moment, dans l'esprit d'une femme, même la mieux morigénée, les froides négligences d'un mari et les ardentes poursuites d'un séducteur. Mais faut-il en conclure que les efforts qu'exige d'elle le maintien de sa vertu doivent lui en donner une sorte de lassitude? Non, non : la femme qui se respecte a l'âme trop forte et trop courageuse pour se lasser de ce qui fait son honneur et sa dignité. Loin de faiblir dans la lutte, elle s'y affermit; plus son devoir lui impose de sacrifices, plus elle s'y attache, non-seulement par la considération des malheurs qu'ont à subir les femmes déshonorées, mais par le sentiment de sa conscience, qui adoucit et compense ses amertumes par d'ineffables consolations.

Je voudrais qu'à la place de la maxime que je combats il y en eût une autre qui glorifiât la persévérance vertueuse de la femme délaissée. Cette femme de bien, cette femme chrétienne, malheureusement trop rare, est un modèle de perfection, et la chasteté inaltérable qu'elle conserve dans un cœur brûlant me paraît, dans l'ordre moral, un phénomène plus admirable encore que ne l'est, dans l'ordre physique, la glace entretenue dans un fourneau chauffé à blanc.

Les femmes demandent si un homme est discret, comme les hommes si une femme est belle.

La discrétion des hommes tente les femmes autant que la beauté des femmes tente les hommes, et les deux sexes suivent plus volontiers l'attrait naturel qui les invite à se rapprocher, quand ils sont assurés de rencontrer, l'un chez l'autre, la qualité qu'ils désirent. Ainsi les deux questions, bien que chacune d'elles porte sur un point différent, partent du même principe, qui est le besoin d'aimer, et tendent au même but, qui est la satisfaction de ce besoin. Mais celle des femmes est plus significative que celle des hommes, où l'on ne voit souvent qu'un simple effet de curiosité : elle a quelque chose de raisonné, de prémédité, indice manifeste que les femmes, qui osent la faire, sont déjà décidées à se laisser aller à la tentation, lorsqu'elles savent qu'elles pourront, sans crainte d'être compromises, accorder leur penchant avec la sécurité, leur plaisir avec le mystère. Vous pouvez en conclure, si vous le voulez, qu'elles tiennent beaucoup moins à la vertu qu'au respect humain. En effet, mettre de côté cette vertu incommode et en garder les apparences honorables, c'est, en résumé, ce qu'elles cherchent en s'engageant dans les affaires de cœur. Il n'est pas besoin de dire avec quelles précautions, avec quelle habileté elles poursuivent ce double objet, après en avoir calculé les inconvénients et les avantages. On sait que ces femmes-là ont un art prodigieux, qui leur vient sans doute de ce qu'elles ont mordu plus profondément que les autres au fruit de l'arbre de la science du bien et du mal.

Les femmes n'ont que l'âge qu'elles paraissent avoir.

Il ne faut pas juger de l'âge des femmes par le nombre de leurs années, mais par la conservation de leurs appas; tant que ces appas ne sont point flétris, elles peuvent se dire encore dans la jeunesse malgré le démenti que leur opposent les registres de l'état civil toujours trop incivil pour elles.

C'est sur la foi de ce proverbe que nos dames se donnent tant de soins et font tant de frais de toilette pour paraître plus jeunes qu'elles ne sont.

N'examinons point si un tel proverbe n'est pas formulé d'une manière plus galante que vraie, de peur de troubler leurs illusions à ce sujet; laissons-les se complaire dans ces douces illusions; et qu'elles soient persuadées, s'il est possible, que leur extrait baptistaire vieillit tout seul.

On ne saurait dire des femmes ce qui en est.

Est-ce parce qu'il y aurait trop à dire d'elles, ou bien parce qu'il paraît impossible de les définir? Je laisserai à de plus habiles que moi le soin de décider entre ces deux questions qui se compliquent l'une par l'autre, et je me contenterai de citer un joli portrait burlesque de la femme par un auteur comique qui ne la jugeait pas indéfinissable et qui voyait en elle un composé de natures diverses. Je le tire de la pièce intitulée : *Arlequin défenseur du beau sexe*. — « Voulez-vous bien connaître une femme ? figurez-vous un joli petit monstre qui charme les yeux et qui choque la raison ; qui plaît et qui rebute, qui est ange au dehors et harpie au dedans. Mettez ensemble la tête d'une linotte, la langue d'un serpent, les yeux d'un basilic, l'humeur d'un chat, l'adresse d'un singe, les inclinations nocturnes d'un hibou, le brillant du soleil et l'inégalité de la lune ; enveloppez le tout d'une peau bien blanche, ajoutez-y des bras, des jambes, *et cætera :* vous aurez une femme toute complète. » (*Théâtre italien de Gherardi*, t. V, p. 262.)

On attribue à J.-J. Rousseau les vers suivants sur les femmes :

> Objet séduisant et funeste,
> Que j'adore et que je déteste,
> Toi que la nature embellit
> Des agréments du corps et des dons de l'esprit,
> Qui de l'homme fais un esclave,
> Qui t'en moques quand il te plaint,
> Qui l'accables quand il te craint,
> Qui le punis quand il te brave ;
> Toi dont le front doux et serein
> Porte le plaisir dans nos fêtes,
> Toi qui soulèves les tempêtes
> Qui tourmentent le genre humain.
> Être ou chimère inconcevable,
> Abîme de maux et de biens,
> Seras-tu donc toujours la source inépuisable
> De nos mépris et de nos entretiens ?

PROVERBES
SUR
L'AMITIÉ

Il faut connaître avant d'aimer.

Le proverbe n'est guère applicable à l'amour, qui est rarement déterminé par la réflexion ; il est fait pour l'amitié, à la formation de laquelle le temps est nécessaire. C'est, en d'autres termes, l'adage des Grecs : « φίλους μὴ ταχὺ κτῶ. Ne fais pas des amis promptement. » Nous avons encore cette maxime bonne à rappeler : *Le moyen de faire des amis qu'on puisse garder longtemps, c'est d'être longtemps à les faire.*

« L'amour, dit la Bruyère, naît brusquement, sans autre réflexion, par tempérament ou par faiblesse. Un trait de beauté nous fixe, nous détermine. L'amitié, au contraire, se forme peu à peu avec le temps, par la pratique, par un long commerce. Combien d'esprit, de bonté de cœur, d'attachement, de services et de complaisances dans les amis pour faire, en plusieurs années, beaucoup moins que ne fait quelquefois, en un moment, un beau visage ou une belle main? (Ch. IV, du Cœur.)

Aime comme si tu devais un jour haïr.

Ce mot, que Scipion regardait comme le plus odieux blasphème contre l'amitié, est attribué à Bias par Aristote, qui dit dans sa rhétorique : « L'amour et la haine sont sans vivacité dans le cœur des vieillards. Suivant le précepte de Bias, ils aiment comme s'ils devaient haïr un jour, ils haïssent comme s'ils devaient un jour aimer. » Cependant Cicéron (*De Amicitia*, XVI), ne peut croire que la première partie de cette sentence appartienne à un homme aussi sage que Bias. La seconde, en effet, est seule digne de lui. Il est probable, comme le remarque le savant M. Jos.-Vict. Leclerc, que le philosophe de Priène s'était contenté de dire : *Haïssez comme si vous deviez aimer*, et qu'on aura ajouté le reste pour former antithèse et pour appuyer une fausse maxime d'une grande autorité. Quoi qu'il en soit, cette maxime n'en est pas moins passée en proverbe, par une espèce de fatalité qui trop souvent fait retenir ce qui est mal et oublier ce qui est bien. Mais ce n'a pas été pourtant sans une forte opposition. Tous les auteurs qui ont écrit sur l'amitié se sont attachés à la combattre. Les deux meilleures réfutations qu'en en ait faites sont ce mot de César : « J'aime mieux périr une fois que de me défier toujours, » et ces vers de Gaillard que La Harpe a cités avec éloge dans son *Cours de littérature*.

Ah! périsse à jamais ce mot affreux d'un sage,
Ce mot, l'effroi du cœur et l'effroi de l'amour :

« Songez que votre ami peut vous trahir un jour ! »
Qu'il me trahisse, hélas ! sans que mon cœur l'offense,
Sans qu'une douloureuse ou coupable prudence
Dans l'obscur avenir cherche un crime douteux...
S'il cesse un jour d'aimer, qu'il sera malheureux !
S'il trahit nos serments, je dois aussi le plaindre,
Mon amitié fut pure et je n'ai rien à craindre.
Qu'il montre à tous les yeux les secrets de mon cœur ;
Ces secrets sont l'amour, l'amitié, la douleur,
La douleur de le voir, infidèle et parjure,
Oublier ses serments, comme moi son injure.

« Vivre avec ses ennemis comme s'ils devaient être un jour nos amis, et vivre avec nos amis comme s'ils pouvaient devenir nos ennemis, n'est ni selon la nature de la haine ni selon les règles de l'amitié. Ce n'est point une maxime de morale, mais de politique. » (La Bruyère, ch. IV, *du Cœur.*)

Bacon juge cette maxime admissible, « pourvu toutefois qu'on n'y voie point une raison qui encourage à la perfidie, mais seulement une raison pour être circonspect et pour modérer ses affections ». (*Dign. et accr. des sciences*, liv. VIII, ch. II.) Il la considère probablement par rapport à cette amitié superficielle sujette à passer, car elle ne saurait se concilier avec la véritable amitié qui veut une confiance entière. Prendre des précautions contre un ami, quelque honnêtement qu'on le fît, ce serait le traiter, pour ainsi dire, en ennemi.

On ne s'aime bien que lorsqu'on n'a plus besoin de se le dire.

Parce qu'il règne alors entre ceux qui s'aiment une confiance entière, qui est la preuve d'une affection parfaite. Cette maxime très-vraie de l'amitié ne l'est pas également de l'amour; car les amants, si persuadés qu'ils soient de leur tendresse mutuelle, éprouvent un besoin continuel d'en échanger les témoignages. Et il est démontré par l'expérience que ce besoin est inséparable de leur passion, dont on pourrait marquer les divers degrés sur une échelle chromatique des inflexions du langage amoureux, depuis la note la plus basse jusqu'à la plus élevée.

Qui aime bien châtie bien.

Proverbe dont l'idée se retrouve dans plusieurs passages de Salomon, notamment dans celui-ci : « *Qui parcit virgæ odit filium suum; qui autem diligit illum instanter erudit.* (*Prov.* XIII, 24.) Celui qui épargne la verge hait son fils; mais celui qui l'aime s'applique à le corriger. »

Le conseil qu'exprime ce proverbe étranger aux mœurs actuelles était approuvé des peuples de l'antiquité. Il fut regardé comme excellent en Chine jusqu'au temps de Confucius, qui en fit sentir les graves inconvénients. Il devint en Grèce un des points fondamentaux de la méthode du stoïcien Chrysippe pour l'éducation des enfants. Il paraît même avoir fait partie de la doctrine socratique, si l'on en juge par la quatrième scène du cinquième acte des *Nuées* d'Aristophane, où un disciple de Socrate est représenté battant son père et disant : « Battre ce qu'on aime est l'effet le plus naturel de tout sentiment d'affection : aimer et battre ne sont qu'une même chose. Τοῦτ' ἐς' εὐνοεῖν τὸ τύπτειν. »

On sait qu'à Rome le rhéteur Orbilius de Bénévent, que le poëte Horace, dont il fut le maître, a nommé *plagosus* (Epist. II, 1, 10), introduisit l'usage du fouet dans son école; ce qui a fait donner aux régents qui, chez les modernes, ont adopté ce honteux usage, le surnom d'*orbilianites*, tombé depuis devant celui de *monsieur Cinglant*.

Qui m'aime me suive.

Philippe VI de Valois était à peine sur le trône de France qu'il voulut faire la guerre contre les Flamands. Comme son conseil ne paraissait pas approuver cette guerre, pour laquelle il montrait beaucoup d'ardeur, le roi porta sur Gaucher de Châtillon[1] un de ces regards qui semblent chercher à enlever les suffrages : « Et vous, seigneur connétable, lui dit-il, que pensez-vous de tout ceci? Croyez-vous qu'il faille attendre un temps plus favorable? — Sire, répondit le guerrier, *qui a bon cœur a toujours le temps à propos.* » Philippe, à ces mots, se lève transporté de joie, court au connétable, l'embrasse et s'écrie : *Qui m'aime me suive!* Saint-Foix, qui rapporte le fait, prétend que ce fut l'origine du proverbe; mais il est avéré que ce n'en fut que l'application. Le proverbe existait longtemps auparavant, puisqu'il se trouve dans ce vers de la troisième églogue de Virgile :

Qui te, Pollio, amat, veniat quo te quoque gaudet.

Il remonte jusqu'à Cyrus, qui exhortait ses soldats en s'écriant : *Qui m'aime me suive!*

---

1. Ce guerrier magnanime, disent les historiens, avait eu l'honneur de recevoir l'ordre de chevalerie des mains de saint Louis, et s'était montré, pendant sept règnes consécutifs, le plus ferme appui du trône.

Quand on n'a pas ce que l'on aime il faut aimer ce que l'on a.

Proverbe qui existe dans presque toutes les langues, tant la vérité qu'il exprime est généralement reconnue, quoiqu'elle soit très-rarement mise en pratique. *Il n'y a pas de maladie plus cruelle*, disaient les Celtes, *que de n'être pas content de son sort*. Rien n'est plus cruel, en effet, que de vivre en révolte contre sa condition, et d'aigrir les maux réels qui s'y trouvent par le désir des biens imaginaires qui ne peuvent s'y trouver. « Quelle plus grande peine, s'écrie saint Bernard, que de vouloir toujours ce qui ne sera jamais, et de ne vouloir jamais ce qui sera toujours! *Quæ pœna major est quam semper velle quod nunquam erit, et semper nolle quod nunquam non erit!* » Pour nous rendre un peu contents et tranquilles en ce monde, nous devons nous résigner à notre sort et détourner autant que possible notre attention des mauvais côtés qu'il nous offre, afin de la porter sur les bons. C'était un véritable sage que ce paysan suisse qui répondit à celui qui lui vantait les richesses du roi de France : « Je parie qu'il n'a pas d'aussi belles vaches que les miennes. »

« Au lieu de me plaindre, dit le moraliste Joubert, de ce que la rose a des épines, je me félicite de ce que l'épine est surmontée de roses et de ce que le buisson porte des fleurs. »

Quoique ce proverbe ne s'applique pas précisément à l'amitié ni à l'amour, j'ai cru devoir l'admettre dans la catégorie de ceux qui s'y rapportent, car il pourrait être employé, et il l'a été, plus d'une fois sans doute, comme un précepte d'amour conjugal. Il est vrai pourtant qu'en ce cas il serait bien difficile à mettre en pratique.

Qui s'aime trop n'est aimé de personne.

« Quiconque n'aime que soi-même, uniquement occupé de sa propre volonté et de son plaisir, n'est plus soumis à la volonté de Dieu ; et, demeurant incapable d'être touché des intérêts d'autrui, il est non-seulement rebelle à Dieu, mais encore insociable, intraitable, injuste et déraisonnable envers les autres, et veut que tout serve non-seulement à ses intérêts, mais encore à ses caprices. »

(Bossuet, *de la Concupiscence*, XI.)

« L'expérience confirme que la mollesse et l'indulgence pour soi et la dureté pour les autres n'est qu'un seul et même vice. »

(La Bruyère, ch. IV, *du Cœur*.)

Ce proverbe existait chez les Grecs, et chez les Latins qui l'avaient traduit du grec en ces termes : *Nemo erit amicus, ipse si te amas nimis.* Suidas le faisait remonter jusqu'aux premiers temps mythologiques, et le retrouvait dans ces paroles adressées au beau Narcisse par les Nymphes qu'il avait dédaignées : « Beaucoup te haïront si tu t'aimes toi-même. »

Nous disons encore : *Qui s'aime trop s'aime sans rival*, ce qui est pris de ces paroles de Cicéron : *Se ipse amat sine rivali* (lib. III, epist. VIII, *ad Quintum fratrem*), paroles qu'Horace a répétées dans le vers 444 de l'*Art poétique* :

Quin sine rivali teque et tua solus amares.

On connaît ce vers de La Fontaine, livre I, fable IX :

Un homme qui s'aimait sans avoir de rivaux.

Aime-moi un peu, mais continue.

Pour dire qu'on préfère une affection modérée, mais durable, à une affection excessive qui est sujette à passer promptement. Un autre proverbe, considérant la modération comme conservatrice de l'amitié, conseille de *s'aimer peu à la fois, afin de s'aimer longtemps*. Ce conseil ne signifie point sans doute qu'il faille amortir la vivacité d'un sentiment qui n'est presque jamais trop vif, car ce serait l'apparenter avec l'indifférence, mais qu'il est bon d'en réprimer les manifestations outrées et les susceptibilités hargneuses qui sont toujours de trop.

Montesquieu disait aux amis tyranniques et avantageux qui font trouver dans l'amitié tous les orages de l'amour : « Souvenez-vous que l'amour a des dédommagements que l'amitié n'a pas. »

Les deux proverbes que je viens d'interpréter comme spécialement applicables à l'amitié, ont été quelquefois appliqués à l'amour ; mais on sent que cette application ne saurait convenir à l'amour qu'autant qu'on le fait consister dans ces liaisons communes, étrangères au sentiment passionné qui est son vrai caractère. N'est-ce pas être froidement amoureux que de souhaiter pour son repos que l'objet dont on est aimé n'ait qu'un amour modéré ? *Qui aime le die!*

Qui aime Bertrand aime son chien.

Ou bien : *Qui m'aime aime mon chien*, pour signifier que lorsqu'on aime quelqu'un il faut prendre les intérêts, les sentiments, les passions, dont il est affecté, et se montrer attaché à tout ce qui lui appartient. — On trouve dans le lai de Graélant par Marie de France, cette variante corrélative :

> Ki volentiers fiert vostre cien
> Ja marqueròs qu'il vos aint bien.

Les Latins avaient le même proverbe que nous : *Quisquis amat dominum, diligit catulum.*

Au besoin on connaît l'ami.

« Dans l'infortune on connaît ses vrais amis. » (Euripide, *Hécube*.)

In bonis viri, inimici illius in tristitia : et in malitia illius amicus agnitus est. (*Ecclesiastic.*, XII, 9.)

« Quand un homme est heureux ses ennemis sont tristes, et quand il est malheureux on connaît quel est son ami. »

Amicus certus in re incerta cernitur (Ennius.)

L'ami constant se montre dans l'inconstance du sort.

Is est amicus qui in re dubia re juvat, ubi re est opus.
(Plaut., *Epidic.*, v. 104.)

Celui-là est ami qui, dans les moments difficiles, nous aide en effet, quand il faut des secours effectifs.

In angustiis amici apparent (Petron.).

Dans les revers les amis se font voir.

On connaît les bonnes sources dans la sécheresse, et les bons amis dans l'adversité.

(*Proverbe chinois.*)

Nous avons encore le proverbe : *Le malheur est la pierre de touche de l'amitié.* Ce qui se retrouve dans cette pensée d'Isocrate : « L'adversité est le creuset où s'éprouvent les amis. »

Hélas! combien il y en a peu qui soient éprouvés à ce creuset sans y laisser un déchet considérable! Un vers proverbial en patois aveyronnais dit fort originalement que ceux qui y passent ne laissent dans la fonte que de l'écume et des scories.

Cad' amic que s'y found demoro tout en crasso.

Chaque ami qui s'y fond demeure tout en crasse.

Le faux ami ressemble à l'ombre du cadran.

Cette ombre, comme on sait, se montre lorsque le soleil brille, et elle n'est plus visible quand il est voilé par les nuages. De là ce quatrain :

> Tel qui se dit un ami sûr
> Est en tout point semblable à l'ombre,
> Qui paraît quand le ciel est pur,
> Et disparaît quand il est sombre. (GODET.)

« Tant que vous serez heureux, dit Ovide, vous compterez beaucoup d'amis; si les temps deviennent sombres, vous serez seul. »

> *Donec eris felix, multos numerabis amicos;*
> *Tempora si fuerint nubila, solus eris.*
> (Trist., I, élég. VIII.)

Ce que Ponsard a traduit dans ces deux vers de sa comédie intitulée *l'Honneur et l'Argent.*

> Heureux, vous trouverez des amitiés sans nombre,
> Mais vous resterez seul si le temps devient sombre.

Les anciens comparaient les faux amis aux hirondelles, qui viennent dans la belle saison et s'en vont dans la mauvaise. Le peuple de Paris les assimile aux cochers de fiacre, qu'on trouve toujours sur place quand il fait beau temps, et qu'on n'y rencontre plus dès qu'il pleut.

Nous avons encore une comparaison proverbiale qui a été reproduite dans cet ingénieux quatrain de Mermet, poëte du seizième siècle :

> Les amis de l'heure présente
> Ont le naturel du melon :
> Il faut en essayer cinquante
> Avant d'en trouver un de bon.

Rien de plus commun que le nom d'ami, rien de plus rare que la chose.

Vulgare amici nomen, sed rara est fides.
(Phædr., lib. III, fab. IX.)

Heureux celui qui, dans sa vie, peut trouver l'ombre d'un ami! disait, dans une comédie de Ménandre, un jeune homme qui n'osait croire à la réalité d'un bien si rare et si précieux.

Aristote s'écriait : « O mes amis, il n'y a plus d'amis! » et Caton l'Ancien prétendait qu'il fallait tant de choses pour faire un ami que cette rencontre n'arrivait pas en trois siècles.

« L'amitié est bien bête de compagnie, disait Plutarque, mais non pas bête de troupeau. » Remarque très-vraie, car les amitiés célèbres n'ont jamais existé qu'entre deux personnes.

« C'est un assez grand miracle de se doubler. N'en connaissent pas la hauteur ceux qui parlent de se tripler. » (Montaigne, *Ess.*, I, 27.)

Les Scythes, pour qui l'amitié était une chose sacrée, pensaient avec raison qu'elle ne pouvait étendre ses liens au delà sans les relâcher ; et, pour la garantir de l'amoindrissement qu'elle eût subi par extension, ils avaient fait une loi qui ordonnait d'avoir un ami, en permettait deux et en défendait trois. Cette loi était fort sage, car il n'y a jamais assez d'amitié et il y a toujours assez d'amis.

« Assez d'amis parmi les hommes! s'écrie Bourdaloue, mais quels amis! assez d'amis de nom, assez d'amis d'intérêt, assez d'amis d'intrigue et de politique, assez d'amis d'amusements, de compagnie, de plaisir; assez d'amis de civilité, d'honnêteté, de bienséance ; assez d'amis en paroles, en protestations. »

Certes, de ces amis-là, il y en a *assez de peu, assez d'un, assez d'aucun*, suivant le mot d'un Ancien rapporté par Sénèque : *Satis sunt pauci, satis est unus, satis est nullus.* (*Epist.* VII.)

On connaît cette boutade spirituelle de Chamfort : « Dans le monde vous avez trois sortes d'amis : vos amis qui vous aiment, vos amis qui ne se souviennent pas de vous, et vos amis qui vous haïssent. »

Hélas! pourquoi faut-il que ces chers amis, à qui nous donnons notre confiance, ne soient presque toujours que de chers ennemis!

Qui cesse d'être ami ne l'a jamais été.

Ce beau proverbe est traduit d'un vers grec cité par Aristote (*Rhétor.*, liv. II). Il se trouve aussi dans le troisième discours de Dion Chrysostome, qui l'a développé en disant que le caractère de l'amitié est de ne point changer, et que, si quelqu'un est infidèle à une personne avec qui il a vécu dans une liaison intime, il déclare par cette infidélité qu'il ne l'aimait pas véritablement; car, s'il eût été son ami, il serait demeuré tel. C'est exactement la pensée que le père de Neuville a exprimée d'une manière heureuse en parlant de « la cour où les heureux n'ont point d'amis, puisqu'il n'en reste point aux malheureux. »

Un bon ami vaut mieux que cent parents.

Ce proverbe a sa raison dans cet autre : *Beaucoup de parents et peu d'amis.* — J. Delille a dit dans son poëme de la *Pitié :*

> Le sort fait les parents, le choix fait les amis.
> (Ch. II.)

Et ce joli vers n'est que la répétition textuelle d'un proverbe oriental que Dorat, avant Delille, avait imité ainsi :

> C'est le hasard qui fait les frères,
> Et la vertu fait les amis.

Cicéron (*de Amicitia*, v) met l'amitié au-dessus de la parenté, en ce que la bienveillance est essentielle à la première et n'est point inséparable de la seconde, que sans bienveillance il n'y a plus d'amitié et qu'il y a toujours parenté.

D'autres, au contraire, ont mis la parenté au-dessus de l'amitié, et leur opinion a servi de fondement à quelques proverbes qu'on trouvera plus loin.

Le frère est ami de nature,
Mais son amitié n'est pas sûre.

Ce distique proverbial est tiré de la phrase suivante de Cicéron : *Cum propinquis amicitiam natura ipsa peperit, sed ea non satis habet firmitatis.* (*De Amicitia,* v.) Il paraît justifié par les démêlés trop fréquents que la jalousie et l'intérêt excitent parmi les frères : « C'est à la vérité, dit Montaigne, un beau nom et plein de dilection que le nom de frère ; mais ce meslange de biens, ces partages, et que la richesse de l'un soit la pauvreté de l'autre, cela destrempe merveilleusement et relâche cette soudure fraternelle. »

On peut vivre sans frère, mais non sans ami.

Si cela était vrai, l'espèce humaine aurait été frappée depuis longtemps d'une mortalité qui l'eût enlevée tout entière ; car, dans la plupart des siècles, il ne s'est pas rencontré peut-être un de ces êtres d'élite sans lesquels on dit la vie impossible. Ne prenons donc ce proverbe que pour une hyperbole excessive par laquelle on a voulu faire ressortir le prix inestimable de l'amitié, et ne cherchons pas même à le justifier sous ce rapport. La comparaison qu'il présente accuse une idée immorale, dénaturée, qui doit le faire proscrire. Il peut rester à l'usage de quelque mauvais frère, mais il ne saurait obtenir l'approbation d'aucun esprit sensé.

Malheur à l'homme qui sacrifie ses parents à ses amis. Les Espagnols disent à ce sujet : « *Quien de los suyos se aleja, Dios le deja*. Celui qui s'éloigne des siens, Dieu l'abandonne. » Les pères et mères devraient inculquer à leurs enfants cette belle maxime où respire l'esprit de famille, en y joignant des exemples propres à en confirmer la vérité.

Un ami est un autre nous-même.

Beau mot qui a été attribué faussement à Zénon, fondateur de la secte des stoïciens, car il se trouve dans le passage suivant des *Entretiens de Socrate* (II, 10) : « Un bon ami est toujours prêt à se substituer à son ami, à le seconder dans les soins de sa maison, dans les affaires de l'État. Vous voulez obliger quelqu'un, il va se joindre à vous dans cette bonne action. Quelque crainte qui vous agite, comptez sur ses secours ; vous faut-il faire des dépenses, des démarches, employer la force ou la persuasion ? *Vous trouverez en lui un autre vous-même.* »

Ce mot n'appartient pas même à Socrate. Avant lui il était employé proverbialement dans l'école de Pythagore qui passait pour en être l'auteur.

Aristote a dit : « Un ami est une âme qui vit dans deux corps » ; ce qu'Horace a imité en appelant Virgile *la moitié de son âme : animæ dimidium meæ* (I, od. 3), et ce que saint Augustin a répété dans ses *Confessions :* « *Sensi animam meam et animam illius unam fuisse animam in duobus corporibus* (IV, 6). Je sentis que mon âme et la sienne n'avaient formé qu'une seule âme dans nos deux corps. »

Cette même vie à deux, qui est celle de la véritable amitié, Ennius la nommait *la vie vivante, vita vitalis.*

Qui ne connaît les vers charmants par lesquels La Fontaine a terminé sa fable des *Deux Amis* qui vivaient au Monomotapa ?

> Qu'un ami véritable est une douce chose !
> Il cherche vos besoins au fond de votre cœur ;
> Il vous épargne la pudeur
> De les lui découvrir vous-même :
> Un songe, un rien, tout lui fait peur
> Quand il s'agit de ce qu'il aime.
> (Liv. VIII, fab. xi.)

Ces vers, où toutes les idées de la fable se reproduisent et se résument en traits de sentiment, sont calqués, à l'exception des deux derniers qui complètent si heureusement ce délicieux résumé, sur une maxime indienne que Pilpay, dans un apologue intitulé aussi les *Deux Amis*, a formulé en ces termes : « Un ami est une chose bien précieuse. Il cherche nos besoins au fond de notre cœur. Il nous épargne la honte de les lui découvrir nous-mêmes. »

Un ami fidèle est la médecine de la vie.

C'est-à-dire qu'il peut dissiper les ennuis, adoucir les amertumes et soulager la plupart des maux de la vie. Il est pour les maladies de l'esprit ce qu'un bon médecin est pour celles du corps. Ce proverbe est littéralement traduit du verset de l'Ecclésiastique : *Amicus fidelis, medicamentum vitæ* (VI, 16).

« L'amitié, dit Gœthe, est le fonds social où l'humanité trouve toujours des trésors nouveaux pour se relever forte et puissante, quel que soit l'état déplorable où les naufrages et les banqueroutes ont pu la réduire. »

On lit dans le *Hava-mal* ou *Discours sublime d'Odin*, poëme gnomique des Scandinaves : « L'arbre se dessèche quand il n'est revêtu ni d'écorce ni de feuillage : ainsi est l'homme sans ami. L'homme ne peut vivre seul. »

Les Arabes disent : « Pourquoi Dieu a-t-il donné une ombre à notre corps ? C'est pour qu'en traversant le désert nos yeux se reposent sur elle, et soient ainsi préservés de la réverbération des sables brûlants. »

Il faut être fringant à l'ami.

Dicton fort usité au quatorzième et au quinzième siècle parmi les femmes, pour dire que celle qui attendait la visite de son bon ami devait se mettre en frais de braverie et d'amabilités afin de le bien recevoir. *Fringant*, autrefois invariable quant au genre, est le participe présent du verbe *fringuer*, employé par nos vieux auteurs dans le sens de se parer, caresser, faire l'amour. Ces deux dernières acceptions, désusitées en français, se sont conservées dans divers patois méridionaux.

Un ami pour l'autre veille.

Un ami ne s'endort pas sur les affaires de son ami ; il les prend à cœur, il y veille comme aux siennes propres, et sa vigilance est payée de retour par celui qui en est l'objet : tous deux sont sous la garde l'un de l'autre, et ils doivent trouver dans leur sollicitude réciproque les conseils et les secours dont ils ont besoin pour bien soigner leurs intérêts moraux et matériels.

Il n'est si bon conseil que d'ami.

Parce que ce conseil a ordinairement toutes les qualités requises, étant inspiré par une sincère affection, formé en connaissance de cause et présenté de manière à ne pas blesser l'amour-propre de celui qui le reçoit.

Les Espagnols disent : « *Consejo de quien bien te quiere aunque te parezca mal, escríbelo.* Conseil de celui qui te veut du bien, quoiqu'il te paraisse mal, mets-le par écrit (pour ne pas l'oublier). »

Les Allemands ont ce proverbe : « *Freundes Stimme, Gottes Stimme.* Conseil d'ami, conseil de Dieu. »

« *Unguento et variis odoribus delectatur cor, et bonis amici consiliis anima dulcoratur* (Salom., *Prov.* XXVII, 9). Le parfum et la variété des odeurs sont la joie du cœur, et les bons conseils d'un ami sont les délices de l'âme. »

Si ton ami te frappe, baise sa main.

On comprend que ce proverbe ne doit pas se prendre à la lettre, et que l'*ami qui frappe* ne signifie que l'ami qui reprend. Le sens est donc que, quelque véhémence qu'un ami mette dans ses remontrances, il faut lui en savoir gré, parce qu'elle est l'effet et la preuve d'un véritable attachement. Les Allemands disent d'une manière également figurée : « *Freundes Schlæge, liebe Schlæge.* Coup d'ami, coup chéri. »

Leur proverbe et le nôtre rappellent ces paroles de

Salomon : « *Meliora sunt vulnera diligentis quam fraudulenta oscula odientis* (*Prov.* XXVII, 6). Les blessures que fait celui qui aime valent mieux que les baisers trompeurs de celui qui hait. »

Un vieil ami est une seconde conscience.

Parce que cette seconde conscience, de même que la première, ne laisse passer aucune faute sans avertissement. Le devoir de l'amitié véritable est de remontrer à celui qu'on aime les défauts qu'il peut avoir afin de l'exciter à s'en corriger. C'est ce que fait entendre aussi ce proverbe espagnol : « *No hay mejor espejo que el amigo viejo.* Il n'y a pas de plus fidèle miroir qu'un vieil ami. » On sent que ce proverbe ne désigne pas sans raison un *vieil ami*, car il faut être ami de longue main pour être en droit de faire de telles remontrances. « Le plus grand effort de l'amitié, dit La Rochefoucauld, n'est pas de montrer nos défauts à un ami; c'est de lui faire voir les siens. »

On ne peut dire ami celui avec qui on n'a pas mangé quelques minots de sel.

Aristote et Plutarque se sont servis de ce proverbe, dont le sens est que l'amitié ne peut se former subitement, et qu'elle a besoin d'être confirmée par le temps. « Semblable au vin généreux dont les années augmentent le prix, dit Cicéron, plus elle est vieille, et plus elle est parfaite, et c'est avec raison qu'on pense qu'il faut manger ensemble plusieurs boisseaux de sel pour consommer l'amitié. » *Verum illud est, quod dicitur, multos modios salis simul edendos esse ut amicitiæ munus expletum sit.* (Cic., *de Amicitia* XIX.)

L'amitié est aussi comparée au vin dans l'Ecclésiastique : « *Vinum novum amicis novus : veterascet, et cum iucunditate bibes illud* (IX, 15). Le nouvel ami est un vin nouveau : il vieillira, et tu le boiras avec délices. »

Qui est ami de tous ne l'est de personne.

Il en est de l'amitié comme d'une essence précieuse qui perd sa vertu quand on la délaye dans une trop grande quantité d'eau. Ce sentiment n'a de force qu'autant qu'il reste concentré dans un couple d'êtres d'élite. S'il s'épanche sur beaucoup de gens, il s'amoindrit tellement qu'il n'en vient presque rien à personne. *Pluralité d'amis, nullité d'amis.*

« L'amitié, dit Plutarque, nous serre et nous unit ; plusieurs amitiés nous séparent et nous distraient. La pluralité d'amis convient à ceux qui veulent user de leurs amis sans se soucier de les servir réciproquement : ce qui vaut autant à dire qu'elle convient à des gens qui ne savent ce que c'est qu'amitié. *Ne touche point à plusieurs dans la main,* disait Pythagore ; c'est-à-dire ne fait pas beaucoup d'amis... Qui a tant d'amis, certes assister à tous il est du tout impossible, et ne gratifier à nul il n'y aurait point d'apparence ; et en gratifiant à tous en offenser plusieurs, il serait aussi trop fâcheux. » (*De la pluralité d'amis.*)

A nul n'est vrai ami qui de soi-même est ennemi.

« Celui qui est mauvais à soi-même ne doit être bon à personne. » (MÉNANDRE.)

« *Qui sibi amicus est scito hunc amicum omnibus esse* (Sén., *Epist.*, VI). Sachez que celui qui est ami de soi-même l'est aussi de tous les autres. » En effet, l'homme qui sait ce qu'il se doit à lui-même sait aussi ce qu'il doit à ses semblables, et son attention consciencieuse à observer ses devoirs personnels est une garantie assurée de la bonne foi et de l'honnêteté qu'il apportera dans ses relations avec les autres. Un philosophe chinois, Ma-Koang, a très-bien dit : « Avant de chercher à se faire des amis, il faut commencer à devenir le sien.

Un ami n'est pas sitôt fait que perdu.

Parce que, pour faire un ami, il faut une longue pratique, un commerce assidu, de l'attachement, des services, des prévenances, qualités qu'on ne rencontre guère ; tandis que, pour le perdre, il suffit de quelques négligences, de quelques susceptibilités, de quelques saillies de mauvaise humeur, défauts d'autant plus fréquents que les qualités susdites sont plus rares. C'est pour cela aussi que les amitiés se forment si difficilement, et qu'elles ne sont, à proprement parler, que des essais sans résultat. Elles ont le sort de ces insectes qui mettent trois ans à se former pour ne vivre que peu de minutes.

Un ami en amène un autre.

Une personne invitée dans une maison y amène quelquefois une autre personne qu'on n'attendait pas, et la présentation se fait avec des excuses auxquelles on répond : *Un ami en amène un autre*. Les Anglais disent : « *My friend's friend is welcome.* L'ami de mon ami est le

8.

bienvenu. » Les Italiens ont ce proverbe dérivé d'un usage ecclésiastique : « *Ogni prete può menar un chierico.* Tout prêtre peut amener un clerc. »

Chez les Romains le convive amené à un festin par un invité s'appelait *ombre*, sans doute parce qu'il suivait son introducteur comme l'ombre suit le corps, et leur proverbe correspondant au nôtre était : « *Locus est et pluribus umbris.* (Hor., lib. I, épist. v.) Il y a place pour plusieurs ombres. »

Ami jusqu'aux autels.

Usque ad aras amicus. Proverbe que les Latins avaient emprunté aux Grecs pour signifier qu'on est disposé à tout faire pour ses amis, excepté ce qui est contraire à la religion et à la conscience. Ce proverbe, rapporté par Plutarque et par Aulu-Gelle, est une réponse de Périclès à un de ses amis qui l'engageait à prêter un faux serment en sa faveur. Il est fondé sur l'antique usage de jurer la main posée sur un autel.

François Ier en fit une noble application lorsque, en 1534, il écrivit au roi d'Angleterre Henri VIII, qui lui conseillait de se séparer de l'Église romaine comme il venait de le faire : *Je suis votre ami, mais jusqu'aux autels.*

Qui n'est pas grand ennemi n'est pas grand ami.

C'est-à-dire : celui qui n'est pas capable de bien haïr n'est pas capable de bien aimer; celui qui ne peut mettre beaucoup d'ardeur à se venger de ses ennemis ne peut non plus en mettre beaucoup à servir ses amis. L'auteur des *Loisirs d'un ministre d'État* (le marquis de Paulmy) désapprouve très-fort ce proverbe, qui mesure les degrés de l'amitié sur les degrés de la haine : « Distinguons, dit-il, entre les excès dans lesquels les passions peuvent nous entraîner, et les suites d'une liaison sage et réfléchie. L'amitié ne doit être que de ce dernier genre. Si elle devenait une passion, elle cesserait d'être aussi estimable et aussi respectable qu'elle l'est ; elle aurait tous les dangers de l'amour, qui fait autant de fautes que la haine et la vengeance. Dieu nous garde de trop aimer, aussi bien que de trop haïr ! cependant il faut bien aimer jusqu'à un certain point. Le cœur de l'homme a besoin de ce sentiment, et ce sentiment fait du bien à notre esprit, quand il ne l'aveugle point ; mais la haine et le désir de la vengeance ne peuvent jamais que nous tourmenter ; on est heureux de ne point haïr ; mais, en aimant d'une manière sensée, ne peut-on pas servir ardemment ses amis, mettre de la vivacité, de la suite, même de la ténacité dans les affaires qui les intéressent ? Eh ! faut-il donc être cruel pour les uns parce que l'on est tendre pour les autres, persécuteur pour être serviable ? Non. Pour moi, je déclare que je suis un faible ennemi, non-seulement en force, mais en intention, quoique je sois ami très-zélé et très-essentiel. »

Les observations qu'on vient de lire montrent fort bien que le proverbe n'est pas bon à pratiquer et ne s'accorde pas avec la morale, qui prescrit de ne haïr personne ; mais elles ne prouvent pas précisément qu'il soit contraire à la vérité, chose essentielle qu'elles n'auraient pas dû omettre. Nous avons donc à donner cette preuve ; et pour cela, il ne sera pas besoin d'une longue dissertation ; il suffira de citer cette judicieuse pensée de Sénac de Meilhan : « On dit que *ceux qui savent bien haïr savent bien aimer*, comme si ces deux sentiments avaient le même principe. L'affection part du cœur, et la haine de l'amour-propre ou de l'intérêt blessé. »

La conséquence rigoureuse que tout esprit logique doit tirer de là, c'est, contrairement au proverbe, que la haine qu'on a contre une personne ne produit pas nécessairement l'affection pour une autre.

A l'ami soigne le figuier, à l'ennemi soigne le pêcher.

Ce proverbe, rapporté sans aucune explication dans le recueil de Gomes de Trier, conseille allégoriquement de mettre en pratique la fausse doctrine énoncée dans le précédent, c'est-à-dire de bien haïr ses ennemis afin de bien aimer ses amis. Le figuier y est considéré comme un emblème d'amitié, à cause de ses feuilles, qui couvrirent la nudité de nos premiers parents, et surtout à cause de son fruit employé, chez les peuples anciens, comme expression typique des vœux qu'ils formaient pour la prospérité des personnes chéries, et consacré, pour cette raison, aux étrennes du jour de l'an, dans le moyen âge, ainsi que dans l'antiquité. Le pêcher, au contraire, y figure comme un emblème de haine, par suite d'une vieille tradition d'après laquelle les rois de Perse auraient fait transplanter cet arbre, originaire de leur pays, sur les terres des Égyptiens leurs ennemis, parce que les pêches, en Perse, avaient des propriétés malfaisantes qui les faisaient classer parmi les poisons. Pline le Naturaliste a parlé de cette tradition, qu'il jugeait erronée, dans le passage suivant de son *Histoire naturelle.* « Il n'est pas vrai que la pomme persique soit un poison douloureux dans la Perse, ni que les rois de ce pays l'aient introduite, par vengeance, en Égypte, où la terre l'aurait bonifiée. Les auteurs exacts ont dit cela du perséa, qui diffère tout à fait du pêcher. » (Liv. XV, ch. XIII.)

Les Italiens ont le même proverbe qui doit se trouver dans le *Jardin de récréation, etc.,* par Jean Florio (*Giardino di recreazione, etc., da Giovanni Florio*), dont le recueil de Gomes de Trier est une traduction.

Il y a en outre, chez les Piémontais, un autre proverbe analogue, que M. le docteur Silva a bien voulu me communiquer. Le voici, avec la juste explication qu'il y a jointe : « Dans le Piémont, on croit généralement que l'enveloppe de la figue est un poison, et que la pêche, fruit malsain, porte son contre-poison dans la pellicule. De là le proverbe : « *All' amico si pela il fico, al nemico il persico.* A l'ami on pèle la figue, et à l'ennemi la pêche. » Aussi à la personne qu'on estime, et même dans les grands repas, la maîtresse de maison offre-t-elle parfois une figue dépouillée de son enveloppe. »

M. Silva pense que le proverbe français est fondé sur le même préjugé que celui des Piémontais, qu'il suppose antérieur, et j'avoue que, si cela était, j'en serais pour les frais d'érudition que j'ai faits dans mon commentaire. Mais je crois que c'est une conjecture que je puis me dispenser d'admettre, et que M. Silva n'aurait peut-être pas admise s'il avait connu le texte italien qui doit être cité par Florio. Ce texte, tel qu'il m'a été donné par le savant abbé Ciampi, porte *pianta* et non *pela.* Je dois conclure de cette différence notable que les deux proverbes, n'étant pas les mêmes par l'expression, ne le sont pas non plus par le sens. Je maintiens donc comme vraie l'origine que j'ai assignée à l'un, tout en adoptant l'explication que M. Silva a faite de l'autre.

Ce qui tombe en poche d'ami n'est pas perdu pour nous.

Cela se dit lorsqu'un bien qu'on espérait voir venir à soi arrive à quelque ami. Je ne sais si c'est pour exprimer une consolation sincère ou pour déguiser un regret égoïste que ce bien ait changé de direction. On peut admettre tantôt l'une et tantôt l'autre interprétation de ce proverbe, selon le caractère des gens qui l'emploient ou de ceux auxquels on l'applique. — S'il faut en croire La Rochefoucauld, « le premier mouvement de joie que nous avons eu du bonheur de nos amis ne vient ni de la bonté de notre naturel, ni de l'amitié que nous avons pour eux : c'est l'effet de l'amour-propre qui nous flatte d'être heureux à notre tour, ou de retirer quelque utilité de leur bonne fortune. »

Il est bien sûr que l'amour-propre, c'est-à-dire l'amour de soi, comme l'entend La Rochefoucauld, est le principal mobile des sentiments et des actions de l'homme. Mais ici l'amour-propre n'agit pas seul. Il y a aussi l'influence de l'inclination que nous avons pour ceux avec qui nous vivons et pour tous les objets qui nous environnent, inclination toujours jointe avec les passions, comme l'a remarqué Malebranche, et je crois que les réflexions suivantes de ce philosophe offrent une explication plus exacte, surtout plus morale, du proverbe. « Afin que l'amour naturel que nous avons pour nous-mêmes n'anéantisse pas et n'affaiblisse pas trop celui que nous avons pour les choses qui sont hors de nous, et qu'au contraire ces deux amours que Dieu met en nous s'entretiennent et se fortifient l'un l'autre, il nous a liés de telle manière avec tout ce qui nous environne, et principalement avec les êtres de même espèce que nous, que leurs maux nous affligent naturellement, que leur joie nous réjouit, et que leur grandeur, leur abaissement, leur diminution, semblent augmenter ou diminuer notre être propre. Les nouvelles dignités de nos parents et de nos amis, les nouvelles acquisitions de ceux qui ont le plus de rapport à nous, semblent ajouter quelque chose à notre substance. Tenant à toutes ces choses, nous nous réjouissons de leur grandeur et de leur étendue. » (*Recherche de la vérité* (liv. IV, ch. XIII.)

Il vaut mieux perdre un bon mot qu'un ami.

C'est une leçon adressée aux malins railleurs qui, à l'exemple du poëte dont parle Horace, se livrent à leur gaieté caustique sans épargner personne, pas même leur ami.

> . . . . *Dummodo risum*
> *Excutiat sibi, non hic cuiquam parcet amico.*
> (I, Sat. IV.)

Quintilien dit dans ses *Institutions oratoires*, liv. VI, ch. III : « *Lædere nunquam velimus, longeque absit propositum illud : potius amicum quam dictum perdidit.* Tâchons de ne jamais blesser, et repoussons loin de notre esprit tout ce qui tendrait à nous faire appliquer ce dicton : *Il a mieux aimé perdre un ami qu'un bon mot.* »

Un proverbe espagnol, par une métaphore très-remarquable, assimile à l'oiseau de proie l'homme qui fait de son ami la victime de ses cruelles railleries : « *Reniego del amigo que cubre con las alas y muerde con el pico.* Fi de l'ami qui couvre des ailes et déchire du bec ! »

Salomon a dit : *Homines derisores civitatem perdunt.* (*Prov.*, XXIX, 8.) Les hommes railleurs[1] perdent la cité, » et Bacon, dans les réflexions qu'il a faites sur cette maxime, a très-bien signalé ce genre d'esprit dérisoire et moqueur.

Ami de Platon, mais plus ami de la vérité.

Amicus Plato, sed magis amica veritas. C'est un mot d'Aristote en réponse à des critiques qui lui reprochaient d'attaquer quelques opinions de son maître Platon. Il s'applique à un homme éclairé qui ne soumet pas aveuglément son jugement à celui des personnes mêmes les plus recommandables, dont ordinairement il suit volontiers l'avis.

Il n'est meilleur ami ni parent que soi-même.

C'est un vers de La Fontaine fait avec un ancien proverbe qu'il a remplacé. Il figure dans la dernière fable du livre IV, l'*Alouette et ses Petits*, où il signifie que, pour se tirer d'affaire, il faut recourir à ses propres moyens, et ne pas compter sur l'aide des amis et des parents.

---

1. La Vulgate ne porte point le mot *derisores* « railleurs », que Bacon a trouvé sans doute dans quelque autre traduction ou dans le texte hébreu ; elle dit *pestilentes* « corrompus ». Après tout, les deux mots, quelle que soit leur différence usuelle, peuvent s'accorder dans un certain sens, car les hommes dont la malignité ne respecte rien ont un principe de corruption dans le cœur.

> Notre erreur est extrême,
> Dit-il, de nous attendre à d'autres gens que nous :
> Il n'est meilleur ami ni parent que soi-même.

Le proverbe s'emploie aussi pour dire qu'on préfère ses intérêts personnels à ceux d'un ami et d'un parent.

A l'ami qui demande on ne dit pas : Demain.

Ce proverbe est pris de celui-ci de Salomon : « *Ne dicas amico tuo : Vade et revertere : cras dabo tibi : cum statim possis dare* (*Prov.*, III, 28). Ne dites pas à votre ami : Allez et revenez, je vous le donnerai demain, lorsque vous pouvez le lui donner à l'heure même. »

Phocylide a dit aussi : « Donne à l'instant au malheureux ; ne lui dis pas de *revenir demain.* »

On connaît la maxime de Zoroastre : « Si, pouvant soulager aujourd'hui le malheureux, on *remet à demain*, qu'on fasse pénitence. »

Différer d'assister un ami quand on le peut est une violation odieuse des devoirs de l'amitié ; car, ainsi que l'a dit l'académicien Auger : « L'amitié véritable est un pacte en vertu duquel on doit tenir sans cesse sa fortune, sa vie même, à la libre disposition de celui à qui l'on s'est uni. »

Il faut se défier d'un ami réconcilié.

Les Espagnols disent : « *Amigo reconciliado, enemigo doblado.* Ami réconcilié, ennemi doublé. » Il n'y a guère de réconciliation tout à fait sincère : la défiance ou la trahison s'y mêlent presque toujours. Asmodée, dans le *Diable boiteux*, parlant de sa dispute avec Paillardoc, dit avec autant de vérité que de finesse : « On nous réconcilia, nous nous embrassâmes, et, depuis ce temps, nous sommes ennemis mortels. »

On conseillait à un tyran, Tibère, si je ne me trompe, de faire mourir un de ses anciens amis, qu'il faisait languir en prison : « Pas encore, répondit-il ; je ne me suis pas réconcilié avec lui. » Mot affreux, où respire tout le génie de la haine.

Ami au prêter, ennemi au rendre.

Proverbe qui paraît pris de ce passage du *Trinummus* de Plaute : « Si vous redemandez l'argent que vous avez prêté, vous trouvez souvent que d'un ami votre bonté vous a fait un ennemi. »

Quum repetas, inimicum amicum beneficio invenis tuo.
(Acte IV, sc. III.)

Le recueil de Gabriel Meurier rapporte cette variante énergique : *au prêter Dieu, au rendre diable.*

Les Espagnols ont ce proverbe : « *Quien presta no cobra ; y si cobra, no todo ; y si todo, no tal ; y si tal, enemigo mortal.* Qui prête ne recouvre, s'il recouvre, non tout ; si tout, non tel ; si tel, ennemi mortel. « Ce qui est pris de cette maxime employée chez nous au moyen âge : *Si præstabis, non habebis ; si habebis, non tam bene ; si tam bene, non tam cito ; si tam cito, perdis amicum.*

Les Anglais disent : « *He had lends to his friend losed doubb.* Qui prête à son ami perd au double ; » c'est-à-dire l'argent et l'ami. Ils disent encore : « *The way to lose a friend is to lend him money.* Le moyen de perdre un ami, c'est de lui prêter de l'argent. »

Si tu ne prêtes pas, inimitié ; si tu prêtes, procès éternel. (Prov. russe.)

La pensée qui constitue ces proverbes est commune à tous les peuples; car en tout pays on trouve généralement dans la main qui a reçu la main qui refuse de rendre.

> En fait de prêt, le sort me traite
> Avec grande inhumanité ;
> Je perds l'affection de ceux à qui je prête,
> Si je ne perds l'argent que je leur ai prêté.
> (De Cailly).

Sage ami et sotte amie.

Bonaventure Despériers a employé ce proverbe dans sa dixième Nouvelle. Il n'a pas dit pourquoi il faut avoir un sage ami, parce qu'il a pensé sans doute que personne ne pouvait l'ignorer; mais il a voulu faire sentir l'avantage d'avoir une sotte amie par cette réflexion : « D'une amie trop fine vous n'en avez pas le compte : elle vous joue toujours quelque tour de son métier ; *elle vous tire* à tous les coups *quelque argent de dessous l'aile*[1] ; ou elle veut être trop brave, ou elle vous fait porter les... » Je supprime le dernier mot, parce qu'il n'a pas besoin d'être mis sous les yeux des lecteurs pour se présenter à leur esprit. Peut-être eussé-je aussi bien fait de supprimer aussi l'explication entière comme peu conforme à la vérité, ou du moins très-douteuse. Depuis que notre grand comique a si bien montré sur la scène le faux calcul d'Arnolphe, qui voulait *épouser une sotte pour*

---

1. Cette expression, aujourd'hui désusitée, qu'on trouve dans le Dictionnaire de Philibert Monet, fait allusion à la coutume ancienne et encore existante au seizième siècle, de porter la bourse sous l'aisselle gauche, où elle était pendue à une courroie en forme de baudrier et d'où on la retirait, au besoin, par une fente pratiquée dans la manche du sayon ou pourpoint. Les Latins employaient comme nous le mot *ala* (aile), pour *axilla* (aisselle).

n'être point sot, les Agnès n'inspirent plus de confiance, et leur niaiserie est généralement regardée comme une dissimulation de la finesse, de la ruse et de la malice dont le diable a pétri leur caractère. D'où l'on conclut que l'homme qui se marie, n'ayant pas moins à redouter les tromperies d'une femme sotte que d'une femme spirituelle, fait beaucoup mieux de choisir celle-ci, chez laquelle il doit trouver, dans ses infortunes conjugales, des compensations que l'autre ne saurait lui offrir.

Jamais honteux n'eut belle amie.

En amour, il faut être entreprenant : *Amor odit inertes*, dit Ovide, au second livre de l'*Art d'aimer*. Les honteux ne gagnent rien auprès des femmes, généralement moins bien disposées pour eux que pour les hardis, qui leur épargnent l'embarras du refus. Ce sexe aimable est comme le paradis, qui souffre violence et que les violents emportent. *Regnum cœlorum vim patitur, et violenti rapiunt illud.* (Matth., XI, 12.)

Le comte de Bussy-Rabutin dit dans ses *Mémoires* : « La hardiesse en amour avance les affaires. Je sais bien qu'il faut aimer avec respect pour être aimé, mais assurément pour être récompensé il faut entreprendre, et l'on voit plus d'effrontés réussir sans amour que de respectueux avec la plus grande passion du monde. » (T. I, p. 93.)

On disait autrefois : *Jamais couard n'eut belle amie*, et ce proverbe, où le mot *couard* signifie lâche, poltron, encore plus que honteux, peut avoir tiré son origine de la chevalerie, parce que, à l'époque où cette institution était dans tout son lustre, le courage et la victoire étaient de sûrs moyens pour obtenir l'amour des dames.

Il vaut mieux donner à un ennemi que d'emprunter à un ami.

Parce qu'en donnant à un ennemi on peut adoucir et désarmer sa haine, tandis qu'en empruntant à un ami, on court risque de l'indisposer et de le porter à une rupture. Les exemples de ce dernier cas ne sont pas rares. Mlle de Scudéri, dans ses *Conversations*, en cite un fort singulier, que voici : « Un ami, qui s'était battu plusieurs fois en duel pour son ami, ne voulut pas lui prêter quelque argent qu'il lui demandait à emprunter; et lui, qui n'avait pas refusé, dans l'occasion, de répandre son sang pour son ami, lui refusa un médiocre secours dont il se trouvait avoir besoin. Y a-t-il une plus grande bizarrerie que celle de préférer son argent à sa propre vie? »

Pittacus disait : « La chose qu'on doit faire le plus tard qu'on peut, c'est d'emprunter de l'argent à ses amis. » Ce qui prouve que dans l'antiquité, comme en notre temps, l'amitié finissait où commençait l'emprunt.

Nous avons encore cet autre proverbe : *On perd plus d'amis par ses demandes que par son refus.*

Qui veut garder son ami n'ait aucune affaire avec lui.

Les affaires d'intérêt amènent presque toujours des discussions qui finissent par diviser les amis. Quelqu'un a dit : « L'intérêt qui se mêle aux amitiés est comme le vif-argent confondu parmi l'or; le départ fait, elles disparaissent et s'en vont en fumée. »

Les Turcs ont ce proverbe semblable au nôtre : *Bois et mange avec ton ami, mais n'aie jamais d'affaire avec lui.*

N'accorde point ta confiance à un ami dissimulé.

La dissimulation est incompatible avec l'amitié, qui a besoin de franchise, de loyauté, d'expansion; et l'on peut regarder avec raison celui qui est atteint de ce défaut, ou plutôt de ce vice, comme un traître contre lequel il faut continuellement se tenir en garde. Un adage oriental dit : *Fuis pour un temps l'homme colère, et pour toujours l'homme dissimulé.*

Vieux amis et comptes nouveaux.

Pour dire que c'est un moyen de conserver ses amis que d'avoir ses comptes d'intérêt toujours bien réglés avec eux.

La vérité de cette proposition sera développée dans le commentaire que je consacrerai au proverbe suivant.

Les bons comptes font les bons amis.

Proverbe dont on fait ordinairement l'application pour s'excuser d'examiner un compte ou un mémoire présenté par un ami. Ce proverbe a une portée plus étendue : il enseigne aux amis par le résultat qu'il exprime combien il leur importe de bien régler les affaires d'intérêt qu'ils peuvent avoir ensemble. Ce qui exige d'eux, non-seulement la foi et la justice, sans lesquelles l'amitié ne saurait subsister, mais l'exactitude la plus rigoureuse pour le payement des moindres déboursés occasionnés par les services qu'ils sont dans le cas de se rendre réciproquement. C'est à tort qu'ils dédaignent quelquefois une pareille allocation, car la moindre négligence à cet égard peut inquiéter la discrétion et gêner insensiblement la confiance.

Les Espagnols disent : « *Cuento y razon sustentan amistad.* Compte et calcul entretiennent l'amitié. »

Les Italiens : « *Conti chiari, amici cari.* Comptes clairs, amis chers. »

Les Anglais : « *Even reckoning makes long friends.* Un compte exact fait de longs, ou durables amis. »

Il ne faut pas compter avec ses amis.

Ce proverbe, qui signifie qu'il faut se montrer plutôt généreux qu'intéressé avec ses amis, paraît en contradiction avec les deux précédents, mais il ne l'est pas en réalité, car il ne conseille pas la même espèce de générosité dont les autres commandent de s'abstenir. Il parle de celle qu'on doit mettre dans les procédés de sentiment où elle est indispensable, et non de celle qu'il faut éviter dans les affaires d'intérêt, parce qu'elle peut avoir des conséquences fâcheuses. Les préceptes sont différents, mais ils n'ont rien de contradictoire. Loin de s'exclure, ils se concilient fort bien, et concourent à un but unique, qui est la conservation de l'amitié.

Les Turcs disent : *l'Amitié compte par tonneaux, et le commerce par grains.*

L'idée de notre proverbe se trouve dans le passage

suivant du *Traité de l'amitié* par Cicéron : « Borner l'amitié à un rapport mesuré de sentiments et de services, c'est la dépouiller de sa dignité, c'est l'avilir... Exiger une juste proportion entre ce qu'on donne et ce qu'on reçoit, c'est faire d'elle une affaire de calcul. La véritable amitié est plus magnifique, plus généreuse, et n'établit point de comptes rigoureux. Car il ne faut pas craindre de perdre quelque chose ou d'en faire trop pour un ami. » (XVI, 57.)

Entre amis tout doit être commun.

Ce proverbe est fort ancien. Épicure blâmait Pythagore de l'avoir appliqué littéralement, en obligeant ses disciples à mettre en commun tout ce qu'ils possédaient : « Si j'ai un véritable ami, disait-il, ne suis-je pas aussi maître de ses biens que s'il m'en eût fait le dépositaire? Y a-t-il moins de mérite à donner son cœur que ses richesses? Je ne dois pas abuser sans doute de la tendresse de cet ami; ce qu'il possède, je dois le ménager comme ma propre fortune : mais je lui fais un outrage si j'exige qu'il la confie à un tiers pour nos besoins communs. »

Sénèque, dans son *Traité des bienfaits*, liv. VII, ch. XII, définit ainsi la communauté entre amis : « La communauté entre amis n'est pas comme entre des associés qui ont leur part distincte; mais comme entre un père et une mère qui, ayant deux enfants, n'ont pas chacun le leur, mais en ont deux chacun.

Qui vit sans amis ne sera pas longtemps sage.

N'ayant personne qui lui porte assez d'intérêt pour

l'avertir de ses défauts, pour chercher à l'en corriger, il doit nécessairement les garder et les aggraver de telle sorte qu'en peu de temps ils dégénéreront en vices incompatibles avec la sagesse, à laquelle il serait resté de plus en plus attaché s'il avait eu le bonheur de vivre sous la surveillance salutaire d'un ami

> D'un ami ! Ce nom seul me charme et me rassure ;
> C'est avec mon ami que ma raison s'épure ;
> Que je cherche la paix, des conseils, un appui ;
> Je me soutiens, m'éclaire et me calme avec lui.
> Dans des piéges trompeurs si ma vertu sommeille,
> J'embrasse, en le suivant, sa vertu qui m'éveille.
> (Ducis, *Épître à l'amitié*.)

Qui choisit mal ses amis ne sera pas longtemps sage.

Il ne le sera pas même si longtemps que celui qui vit sans amis, parce qu'il sera poussé à l'inconduite par ceux qu'il a mal choisis. Cette maxime proverbiale est prise de Confucius.

Le pire de tous les pays est celui où l'on n'a pas d'amis.

Dans ce pays-là on ne peut compter sur personne ; on est exposé à toutes sortes d'ennuis, de désagréments et de misères ; on est réduit à vivre triste et solitaire, dans la privation de toute sympathie, de tout secours, de toute joie, de toute consolation. Quel sort affreux ! Comment supporter tant de douleurs dont le poids devient, chaque jour, plus accablant ! il faudrait pour cela une grâce spéciale de Dieu. Mais est-il permis d'espérer, quand on met ainsi contre soi tout le monde, qu'on pourra mettre Dieu pour soi ? Et cette existence maudite, à laquelle on est condamné, n'est-elle pas une punition infligée par la justice divine. Gardons-nous d'en douter; c'est parce qu'on a été dur, inhumain envers ses semblables, qu'on trouve ses semblables sans commisération et sans humanité; c'est parce qu'on a été insociable qu'on est privé des douceurs de la société. « *Per quæ peccat quis per hæc et torquetur*, dit la *Sagesse* (XI, 17). On est puni par où l'on a péché. »

Qui te conseille d'ôter la confiance à tes amis veut te tromper sans témoins.

Ce proverbe, fondé sur une vérité d'expérience, signale d'une manière nette et frappante le danger où l'on s'expose quand on a la faiblesse de se laisser influencer par des rapports suspects contre les personnes avec lesquelles on est intimement lié. L'auteur de ces rapports n'est presque toujours qu'un fourbe qui cherche, en brouillant deux amis, à supplanter l'un, afin de pouvoir, en toute liberté, faire sa dupe de l'autre. S'il parvient au gré de ses vues intéressées à capter et à posséder sans partage la confiance de l'imprudent qui l'écoute, il achèvera d'aveugler sa raison à force de flatteries perfides, le conduira de piége en piége par ses menées cauteleuses, et l'abandonnera en se moquant de lui dès qu'il aura consommé sa ruine.

Que les amis soient donc continuellement en garde contre les délations qui tendent à semer entre eux de la défiance et à provoquer une rupture toujours douloureuse et nuisible à leurs vrais intérêts; qu'ils tiennent leurs cœurs dans une si étroite union que le délateur ne puisse y trouver le joint pour les séparer.

Il faut aimer ses amis avec leurs défauts.

Il faut être indulgent pour les défauts de ses amis, car l'indulgence augmente l'amitié et la sévérité la diminue. Il ne s'agit ici que de ces petits défauts qui ne tirent point à conséquence. La complaisance pour les vices des amis serait contraire à la morale et à l'amitié.

> Pour les cœurs corrompus l'amitié n'est point faite.
> (VOLTAIRE.)

Un adage latin recommande de connaître les défauts d'un ami, et de ne pas les haïr : *Mores amici noveris, non oderis.* Et Horace met parmi les vertus nécessaires l'indulgence pour les amis : *Ignoscere amicis.*

Les Orientaux disent, pour signifier qu'on ne doit pas soumettre les défauts de ses amis à une censure rigoureuse : *Il ne faut pas rincer avec du vinaigre la coupe de l'amitié.*

« L'on ne peut aller loin dans l'amitié si l'on n'est pas disposé à se pardonner les uns aux autres les petits défauts. » (La Bruyère, ch. v.)

Quelqu'un a dit : « Quand nos amis sont borgnes, « il faut les regarder de profil. » C'est une fleur d'esprit et de sentiment greffée sur notre adage.

Bien servir fait amis, et vrai dire ennemis.

On se concilie l'affection des hommes par les bons offices qu'on leur rend, et on se l'aliène par les vérités qu'on leur dit. Térence a remarqué, dans son *Andrienne*, que la franchise produit la haine et que la complaisance produit l'amitié.

Veritas odium, obsequium amicos parit.
(Act. I, sc. I.)

Ce qui est pris de cette pensée d'Isocrate : « S'il est quelqu'un dont vous vouliez faire un ami, dites-en du bien à des gens qui le lui rapporteront : *Le principe de l'amitié est la louange, celui de la haine est le blâme.* »

On ne peut vivre sans amis.

Proverbe ancien rapporté dans cette phrase de Cicéron : « *Omnes ad unum idem sentiunt, sine amicitia vitam esse nullam.* (*De Amicitia*, XXIII.) Tous les hommes sont du même sentiment que sans l'amitié la vie n'est rien. »

« Nous avons presque tous cela de commun, que non-seulement la douleur qui, étant faible et impuissante, demande naturellement du soutien; mais la joie qui, abondante en ses propres biens, semble se contenter d'elle-même, cherche le sein d'un ami pour s'y répandre, sans quoi elle est impuissante et assez souvent insipide; tant il est vrai que rien n'est plaisant à l'homme s'il ne le goûte avec quelque autre homme dont la société lui plaise. » (BOSSUET, *Sermon pour le mardi de la troisième semaine de carême.*) Les Grecs disaient: *L'amitié est plus nécessaire que le feu et l'eau,* deux choses sans lesquelles il serait impossible de vivre. C'est pour cela que chez les Romains on avait donné aux amis le nom de *necessarii*, nécessaires, et à l'amitié celui de *necessitudo*, nécessité. Expressions empreintes du sentiment profond et délicat qui les avait inspirées.

L'amitié est regardée comme une des joies du paradis ; il serait imparfait sans elle. On lit dans un des cantiques spirituels de Jacopone de Tadi : « Les élus s'aiment d'une tendresse si délicate que chacun tient l'autre pour son maître. »

Buffon disait : « L'amitié est de tous les attachements le plus digne de l'homme. C'est l'âme de son ami qu'on aime, et pour aimer son ami il faut en avoir une. »

Il faut louer tout bas ses amis.

Mme Geoffrin établissait comme autant de règles ces trois choses : 1° qu'il faut rarement louer ses amis dans le monde ; 2° qu'il ne faut les louer que généralement et jamais par tel ou tel fait, en citant telle ou telle action, parce qu'on ne manque jamais de jeter quelque doute sur le fait ou de chercher à l'action quelque motif qui en diminue le mérite ; 3° qu'il ne faut pas même les défendre, lorsqu'ils sont attaqués trop vivement, si ce n'est en termes généraux et en peu de paroles, parce que tout ce qu'on dit en pareil cas ne sert qu'à animer les détracteurs et à leur faire outrer la censure.

Fontenelle avait dit avant Mme Geoffrin : « Empêchez que vos amis ne vous louent avec excès, car le public traite à toute rigueur ceux que leurs partisans servent trop bien. »

Ces conseils sont le développement de notre proverbe, qui est pris du passage suivant de Salomon : « *Qui laudat amicum voce alta erit illi loco maledictionis.* (*Proverbes*, XXVII, 14.) Qui loue son ami à haute voix attirera sur lui la malédiction. »

Il faut dire la vérité à ses amis.

Il ne faut pas craindre de déplaire à ses amis en leur disant la vérité, quand elle doit leur être utile ; mais il ne faut jamais oublier que, si l'amitié donne le droit de les contredire, elle impose le devoir de ne pas les offenser par la contradiction.

« Nos amis sont en notre garde, dit Bossuet. Il n'y a rien de plus cruel que la complaisance que nous avons pour leurs vices, et nous taire, en ces circonstances, c'est les trahir. Ce n'est pas là le trait d'un ami. C'est l'action d'un barbare que de les laisser tomber dans un précipice faute de lumière, tandis que nous avons en main un flambeau que nous pourrions leur mettre devant les yeux. Il faut même de la fermeté et de la vigueur dans ces avis charitables. Usez de la liberté que le nom d'amitié vous donne, ne cédez pas, soutenez vos justes sentiments. Parlez à votre ami en ami, jetez-lui quelquefois au front des vérités toutes sèches qui le fassent rentrer en lui-même ; ne craignez pas de lui faire honte, afin qu'il se sente pressé de se corriger et que, confondu par vos reproches, il se rende enfin digne de louanges.

« Mais, avec cette fermeté et avec cette vigueur, gardez-vous de sortir des bornes de la discrétion ; je hais ceux qui se glorifient des avis qu'ils donnent, qui veulent s'en faire honneur plutôt que d'en tirer de l'utilité, et triompher de leur ami plutôt que de le servir. Pourquoi le reprenez-vous ou pourquoi vous en vantez-vous devant tout le monde ? C'était une charitable correction et non une insulte outrageuse que vous aviez à lui faire. Parlez en secret, parlez à l'oreille; n'épargnez pas le vice, mais épargnez la pudeur, et que votre discrétion fasse sentir au coupable que c'est un ami qui parle. » (*Sermon pour le mardi de la troisième semaine du carême.*)

Voici un beau proverbe arabe qui correspond au nôtre : *La sincérité est le sacrement de l'amitié.*

Vieux amis vieux écus.

Dicton né au commencement du quatorzième siècle, sous le règne de Philippe le Bel, surnommé le *faux monnayeur*, parce qu'il avait fait subir aux monnaies une altération telle, que la valeur intrinsèque de chaque écu n'était plus que le tiers de celle qu'il avait eue sous les règnes précédents. Cette altération et l'ordonnance par laquelle il enjoignait aux particuliers de porter à l'atelier monétaire le tiers de leur vaisselle, dont ils recevraient le prix en espèces nouvelles, sous peine de confiscation, irritèrent si fortement les esprits, qu'une révolte générale aurait éclaté si le clergé n'eût pris le soin de la conjurer, en offrant au roi les deux tiers de ses revenus, afin que les monnaies fussent remises au même titre que du temps de saint Louis. Cependant, malgré la promesse royale achetée par la générosité de l'Église de France, le dicton ne cessa pas d'être entièrement vrai pendant un assez grand nombre d'années; mais il ne l'est plus que dans sa première partie, depuis que les gouvernements ont compris l'extrême importance de laisser au numéraire la valeur réelle qu'il doit avoir... Les vieux écus aujourd'hui ne sont pas meilleurs que les neufs. Quant aux vieux amis, ils n'ont pas seulement gardé tout leur prix, ils l'ont augmenté en raison de leur excessive rareté.

On ne saurait avoir trop d'amis.

Les Arabes disent : *Mille amis, c'est peu; un ennemi, c'est beaucoup.* Mais les amis dont il est question dans leur proverbe, comme dans le nôtre, ne sont pas ces êtres d'élite entre lesquels une grande conformité d'inclinations et de mœurs, une intime correspondance de pensées et de sentiments, ont établi la plus parfaite des unions : il s'agit de ceux dont l'amitié moins pure et moins rare n'est pourtant pas à dédaigner, à cause des bons offices qu'elle peut rendre aux personnes qui savent se la concilier. Je crois qu'il faut penser sur ce sujet comme la Bruyère. « C'est assez pour soi d'un fidèle ami, dit-il, c'est même beaucoup de l'avoir rencontré : on ne peut en avoir trop pour le service des autres. » (Ch. IV, *du Cœur.*)

Les amis de nos amis sont nos amis.

C'est-à-dire qu'ils ne doivent pas nous être indifférents, et qu'ils ont des droits à nos égards. Pline le Jeune leur accordait davantage, lorsqu'il écrivait : « *Amicus tuus, immo noster, quid enim non commune nobis?* (*Epist.* VIII, 12.) Votre ami, ou plutôt le nôtre, car que peut-il y avoir qui ne nous soit commun? »

Mme de Sévigné appelait ingénieusement les *amis de ses amis* « des amis par réverbération ».

« *Si les amis de nos amis sont nos amis*, demande Beaumarchais, les ennemis de nos ennemis ne sont-ils pas plus d'à moitié nos amis? »

Un vieux proverbe dit qu'*on ne hait pas l'ennemi de ses ennemis.*

Mieux vaut amis en voie que deniers en courroie.

Des amis qui s'emploient activement pour une personne peuvent lui être d'une plus grande utilité que son argent. Ce proverbe est dans le *Roman de la Rose.*

> Adès vaut miex amis en voie
> Que ne font deniers en corroie.
> (T. I, v.4, 962.)

Le mot courroie, comme on le voit dans le Dictionnaire de Philibert Monet, se disait autrefois de la ceinture de cuir dans laquelle on mettait son argent. J'ai trouvé dans un vieux texte *deniers en conroie.* Ce mot *conroie* ou plutôt *conroi* signifiait troupe, foule, et par conséquent la variante *deniers en conroie*, si elle ne provient pas d'une faute de copiste, équivaut à *deniers en quantité.*

Le troubadour Amanieu des Escas a employé cette autre variante :

> Per c'om ditz que may val en cocha
> Amiex que aur.

« C'est pourquoi on dit que mieux vaut dans le besoin amis que or. »

Les Allemands disent : « *Besser ohne Geld als ohne Freund seyn.* Mieux vaut manquer d'argent que d'ami. »

On lit dans Stobée : « Un trésor n'est pas un ami, mais un ami est un trésor. » Maxime à laquelle reviennent ces beaux vers du trouvère auteur du roman de *Garin le Loherain* :

> N'est pas richoise ne de vair, ne de gris,
> Ne de deniers, ne de murs, ne de roncins :
> Mais est richoise de parents et d'amis :
> Li cuers d'un homme vaut tout l'or d'un pays !

Il est bon d'avoir des amis partout.

Ce proverbe a donné lieu à l'historiette suivante, rimée par Imbert :

> Une dévote, un jour, dans une église
> Offrait un cierge au bienheureux Michel,
> Un autre au diable. « Oh ! oh ! quelle méprise !
> Mais c'est au diable ! Y pensez-vous ? ô ciel !
> — Laissez, dit-elle, il ne m'importe guères ;
> Il faut toujours penser à l'avenir ;
> On ne sait pas ce qu'on peut devenir,
> Et les amis sont partout nécessaires. »

L'auteur des *Matinées sénonoises* rapporte qu'un Wisigoth arien, nommé Agilane, disait un jour sérieusement à Grégoire de Tours qu'on peut choisir sans crime telle religion que l'on veut, et que c'était un proverbe de sa nation qu'en passant devant un temple païen et devant une église chrétienne il n'y avait point de mal à faire la révérence devant l'un et devant l'autre. Ce Wisigoth, faisant son offrande à saint Michel, n'aurait sûrement pas oublié l'estafier du bienheureux.

On dit aussi, pour caractériser ces gens qui savent se ménager des intelligences dans le parti des bons et dans le parti des méchants, qu'*ils ont des amis en paradis et en enfer*.

Les gens riches ont beaucoup d'amis.

Salomon l'a dit : *Amici divitum multi* (*Prov.*, XIV, 20), et sans doute Salomon n'a pas été le premier à le dire ; car, dans les siècles les plus reculés aussi bien que dans le nôtre, on a considéré l'amitié comme un commerce d'intérêt dans lequel on n'entre qu'à proportion du profit qu'on en retire. La même raison a donné lieu à cet autre proverbe non moins ancien : *Les pauvres n'ont point d'amis.*

Les amis par intérêt sont des hirondelles sur les toits.

On sait que les hirondelles, aux approches de la froide saison, se rassemblent sur les toits pour s'envoler en troupe dans un plus doux climat. Il en est de même des amis intéressés, toujours prêts à s'éloigner des personnes qui tombent dans l'adversité, et à se rapprocher de celles que la fortune favorise. Ils n'aiment que par rapport à eux-mêmes, et ne placent jamais leur amitié vénale qu'au service des gens heureux qui peuvent la payer.

Un homme mort n'a ni parents ni amis.

Ce proverbe se trouve dans le sirvente que Richard Cœur-de-Lion, roi d'Angleterre, composa pendant sa captivité en Autriche. La meilleure explication qu'on en puisse donner est dans le passage suivant du discours du père Aubry à Atala : « Que parlez-vous de la puissance des amitiés de la terre ? Voulez-vous, ma chère fille, en connaître l'étendue ? Si un homme revenait à la lumière quelques années après sa mort, je doute qu'il fût reçu avec joie par ceux-là même qui ont donné le plus de larmes à sa mémoire ; tant on forme vite d'autres habitudes, tant l'inconstance est naturelle à l'homme, tant notre vie est peu de chose, même dans le cœur de nos amis ! »

Les vers suivants, extraits d'une pièce charmante de M. V. Hugo, *A un voyageur*, reviennent aussi au proverbe et sont dignes de figurer à côté du beau passage de Chateaubriand. Je dirai plus, car la justice l'exige, c'est qu'ils lui sont supérieurs par le charme et l'originalité de leur expression poétique.

> Combien vivent joyeux qui devraient, sœurs ou frères,
> Faire un pleur éternel de quelques ombres chères !
>   Pouvoir des ans vainqueurs !
> Les morts durent bien peu : laissons-les sous la pierre.
> Hélas ! dans leur cercueil ils tombent en poussière,
>   Moins vite qu'en nos cœurs.
>
> Voyageur ! voyageur ! quelle est notre folie ?
> Qui sait combien de morts chaque jour on oublie,
>   Des plus chers, des plus beaux !
> Qui peut savoir combien toute douleur s'émousse,
> Et combien, sur la terre, un jour d'herbe qui pousse
>   Efface de tombeaux !

On ne doit pas servir ses amis à plats couverts.

Il faut être franc et sincère avec ses amis. — Ce proverbe est moins usité que la locution qui en fait partie, *servir quelqu'un à plats couverts*, c'est-à-dire témoigner à quelqu'un de l'amitié en apparence et le desservir sous main. C'est une allusion à l'usage où l'on était autrefois de couvrir les plats qu'on servait sur la table des grands, et les choses mêmes qu'on leur présentait.

« On couvroit les plats, dit Sainte-Palaye, et peut-être le sel, le poivre et autres épiceries qu'on plaçoit auprès d'eux. Si on leur offroit des dragées, le drageoir étoit couvert d'une serviette. Le cadenas[1], qui n'appartient qu'aux personnes du plus haut rang, est encore conservé à la cour sur la table des princes comme un reste de cette antique étiquette. » De l'usage de *servir à couvert* viennent aussi ces salières à compartiments et à deux couvercles qu'on ne trouve plus que chez les amateurs de vieux meubles et chez les marchands de bric-à-brac.

Servir quelqu'un à plats couverts se dit encore pour marquer la réserve calculée qu'on met à ne découvrir à quelqu'un qu'une partie de la vérité dans une affaire qui l'intéresse.

On ne doit pas se gêner pour ses amis.

Cette maxime est vraie lorsqu'elle est prise dans le même sens que cette autre : *l'amitié dispense du cérémonial*. Mais elle est fausse et injuste quand on l'allègue, ce qui a lieu trop souvent, comme excuse de traiter ses amis avec une espèce de sans-gêne qui ne s'inquiète pas des égards qui leur sont dus. On doit se gêner pour toutes les personnes à qui l'on veut plaire; et c'est précisément en cela que consiste le savoir-vivre, l'un des premiers devoirs de la société. Eh! comment pourrait-on se justifier de ne pas observer ce devoir envers ses amis! c'est pour eux surtout qu'on doit avoir des procédés aimables qui leur prouvent qu'on n'a rien tant à cœur que de leur être agréable. L'amitié a

---

1. Espèce de coffret d'or ou de vermeil, dans lequel on mettait le couteau, la cuiller et la fourchette.

une jalousie délicate qu'il importe de ménager, car elle ne peut guère se maintenir qu'à cette condition.

Dieu me garde de mes amis ; je me garderai de mes ennemis.

On peut se garantir de la vengeance d'un ennemi déclaré, mais il n'y a point de préservatif contre la trahison qui se présente sous les couleurs de la bienveillance et de l'amitié.

Stobée rapporte (p. 721) que le roi Antigone, sacrifiant aux dieux, les priait de le protéger contre ses amis, et qu'il répondait à ceux qui lui demandaient le motif d'une telle prière : « C'est que, connaissant mes ennemis, je puis me préserver d'eux. »

On lit dans l'*Ecclésiastique :* « *Ab inimicis tuis separare et ab amicis tuis attende* (VI, 13). Séparez-vous de vos ennemis, et gardez-vous de vos amis. »

Les Italiens disent comme nous :

Di chi mi fido guarda mi Dio !
Degli altri mi guardaro io.

En visitant les *pozzi* du palais du doge, à Venise, en 1825, je trouvai ces deux vers inscrits sur un mur dans un de ces cachots où le conseil des Dix plongeait ses victimes. Ils y avaient été tracés, me dit-on, de la main d'un prêtre qui eut le bonheur d'échapper à son horrible captivité par une issue qu'il s'ouvrit en arrachant du sol une large dalle posée sur un égout aboutissant au canal voisin.

Le même proverbe est usité chez les Basques. Il existe aussi chez les Allemands, et Schiller l'a employé dans une de ses tragédies.

Les amis sont les trésors des rois.

Proverbe formé d'un mot d'Alexandre le Grand, qui disait, en montrant ses amis : « Voilà mes trésors. » Mais de tels trésors sont infiniment plus rares chez les rois que chez les simples particuliers, car il n'est guère possible que l'amitié, qui, dans sa nature, est indépendante, jalouse de sa liberté, ennemie de toute sujétion, portée aux épanchements familiers et désireuse avant tout de la réciprocité des sentiments, s'établisse entre des hommes dont la condition si inégale peut faire croire aux uns qu'ils sont maîtres et aux autres qu'ils sont esclaves. Admettons pourtant l'existence de cette amitié, et reconnaissons qu'elle est d'un prix inestimable. « Ce ne sont pas les armées ni les richesses, dit Saluste, mais les amis qui sont les soutiens des rois. » (*Jugurth.*, ch. x.)

Tacite remarque aussi qu'il n'est pas de plus puissants soutiens d'un sage gouvernement que de sages amis. *Nullum majus boni imperii instrumentum quam bonos amicos esse.* (*Hist.*, IV, vii.)

Il faut qu'un roi ait beaucoup d'amis et peu de confidents.

C'est ce que répondit Apollonius de Tyane au roi de Babylone, qui lui avait demandé ce qu'il fallait à un roi pour régner sûrement. Quelques parémiographes du moyen âge ont placé dans leurs recueils, comme un adage, ce mot qui était bien digne de le devenir. Je ne crois pas qu'il ait besoin d'être expliqué, et je n'y joindrai pour tout commentaire que cette réflexion du pape Benoît XIV : « Un souverain qui a beaucoup de confidents ne saurait manquer d'être trahi. »

Il faut se dire beaucoup d'amis, et s'en croire peu.

Parce que, en se disant beaucoup d'amis, on peut obtenir quelque considération dans le monde, et, en se croyant peu d'amis, on est moins exposé à se laisser tromper par ceux qui abusent de ce titre. Ce proverbe est doublement répréhensible, puisqu'il conseille, jusqu'à un certain point, le mensonge et la défiance ; mais il offre une maxime de politique si conforme aux mœurs de notre temps, qu'il ne cessera point d'être pris pour une règle de conduite.

Il ne faut pas mettre ses amis à tous les jours.

On deviendrait à charge à ses amis, si l'on recourait souvent à leur générosité. Il faut être de la plus grande réserve sur ce point, et ne solliciter leur aide que dans le cas où l'on ne pourrait s'en passer. Il serait même plus délicat de s'abstenir d'une sollicitation formelle, et de se borner à leur faire connaître le besoin qu'on éprouve pour leur laisser le mérite d'y subvenir de leur propre mouvement, selon leurs moyens. La parfaite amitié impose d'une part le devoir de ne rien demander, puisque de l'autre elle impose celui de prévenir les demandes.

Desmahis avait coutume de dire : « Lorsque mon ami rit, c'est à lui à m'apprendre le sujet de sa joie ; lorsqu'il pleure, c'est à moi de découvrir la cause de son chagrin. »

Il faut éprouver les amis aux petites occasions et les employer aux grandes.

Il faut les éprouver aux petites occasions, parce qu'il ne s'agit alors que de certains actes de complaisance qui ne doivent pas leur être onéreux ; mais il faut avoir soin d'éviter, dans ces épreuves, jusqu'à la moindre apparence d'indiscrétion et d'importunité, de manière qu'elles ne leur paraissent que des témoignages de la confiance qu'ils inspirent, et, pour ainsi dire, des hommages rendus à l'excellence de leurs sentiments. C'est là le meilleur moyen de sonder leurs bonnes dispositions, dont on a besoin de ne pas douter, lorsqu'un malheur pressant force de faire appel à leur aide et protection.

Il faut choisir ses amis dans sa famille.

Ce proverbe est pris d'un mot de Solon à Anacharsis, au rapport de Plutarque, dont la traduction latine cite ce mot en ces termes : *Paranda est amicitia domi, non foris.* C'est dans la famille, en effet, qu'on peut contracter l'amitié la meilleure et la plus solide, puisqu'elle y est nouée par le double lien du sang et de la sympathie. La fraternité est une amitié toute faite. — Le roi-prophète a consacré le psaume CXXXII à l'éloge de cette amitié. — « Qu'il est bon, qu'il est doux, s'écrie-t-il, que les frères vivent ensemble, et ne fassent qu'un ! *Ecce quam bonum et quam jucundum, habitare fratres in unum !* » — Il compare leur intimité charmante au parfum délicieux qui, versé sur la tête d'Aaron, coula sur les deux côtés de sa barbe et sur les franges de son vêtement, et à la douce rosée du mont Hermon, qui descend sur la montagne de Sion en fertilisant.

Salluste a dit : « Quel meilleur ami qu'un frère pour un frère ? Quel étranger trouveras-tu fidèle, si tu es l'ennemi des tiens ? *Quis amicitior quam frater fratri ? Quem alienum fidum invenies, si tuis hostis fueris.* » *Jugurtha*, cap. x.)

Les races slaves attachaient un prix infini à l'amitié fraternelle, et leurs chants primitifs attestent que n'avoir point de frère était pour elles une grande calamité.

On lit dans le *Chi-King*, le troisième des livres sacrés des Chinois : *Un frère est un ami qui nous est donné par la nature.* Maxime proverbiale qui se retrouve dans le *Traité de l'Amitié fraternelle* par Plutarque, où le frère est appelé *l'ami que la nature nous a donné.* De là le vers attribué à Legouvé, qui, certes, n'a pas dû suer d'ahan pour le tirer de sa tête :

Un frère est un ami donné par la nature.

Bonne amitié est une autre parenté.

Ce proverbe, qui fait l'éloge de l'amitié en l'égalant à la parenté, était fort accrédité au moyen âge, où l'union entre les parents était généralement regardée comme un des devoirs les plus importants. Il était même consacré par une règle de jurisprudence formulée en ces termes : « *Amicitia vera similis est consanguinitati proximiori.* La véritable amitié est semblable à la parenté la plus rapprochée. » Les mots amitié et fraternité pouvaient alors s'employer l'un pour l'autre. Touchante synonymie, dont la perte est à regretter.

Montaigne, dans son beau chapitre sur l'amitié, nous apprend qu'il donnait à son ami Estienne de la Boétie le nom de frère : « Un beau nom, dit-il, et plein de dilection, et à cette cause en feismes nous, luy et moy, nostre alliance. »

Voici un mot plein d'esprit et de sentiment qui revient au proverbe. Le comte Albert de Sesmaisons, présentant un jour le vicomte J. Walsh de Serrent à Chateaubriand, lui dit : « Voilà mon ami Walsh : la nature s'était trompée en ne me le donnant pas pour frère, mais depuis longtemps nous avons réparé son erreur. »

Bonne amitié vaut mieux que parenté.

Les Latins disaient : *La meilleure parenté est celle du cœur*, pensée absolument vraie, tandis que celle qu'exprime le proverbe français ne l'est que relativement aux circonstances qui motivent l'application de ce proverbe, qu'on pourrait, en plusieurs cas, retourner avec raison de cette manière : *Bonne parenté vaut mieux qu'amitié*. Il en est de même de cet autre proverbe ingénieux : *Un parent est une partie de notre corps, un ami est une partie de notre âme ;* car un parent qui est bon ami est à la fois partie de notre âme et de notre corps ; il appartient à notre être tout entier.

Je ne saurais goûter ces proverbes qui cherchent à exalter un sentiment aux dépens d'un autre, qui appauvrissent la parenté pour enrichir l'amitié. Si le fait sur lequel ils se fondent est vrai quelquefois, et malheureusement il ne l'est que trop, il faut le déplorer au lieu de le signaler, de l'accréditer dans des maximes outrées qui ne sont propres qu'à introduire la défiance au sein du foyer domestique, en faisant accroire qu'on ne peut guère compter sur l'affection des siens ; car cela n'est pas conforme à la loi de la nature qui, par la communauté du sang, par la ressemblance des actes habituels, par l'intimité des relations journalières, tend à engendrer contre les parents vivant sous le même toit et mangeant à la même table une grande sympathie que les passions égoïstes peuvent seules empêcher. Cela n'est pas non plus selon la loi de la religion, qui, tout en nous enjoignant d'aimer tous les hommes, admet une préférence d'amour pour les membres de la famille ; et remarquez bien que le Christ a imposé les devoirs de la parenté à l'amitié, et ceux de l'amitié à la parenté, pour nous enseigner que le caractère parfait de chacune d'elles consiste dans la réunion des deux sentiments : voyant du haut de la croix sa sainte mère, et près d'elle le disciple bien-aimé, il dit à sa mère : Voilà votre fils, et au disciple : Voilà votre mère. Ce que Bossuet met fort au-dessus de l'action d'Eudamidas, « qui, ne laissant pas en mourant de quoi entretenir sa famille, s'avisa de léguer à ses amis sa mère et ses enfants, par son testament, car ce que la nécessité suggéra à ce philosophe, l'amour le fit faire à Jésus-Christ d'une manière bien plus admirable. »

Du reste le proverbe qui préfère les amis aux parents n'a pas été généralement admis, comme nous l'avons fait voir en rapportant d'autres proverbes qui le combattent et auxquels il faut joindre celui-ci : *Si les amis sont du choix de l'homme, les parents sont du choix de Dieu.*

Le poëte Hésiode, dans son pëme *les Travaux et les Jours*, n'a point hésité à mettre la fraternité au-dessus de l'amitié.

> Que jamais ton ami ne s'égale à ton frère,
> Et pourtant que toujours l'amitié te soit chère !
> (Ch. II. Trad. de M. Alph. Fresse-Montval.)

Les couteaux coupent l'amitié.

Dicton employé pour signifier qu'il ne faut jamais faire présent d'un couteau ni d'un objet coupant ou perçant, comme s'il y avait à craindre qu'une fatalité fût attachée à un pareil cadeau, et que la personne qui le reçoit dût s'en servir un jour contre celle qui le donne, ainsi que le font supposer plusieurs exemples tragiques, parmi lesquels on cite le fait suivant arrivé, dit-on, dans une buanderie : « Un enfant, à qui son frère avait donné un couteau, l'en frappa au cœur dans une dispute, en présence de leur mère, occupée de son lessivage. Celle-ci, hors d'elle-même, se précipita sur le meurtrier et le fit tomber dans une cuve d'eau bouillante ouverte presque au niveau du sol ; puis elle se pendit de désespoir, et le père, rentrant chez lui, expira subitement à la vue d'un si grand désastre. »

Le poëte Santeuil a résumé cette terrible aventure dans ce distique latin d'une concision remarquable :

> *Alter cum puero, mater cunjuncta marito,*
> *Cultello lympha, fune, dolore cadunt.*

> Deux enfants et leur mère, et leur père, ô malheur !
> Meurent par le fer, l'eau, la corde, la douleur.

10.

Du reste, la superstition sur laquelle le dicton est fondé ne fait pas redouter seulement de sanglantes discordes, mais des infortunes plus ordinaires comme l'infidélité, l'abandon et l'oubli. On lit dans le chapitre XX des *Évangiles des connoilles* (quenouilles) : « Celuy qui estraine sa dame par amours, le jour de l'an, de couteaulx, saichiez que leur amour refroydira. (Mardi, 2ᵐᵉ journée.)

On sait que pour conjurer le danger qu'on court à faire des présents de cette espèce, il faut exiger en retour quelque petite pièce de monnaie des personnes qui les reçoivent. Mais pourquoi une petite pièce de monnaie peut-elle empêcher les couteaux donnés de couper l'amitié ? — C'est, à ce qu'on prétend, parce qu'elle supprime le don, en y substituant l'échange dont elle est le gage. Cette explication ne vaut pas celle des dires du moyen âge, qui enseignaient que cette monnaie servait de préservatif contre le maléfice parce qu'elle était marquée du signe de la croix.

Ne te fie pas à l'amitié d'un bouffon.

Parce qu'un bouffon sacrifie tout à sa manie de faire rire. Il ne songe qu'à prodiguer les plaisanteries les plus hasardées, sans se mettre en peine si elles choquent le bon sens ou les usages de la société polie, sans avoir égard ni aux personnes, ni aux circonstances, ni au temps. Comme il est incapable de retenir sa verve railleuse dans les limites de la modération, et de maîtriser sa langue déréglée, il ne peut guère manquer de blesser ses amis par ses mauvaises pointes, ou de les compromettre par ses sottes indiscrétions.

Ce proverbe n'a pas la prétention d'insinuer que l'amitié soit incompatible avec les plaisirs d'une aimable gaieté et d'un riant badinage, avec les agréables jeux de l'esprit qui savent, sans l'inquiéter, la préserver de la monotonie et de l'ennui ; il veut simplement faire entendre qu'elle réclame des hommes raisonnables, honnêtes, courtois, circonspects, et que ces hommes, d'un commerce doux et sûr, sont impossibles à trouver dans la catégorie ridicule et méprisable des bouffons.

L'amitié est un pacte de sel.

Traduction du proverbe latin : *Amicitia pactum salis*, qui fut formulé au moyen âge pour exprimer que l'amitié doit s'établir par un long commerce et être toujours durable. L'expression *pactum salis* est plusieurs fois employée dans les livres saints, où elle signifie une alliance inviolable et sacrée, par allusion à la nature du sel, qui empêche la corruption. « PACTUM SALIS *est sempiternum coram Domino, tibi ac filiis tuis* (lib. *Numerorum*, XVIII, 19). C'est un *pacte de sel* à perpétuité devant le Seigneur, pour vous et vos fils. » « *Num ignoratis quod Dominus Deus Israel dederit regnum David super Israel in sempiternum, ipsi et filiis ejus* IN PACTUM SALIS. (*Paralip.*, XIII, 5.) Ignorez-vous que le Seigneur Dieu d'Israël a donné pour toujours la souveraineté sur Israël à David et à ses descendants par un *pacte de sel* ? »

Il était recommandé dans le *Lévitique* d'offrir du sel dans tous les sacrifices : « *In omni oblatione tua offeres sal* (II, 13). Dans toutes les oblations tu offriras du sel. » Homère a donné au sel l'épithète de divin, θεῖος ἅλς. Pythagore le regardait comme le symbole de la justice, et il voulait que la table en fût abondamment pourvue. Vatable croit que les Francs admettaient le sel dans leurs pactes, pour montrer qu'ils dureraient toujours, et quelques auteurs ont pensé que de cet usage a pu dériver le nom de *loi salique*, qui, comme on sait, a une autre origine.

Il faut que l'amitié nous trouve ou nous fasse égaux.

Cet adage, que nous avons reçu des Latins, nous apprend que la véritable amitié ne peut bien s'établir ou se conserver que sous le régime de l'égalité, car *l'amitié est la sympathie de deux âmes égales*, suivant la maxime des Orientaux. — On comprend qu'il s'agit ici de l'égalité des sentiments et non de celle du rang et de la fortune, puisqu'il y a plusieurs exemples célèbres qui prouvent que deux hommes inégaux, soit en titres, soit en biens, ont été de parfaits amis. — Bossuet a dit de cette amitié entre les inégaux qu'elle se soutient d'un côté par l'humilité et de l'autre par la libéralité, et cela est vrai sans doute; mais il faut que cette humilité et cette libéralité n'altèrent en rien le principe d'égalité qui doit régner entre les cœurs; sans quoi l'amitié ne saurait subsister. C'est ce qu'exprime un autre proverbe oriental que l'abbé Aubert a reproduit textuellement dans ce vers remarquable :

L'amitié disparaît où l'égalité cesse.

La flatterie est le poison de l'amitié.

C'est un proverbe formulé au moyen âge d'après cette pensée sur laquelle Cicéron revient plusieurs fois, qu'il n'y a point dans les amitiés de peste plus grande que la flatterie : *Nullam in amicitiis pestem esse majorem quam adulationem.* (De Amicitia, xxv.) En effet, la sincérité étant essentielle à l'amitié, il s'ensuit nécessairement que la flatterie doit pervertir et frapper de mort l'amitié. — *Flatter un ami,* dit un proverbe antique, *c'est lui verser du poison dans une coupe d'or.*

« *Homo, qui blandis fictisque sermonibus loquitur amico suo, rete expandit gressibus ejus.* (Salomon, *Prov.*, XXIX, 5.) L'homme qui tient à son ami un langage flatteur et déguisé tend un filet à ses pieds. »

Il faut, dit un proverbe oriental, *se méfier de ceux qui trafiquent d'encens et de poisons :* c'est-à-dire des flatteurs et des envieux.

Le plus bel âge de l'amitié est sa vieillesse.

C'est-à-dire que plus l'amitié est vieille, plus elle est belle.

Le temps, qui flétrit tout, embellit l'amitié.

Il fait plus que l'embellir, il la consacre. « *Est aliquid sacri in antiquis necessitudinibus.* (Cicéron.) Il y a quelque chose de sacré dans les vieilles amitiés. » (Voyez sur ce mot de *necessitudinibus*, *nécessités*, employé pour *amitiés*, le proverbe : *On ne peut vivre sans amis*, dans le commentaire duquel il est expliqué.)

Les Italiens disent : « *Vecchio amico, cosa sempre nuova.* Vieil ami, chose toujours nouvelle. »

Les Orientaux ont ce proverbe : *L'amitié est un plaisir qui ne fait que s'accroître à mesure qu'on vieillit.*

Les petits présents entretiennent l'amitié.

Ce n'est pas sans raison que le proverbe dit *les petits présents*, car les présents doivent être réciproques, et, lorsqu'ils sont trop considérables pour qu'on puisse en rendre l'équivalent, ils blessent plus la vanité qu'ils n'excitent la reconnaissance; ils font naître une sorte de haine, au lieu d'entretenir l'amitié. Suivant une remarque de Q. Cicéron, celui qui ne croit pas pouvoir s'acquitter envers quelqu'un ne saurait être son ami. *Qui se non putat satisfacere amicus esse nullo modo potest.* (De Petitione consulatus, IX.)

Ce que Tacite a redit de cette manière plus énergique : « *Beneficia quousque læta sunt, dum videntur exsolvi posse; ubi multum antevenire, pro gratia odium redditur.* (Annal., IV, 18.) Les bienfaits sont agréables tant qu'on croit pouvoir les acquitter; dès qu'ils excèdent la reconnaissance, celle-ci se change en haine. »

Les Celtes avaient cette maxime analogue à notre proverbe : « Que les amis se réjouissent *réciproquement* par des présents d'armes et d'habits : *ceux qui donnent et qui reçoivent restent longtemps amis*, et ils font souvent des festins ensemble. » On lit dans le *Hava-mal* des Scandinaves : « Si tu as un ami auquel tu te confies, il faut mêler vos pensées, *échanger des présents*, et aller souvent le trouver. »

La table est l'entremetteuse de l'amitié.

On dit aussi : *La table fait les amis*, parce que les épanchements auxquels on se livre en mangeant ensemble établissent des rapports d'une intimité bienveillante, qui dissipent les préventions haineuses et donnent naissance à l'amitié, ou en resserrent plus étroitement les doux liens. Minos et Lycurgue avaient reconnu cette vérité lorsqu'ils fondèrent des repas de confraternité, et Aristée regardait comme contraire à la sociabilité la coutume des Égyptiens, qui mangeaient séparément sans avoir jamais de festins communs.

Il y eut au commencement de la Révolution française des banquets fraternels qui se faisaient, le soir, dans les rues, sur les places, dans les jardins et les édifices publics. Les citoyens des divers états s'y rendaient, apportant chacun son mets, son pain, son vin, son cidre ou sa bière, dont leurs voisins moins bien pourvus recevaient d'ordinaire une part offerte avec bienveillance. Cette commensalité propre à concilier les prolétaires, les ouvriers et les bourgeois, en écartant les soupçons, les défiances et les inimitiés qui les divisaient, semblaient devoir produire des résultats heureux; mais la Convention la jugea dangereuse pour la République, et elle la proscrivit, après un fameux rapport de Barrère, qui signalait dans un tel rapprochement des riches et des pauvres l'*alliance monstrueuse des serpents et des colombes*.

Il ne faut pas laisser croître l'herbe sur le chemin de l'amitié.

Il ne faut pas négliger de visiter ses amis. Cet adage se trouve dans un précepte de la sagesse scandinave que M. J.-J. Ampère a reproduit dans ces vers de son poëme intitulé *Sigurd, tradition épique restituée :*

Le seuil de ton ami, que ton pied le connaisse,

Qu'entre vous deux toujours le chemin soit frayé;
Ne souffre pas que l'herbe naisse
Sur le chemin de l'amitié..

Les Celtes disaient : « Sachez que, si vous avez un ami, vous devez le visiter souvent. Le chemin se remplit d'herbes, et les broussailles le couvrent bientôt, si l'on n'y passe pas sans cesse. »

Le conseil de *ne pas laisser croître l'herbe sur le chemin de l'amitié* n'est pas interprété de même chez tous les peuples. Pour les uns il signifie que les amis doivent se visiter continuellement, et pour les autres qu'ils ne doivent le faire qu'avec modération, car *des visites trop fréquentes useraient l'amitié*, suivant un mot de Mahomet passé en proverbe, ou lui ôterait une des forces vitales du sentiment qui l'anime, comme le fait entendre Montaigne dans ce passage où il parle de son ami Étienne de la Boétie : « L'une partie de nous demeuroit oysifve quand nous estions ensemble; nous nous confondions : la séparation du lieu rendoit la conjonction de nos volontez plus riche. Cette faim insatiable de la présence corporelle accuse un peu la foiblesse en la jouissance des ames. » (*Essais*, liv. III, ch. IX.)

La maxime des Hébreux est que les amis qui veulent s'entretenir dans une égale et parfaite intelligence ne doivent pas se visiter tous les jours; que *la pluie fréquente est très-ennuyeuse, et qu'elle devient très-agréable quand on la souhaite.*

Les Arabes disent : *Visite rare accroît l'amitié;* proverbe employé par Lockman dans son *Amthal* ou *Recueil de sentences et d'apologues.*

Les Russes expriment une idée analogue en ces

termes : *Visite rare, aimable convive.* (Voyez plus loin le proverbe : *Un peu d'absence fait grand bien.*)

L'amitié fait plus de bons ménages que l'amour.

Un sentiment raisonnable entretient le calme dans l'esprit des époux, tandis qu'une passion folle y porte l'agitation et le trouble : par conséquent, l'*amour qui est presque la folie de l'amitié*, suivant l'expression de Sénèque, ne saurait aussi bien que l'amitié simple faire régner la paix et la tranquillité.

« Un bon mariage, s'il en est, refuse la compaignie et conditions de l'amour : il tasche à représenter celles de l'amitié. C'est une doulce société de vie, pleine de constance, de fiance et d'un nombre infiny d'utiles et solides offices et obligations mutuelles. » (Montaigne, *Essais*, liv. III, ch. v.)

« Ce n'est pas affaire, en mariage, dit Charron, d'être toujours amants, mais toujours amis. »

On lit dans une des lettres de la duchesse d'Orléans, mère du Régent : « Le mieux est d'aimer son mari par devoir et non par passion, de vivre avec lui en paix et amicalement, mais de ne pas se tracasser du cours qu'il donne à ses passions. De cette manière on reste longtemps bons amis, et la paix et l'harmonie se maintiennent dans le ménage. »

L'amitié qui naît de l'amour vaut mieux que l'amour même.

Je crois que ce proverbe est vrai, mais je crois aussi qu'il n'est guère susceptible d'avoir une juste application ; car l'amour n'abandonne pas à la fois deux cœurs qui se désunissent, et, tant qu'il reste dans l'un, il ne permet pas à l'amitié de venir y prendre sa place ;

il la cède plutôt à la haine. Si vous en doutez, vous n'avez qu'à proposer votre amitié pure et simple à une femme qui conserve pour vous une passion que vous n'avez plus pour elle, et vous verrez comment elle recevra votre proposition.

Il faut que l'amour soit éteint dans les cœurs qui en ont ressenti les ardeurs mutuelles, pour qu'il puisse être remplacé par l'amitié. Ce nouveau sentiment, nourri des douces réminiscences du premier, ne se forme que lentement. Il ressemble à la fleur parfumée de l'aloès, qui ne se développe qu'après de longues années. C'est un bénéfice du temps, dont la jouissance est réservée à certains couples exceptionnels, vieillis et comme embaumés dans leur fidélité sacrosainte.

Philémon et Baucis nous en offrent l'exemple.

Quelques époux chrétiens nous l'offrent aussi, surtout quand il leur a été donné par grâce spéciale de célébrer le jubilé de leur mariage. Mais ces pieux époux sont aujourd'hui bien rares. Quant à ceux de toutes les autres catégories, je crois qu'il serait très-difficile d'en trouver une paire vivant dans les délices de l'amitié, après avoir vécu fidèlement dans les délices de l'amour. La sœur, chez eux, ne saurait hériter du frère, et cela par une raison toute simple : c'est que les maris et les femmes les mettent constamment en hostilité, les maris refusant leur amour à leur femme, et les femmes repoussant l'amitié de leur mari. Vous pouvez, si vous voulez, faire la converse de cette proposition : elle sera tout aussi vraie.

L'amitié confie son secret, mais il échappe à l'amour.

C'est un proverbe que La Bruyère a répété dans

cette pensée : « On confie son secret dans l'amitié, mais il échappe dans l'amour. » Il se trouve tel que je le rapporte dans un recueil de proverbes orientaux beaucoup plus ancien que les œuvres de La Bruyère.

L'amitié rompue n'est jamais bien soudée.

Les Espagnols disent par la même métaphore : « *Amigo quebrado, soldado, mas nunca sano.* Ami rompu peut bien être soudé, mais il n'est jamais sain. »

Il y a un proverbe patois bien ingénieux dont voici la traduction littérale : *L'amitié rompue ne se renoue pas sans que le nœud paraisse ou se sente.*

Ces proverbes signifient que l'amitié blessée ne se remet jamais entièrement de sa blessure.

Le respect et la déférence sont les liens de l'amitié.

Il faut entendre ici, je crois, par respect et par déférence, l'estime, la considération, la confiance, les égards, les soins et la complaisance que les amis se doivent réciproquement : toutes ces choses sont de l'essence de l'amitié, il les lui faut sans réserve et sans altération. « L'amitié est si jalouse et si délicate, dit Fénelon, qu'un atome qui s'y mêle la blesse. »

Le proverbe est une variante de cette sentence d'Ali : « Le respect mutuel resserre l'amitié. »

Bonne amitié vaut mieux que tour fortifiée.

La guerre peut enlever ou détruire cette tour ; mais aucun revers ne peut ébranler cette amitié qui prend de nouvelles forces dans les infortunes de celui dont les bonnes qualités ont su l'inspirer. Solidaire des maux qu'il éprouve, elle cherche tous les moyens de les consoler, de les soulager, de les réparer. — Tel est le sens de ce proverbe : l'amitié qu'il signale est tout à fait exceptionnelle, et bien des gens ne manqueront pas de la reléguer parmi les utopies. Quoi qu'il en soit, l'amitié véritable, quand même elle n'aurait pas le caractère de perfection qu'il lui attribue, est du plus grand secours contre le malheur. — L'*Ecclésiastique* dit sans figure : « *Amicus fidelis, protectio fortis* (VI, 14). L'ami fidèle est une forte protection. »

Ce proverbe est de la plus haute antiquité, mais il n'est plus aujourd'hui aussi vrai qu'il le fut dans l'enfance des sociétés, où l'autorité des lois étant souvent méconnue, on cherchait à y suppléer par quelque protection plus sûre, en se ménageant des amis puissants et en augmentant ses forces individuelles de toutes celles qu'ils avaient.

On sait que Lycurgue avait donné l'amitié pour base à sa législation.

L'amitié doit se contracter à frais communs.

L'amitié est une sincère union de deux personnes également soigneuses du bonheur l'une de l'autre. Elle ne peut se former et se maintenir qu'autant que chacune d'elles se montre animée du même zèle et des mêmes sentiments pour en remplir les devoirs réciproques. De là ce proverbe employé le plus souvent comme un avis qu'on veut donner aux amis un peu trop personnels, qui semblent plus jaloux de jouir des bénéfices de l'amitié que d'en partager les charges.

Les Arabes disent dans un sens analogue : *Si ton ami est de miel, ne le mange pas tout entier.*

Il faut découdre et non déchirer l'amitié.

Mot de Caton l'Ancien rapporté par Cicéron en ces termes : *Amicitiæ sunt dissuendæ magis quam discindendæ.* (*De Amicitia*, XXI.) Cicéron dit encore : *Amicitiam haud præcidas, verum dissuas.* (*De Officiis* XXXIII.) « C'est quelquefois, ajoute-t-il, un malheur nécessaire de renoncer à certains amis : alors il faut s'éloigner d'eux insensiblement, sans aigreur et sans colère, et faire voir qu'en se détachant de l'amitié on ne veut pas la remplacer par de l'inimitié, car rien n'est plus honteux que de passer d'une liaison intime à une guerre déclarée. »

« Il ne faut pas croire, dit très-bien Mme de Lambert, qu'après les ruptures vous n'ayez plus de devoirs à remplir. Ce sont les devoirs les plus difficiles et où l'honnêteté seule vous soutient. On doit du respect à l'ancienne amitié. Il ne faut point appeler le monde à vos querelles; n'en parlez jamais que quand vous y êtes forcé pour votre propre justification; évitez même de trop charger l'ami infidèle. »

Le maréchal de Richelieu disait : « Il faut découdre l'amitié, mais il faut déchirer l'amour. »

Amitié de gendre.

Amitié sur laquelle il ne faut pas compter. Les Espagnols assimilent cette amitié au soleil d'hiver. « *Amistad de yerno, sol de invierno.* Amitié de gendre, soleil d'hiver »; c'est-à-dire amitié rare comme le beau temps dans la froide saison, ou bien amitié qui peut avoir par moment quelque éclat, mais qui manque de chaleur. Les Languedociens ont ce proverbe : « *Amour dé noros, amour dé jhendrés es uno bugado sans cendrés.* Amour de brus, amour de gendres, c'est une lessive sans cendres. » Pourquoi cette assimilation d'une mauvaise amitié et d'une mauvaise lessive? Serait-ce parce que la première n'efface pas les taches du caractère, de même que la seconde n'efface pas les taches du linge?

« Collé, auteur connu par des ouvrages où respire la gaieté, a fait une longue et triste comédie pour prouver que le gendre ne peut rester l'ami de son beau-père. Cette maxime est exagérée, quoiqu'il soit difficile à un père de supporter la diminution de l'affection de sa fille et celle de sa fortune. » (Pensées du général Petiet.)

Nous avons encore un proverbe remarquable qui fait bien sentir, par le double résultat qu'il présente, combien il faut agir prudemment dans le choix d'un gendre : *Qui trouve un bon gendre gagne un fils, qui en trouve un mauvais perd une fille.*

Piron a fait usage de ce proverbe d'origine orientale dans les vers suivants de sa comédie intitulée l'*Amant mystérieux*.

> Quand on choisit un gendre, il faut le choisir bien,
> Et ce choix-là n'est pas une affaire de rien :
> S'il est bon, vous gagnez un fils à la famille,
> Et, quand il est mauvais, vous perdez une fille.
> (Act. II, sc. VIII.)

Les amitiés devraient être immortelles, et mortelles les inimitiés.

Maxime proverbiale rapportée par l'historien Tite-Live. *Amicitias immortales, inimicitias mortales esse debere* (XL, 46). Elle exprime un vœu qu'il n'est pas donné aux hommes de réaliser. Aussi ne s'emploie-t-elle que comme formule de regret quand on voit des unions heureuses rompues subitement par la mort. — Un proverbe hébreux dit : *Une amitié qui a pu vieillir ne devrait jamais mourir.*

Fénelon souhaitait que les amis s'entendissent pour mourir le même jour.

C'est ce qui se faisait chez les Gaulois. L'ami ne voulait pas survivre à son ami et s'enfermait avec lui dans le même tombeau. Admirable résultat produit par deux grandes vertus trop méconnues aujourd'hui, le dévouement le plus sincère, et la foi la plus vive à l'immortalité de l'âme.

L'affection aveugle la raison.

On n'aperçoit pas ordinairement les défauts des personnes qu'on aime, et souvent même on prend ces défauts pour des qualités ; car l'illusion est un effet nécessaire du sentiment dont la force se mesure presque toujours par le degré d'aveuglement qu'il produit. « Le cœur, dit Pascal, a ses raisons que la raison ne connaît pas. »

Il en est de la haine comme de l'amour : « Ni l'un ni l'autre, dit saint Bernard, ne savent juger selon les règles de la vérité. » (*De Grad. humilitatis.*) De même que l'amour prend les défauts pour des qualités, la haine prend les qualités pour des défauts.

« Oh ! qu'il en est peu qui voient les défauts de ceux qu'ils aiment et les bonnes qualités de ceux qu'ils haïssent ! *Un père*, dit le proverbe, *ne connaît pas les défauts de son fils, ni le laboureur la fertilité de son champ.* » (Confucius.)

L'amour et la haine mettent un voile devant les yeux, l'un ne laisse voir que le bien, et l'autre que le mal. (Prov. arabe.)

On voit toujours par les yeux de son affection.

> Et fût-il plus parfait que la perfection,
> L'homme voit par les yeux de son affection.
> (Régnier, Sat. v.)

L'historiette suivante, empruntée à Helvétius, qui l'a empruntée à un vieux conteur, servira de commentaire à ce proverbe. Un curé et une dame galante se trouvaient dans un observatoire. Ils avaient ouï dire que la lune était habitée, et, le télescope en main, tous les deux tâchaient d'en reconnaître les habitants. « Si je ne me trompe, dit d'abord la dame, j'aperçois deux ombres. Elles s'inclinent l'une vers l'autre. Je n'en doute point, ce sont deux amants heureux. — Eh ! non, madame, s'écria le curé, les deux amants que vous croyez voir sont les clochers d'une cathédrale. » Ce conte est notre histoire. Nous n'apercevons le plus souvent dans les choses que ce que nous désirons y trouver. Sur la terre, comme dans la lune, des passions différentes nous font toujours voir ou des amants ou des clochers.

Montesquieu a dit, dans une de ses lettres à l'abbé de Guasco, pour marquer cette disposition de l'esprit qui nous entraîne continuellement vers les objets avec lesquels l'usage nous a familiarisés, qui fait de nos idées et de nos paroles des échos de nos préoccupations habituelles : « Le curé voit en songe son clocher, et la servante y voit sa culotte. »

PROVERBES

sur

L'AMOUR

Il faut aimer pour être aimé.

Proverbe rapporté par Sénèque : *Si vis amari, ama* (*Epist.* IX), et très-bien expliqué dans ce passage de J.-J. Rousseau : « On peut résister à tout, hors à la bienveillance, et il n'y a pas de moyen plus sûr de gagner l'affection des autres que de leur donner la sienne. On sent qu'un tendre cœur ne demande qu'à se donner, et le doux sentiment qu'il cherche le vient chercher à son tour. »

Il y a dans une passion véritable une puissance d'attraction qui finit par triompher, non-seulement de l'indifférence, mais de la haine, et c'est avec raison qu'un grave archevêque de Paris, monseigneur de Péréfixe, a dit : « Le philtre de l'amour, c'est l'amour même. »

Les Italiens ont ce proverbe : « *Chi non arde non incende.* Qui n'est pas en feu n'enflamme point. »

C'est trop aimer quand on en meurt.

Proverbe que Gilles de Nuits ou des Noyers (Ægidius Nucoriensis), dans son recueil d'*Adages françois*, traduits en vers latins, *Adagia gallica*, etc., a rendu par ce pentamètre :

> *Semper amor nimius dum fera mors sequitur.*

Ce proverbe est du moyen âge, où le culte de l'amour pouvait faire des martyrs. Il trouve rarement son application dans notre siècle d'égoïsme. On dit, au contraire, aujourd'hui : *Mort d'amour et d'une fluxion de poitrine.*

Le troubadour Pons de Breuil avait écrit, à ce que nous apprend Nostradamus, un roman jadis très-goûté, dont le titre était : « *Las amors enrabyadas de Andrieu de Fransa.* Les amours enragées d'André de France. » Il se pourrait que le proverbe fût venu d'une allusion au héros de ce roman, mort d'amour pour une reine du pays, et fréquemment cité comme le parfait modèle des amants.

Le *Romancero* espagnol nous offre l'histoire de l'amoureux don Bernaldino, qui disait : « Ma gloire est à bien aimer, » et qui se tua de désespoir parce que le père de son amie Léonor avait emmené cette belle en pays lointain. Ses vassaux, désolés de sa mort, lui élevèrent un mausolée tout de cristal, où ils gravèrent une épitaphe touchante terminée par ces deux vers :

> Aqui está don Bernaldino
> Que murió por bien amar.

« Ci-gît don Bernaldino, qui mourut pour bien aimer. »

Sahid, fils d'Agba, demandait un jour à un jeune Arabe : « A quelle tribu appartiens-tu ? — J'appartiens à celle chez laquelle on meurt d'amour. — Tu es donc de la tribu des Arza? — Oui, j'en suis, et je m'en glorifie. »

Ajoutons que cette tribu, célèbre par son caractère d'amour passionné, a fourni presque tous les noms qui figurent dans un livre ou nécrologe arabe fort curieux, intitulé *Histoire des Arabes morts d'amour*.

Feindre d'aimer est pire que d'être faux monnayeur.

Cette maxime proverbiale est sans doute du temps des Amadis, où le faux amour était *plus décrié que la fausse monnaie*. Je le remarque, afin qu'elle ne paraisse pas trop étrange, aujourd'hui qu'on ne reconnaît plus rien de sérieux ni de vrai dans l'amour, et qu'on en fait un jeu de société qui ne se joue qu'avec de faux jetons, et où tout le monde triche. Autres temps, autres mœurs.

Mieux vaut aimer bergères que princesses.

On a voulu chercher une origine historique à ce proverbe, qui est né peut-être de la simple réflexion, et l'on a trouvé cette origine dans l'affreux supplice que subirent deux gentilshommes normands, Philippe d'Aulnai et Gauthier d'Aulnai, son frère, convaincus d'avoir eu, pendant trois ans, un commerce adultère avec les princesses Marguerite et Blanche, épouses de Louis et de Charles, fils de Philippe le Bel. Les chroniques en vers de Godefroy de Paris (Manuscrits de la Bibliothèque nationale, n° 6,812) nous apprennent que les deux coupables furent mutilés, écorchés vifs, traînés, après cela, dans la prairie de Maubuisson tout fraîchement fauchée, puis décapités et pendus par les aisselles à un gibet. Quant aux deux princesses, elles furent honteusement tondues et incarcérées. Marguerite fut étranglée dans la suite au château Gaillard, par ordre de son époux, Louis le Hutin, qui voulut se remarier en montant sur le trône. Blanche passa le reste de sa vie dans une triste captivité.

Aimer à la franche marguerite.

Cette locution, employée pour dire être dans une disposition d'amour pleine de sincérité et de confiance, fait allusion à une superstition amoureuse bien connue dans les campagnes, et que je vais expliquer.

Telle est la disposition du cœur de l'homme que, dans toutes les passions qu'il éprouve, il ne saurait jamais s'affranchir d'une sorte de superstition. On dirait que, ne trouvant dans le monde réel rien qui réponde pleinement aux besoins d'émotion et de sympathie produits par l'exaltation de son être, il cherche à étendre ses rapports dans un monde merveilleux. C'est surtout dans l'amour que se manifeste cette disposition. L'amant est curieux, inquiet, il veut pénétrer l'avenir pour lui arracher le secret de sa destinée. Il rattache ses craintes et ses espérances à toutes les pratiques mystérieuses que son imagination lui fait croire capables de changer la volonté du sort et de la disposer en sa faveur. Il veut trouver dans tous les objets de la nature des assurances contre les craintes dont il est assiégé. Il les interroge sur les sentiments de celle qu'il adore. Les fleurs, qui lui présentent son image, lui paraissent surtout propres à révéler l'oracle de l'amour. Lorsqu'il va rêvant dans la prairie, il cueille une marguerite, il en arrache les pétales l'un après l'autre, en disant tour à tour : « M'aime-t-elle ? — pas du tout, — un peu, — beaucoup, — passionnément, » dans la persuasion que ce qu'il tient à savoir lui sera dit par celui de ces mots qui coïncidera avec la chute du dernier pétale. Si ce mot est *pas du tout*, il gémit, il se désespère ; si c'est *passionnément*, il s'enivre de joie, il se croit destiné à la suprême félicité, car la marguerite est trop franche pour le tromper.

Les amoureux villageois emploient aussi la plante vulgairement appelée pissenlit pour savoir s'ils sont aimés. Ils soufflent fortement sur les aigrettes duveteuses de cette plante, et s'ils les font toutes envoler d'un seul coup, c'est un signe certain qu'ils ont inspiré un véritable amour.

Les bergers de Sicile, comme on le voit dans la troisième idylle de Théocrite, se servaient d'une feuille de la plante que ce poëte nomme *téléphilon* (espèce de pavot). Ils la pressaient entre leurs doigts de manière à la faire claquer ; car ils regardaient ce claquement comme un heureux présage que leur tendresse ne pouvait manquer d'être payée de retour.

Les jeunes paysans anglais, lorsqu'ils aiment, ont soin de porter dans leurs poches des boutons d'une certaine plante qui sont appelés, en raison d'un tel usage : *bachelor's buttons* (boutons de jeunes gens), persuadés que la manière dont ces boutons s'ouvrent et se flétrissent doit leur faire connaître s'ils réussiront ou non auprès de l'objet de leur passion. Shakespeare a rappelé cette coutume dans les *Joyeuses Bourgeoises de Windsor* (act. III, sc. II).

S'aimer comme deux tourterelles.

Les naturalistes et les poëtes du moyen âge ont fait

de ces oiseaux le symbole de la tendresse et de la fidélité conjugales. Ils nous apprennent que le mâle ne s'attache qu'à une seule femelle, et la femelle qu'à un seul mâle ; qu'ils vivent dans la plus étroite union, et que si l'un d'eux vient à mourir, le survivant renonce à s'apparier avec un autre.

On lit à ce sujet dans le *Bestiaire divin* composé par le clerc ou trouvère Guillaume : « O vous, hommes et femmes, que l'Église a unis par les liens éternels du mariage, vous qui avez juré d'être fidèles, et qui tenez si mal vos serments, instruisez-vous par l'exemple de la tourterelle. Dans les bois épais qu'elle habite, elle aime sans partage et veut être aimée de même. Lorsqu'elle perd sa compagne, il n'est point de saison, point de moment où elle ne gémisse. Elle ne se pose ni sur le gazon, ni sous la feuillée ; mais elle attend toujours celle qu'elle a perdue, et ne forme jamais de nouveaux liens. Elle n'oublie point son premier ami, et, s'il meurt, le reste de la terre lui est indifférent.

« O vous qui vivez dans le tourbillon du monde, apprenez de cet oiseau l'inviolable fidélité des regrets, et ne faites point comme ces maris qui, en revenant de l'enterrement de leurs femmes, s'occupent, dès le soir même, de la remplacer. » (Ch. XXXI.)

L'abbé Salgues dit : « La tourterelle est si douce qu'on regrette de lui enlever la réputation qu'on lui a faite d'être un modèle de fidélité ; mais la douceur est souvent compagne de la faiblesse, et je suis forcé d'avouer que j'ai vu des tourterelles oublier les lois de la constance pour coqueter avec des amants. Peut-être était-ce la contagion du mauvais exemple, car ces tourterelles étaient domestiques et vivaient parmi nous.

Cependant Le Roy (naturaliste) assure qu'il en a vu de sauvages faire deux heureux de suite, sans quitter la même branche.

S'aimer comme Robin et Marion.

S'aimer d'un amour tendre et fidèle. Il y a une espèce de pastorale du douzième siècle, le *Jeu du Berger et de la Bergère*, par Adam de la Halle, où Robin et Marion sont représentés comme les parfaits modèles des amants. Le chevalier Aubert, épris de Marion, l'accoste en lui demandant pourquoi elle répète si souvent et avec tant de plaisir le nom de Robin. Elle répond : « C'est que j'aime Robin, et que Robin m'aime. » Il lui déclare qu'il l'aime aussi, qu'elle serait plus heureuse avec lui, et il cherche à la séduire par les plus belles promesses. Voyant enfin qu'il ne peut y réussir, il veut l'enlever. Mais elle résiste, et il est forcé de la laisser aller vers son cher Robin, avec qui l'auteur nous la montre échangeant les plus doux témoignages d'une tendresse mutuelle.

Cette pièce que les jongleurs jouaient et chantaient dans les festins publics, entre les mets ou après les mets, a sans doute donné lieu à l'expression proverbiale : *s'aimer comme Robin et Marion*, ainsi qu'à cette autre expression analogue : *être ensemble comme Robin et Marion*, c'est-à-dire en parfaite intelligence.

On dit aussi de deux amants inséparables : *l'un ne va pas sans l'autre, non plus que Robin sans Marion*.

On ne peut aimer et être sage tout ensemble.

C'est un apophthegme que Plutarque, dans la *Vie d'Agésilas*, attribue à ce grand capitaine. Il s'explique par le proverbe : « *Omnis amans amens*, tout amant est fou. » Les Latins disaient encore qu'aimer et être sage à la fois était à peine possible à un dieu.

Amare et sapere vix deo conceditur.
(P. Syrus.)

Il y a bien des dames, disons-le à leur gloire, qui cherchent tous les jours à démentir ce proverbe ; plus elles font l'amour, plus elles s'efforcent de passer pour sages : *e sempre bene*.

Aimer n'est pas sans amer.

Ou plus simplement *aimer est amer*. Ce jeu de mots était un vrai calembour dans l'ancien temps, où l'on disait *amer* pour *aimer*. Le sens est suffisamment expliqué par cette apostrophe à l'amour, tirée des *Stances sur le déplaisir d'un départ*, partie IV, liv. XI du roman d'*Astrée*.

> Que nos sages Gaulois savoient bien ta coustume,
> Lorsque pour dire *aimer*, ils prononçoient amer !
> Amers sont bien tes fruits, et pleines d'amertume
> Sont toutes les douceurs qu'on a pour bien aimer.

Qui ne sait pas céler ne sait pas aimer.

Le mystère est nécessaire à l'amour, et il ajoute beaucoup à la vivacité de cette passion, dont il est la preuve. Ce proverbe est traduit du texte latin, *qui non celat amare non potest*, qui forme le second des trente et un articles du *Code d'amour*, qu'on trouve dans l'ouvrage intitulé *Livre de l'art d'aimer et de la réprobation de l'amour*, par maître André, chapelain de la cour royale de France, vers 1176.

« L'amour aime de sa nature tellement le secret et

le mystère, qu'on peut dire que tout ce qui n'est ni secret ni mystérieux n'est point amour. » (Mlle de Scudéri.)

Le comte de Bussy-Rabutin, qui regardait aussi le mystère comme un assaisonnement nécessaire de l'amour, a dit dans une de ses maximes :

> Aimez, mais d'un amour couvert,
> Qui ne soit jamais sans mystère.
> Ce n'est pas l'amour qui nous perd,
> Mais la manière de le faire.

Aimer mieux de loin que de près.

Expression qui a beaucoup de rapport avec ce vers qu'Alcyone adresse à Céyx, dans les *Métamorphoses* d'Ovide (liv. XI, fab. xi) :

> *Jam via longa placet, jam sum tibi carior absens.*

Il est bien vrai qu'on aime mieux certaines personnes lorsqu'on n'est plus auprès d'elles, celles surtout qui sont d'un caractère conciliant, parce que leurs défauts, rendus moins sensibles et presque effacés par l'éloignement, ne contrarient plus la tendre impulsion du cœur, d'où le proverbe russe : *Ensemble, à charge; séparés, supplice*, proverbe qui peut avoir été suggéré par ce joli vers latin :

> *Nec possum tecum vivere, nec sine te.*
> Je ne puis vivre avec toi ni sans toi.

Mais ce n'est pas là ce qu'on entend d'ordinaire quand on dit *aimer mieux de loin que de près*. Cette phrase n'a pas été faite pour exprimer ce que Mme de Sévigné appelle si heureusement *les unions de l'absence*, et elle ne s'emploie guère que pour signifier qu'on ne se soucie point d'avoir un commerce assidu avec une personne.

Qui bien aime tard oublie.

Un sentiment vif et sincère laisse dans le cœur qui l'éprouve un souvenir qui dure longtemps. Ce proverbe usité en langue romane, *qui ben ama tart oblida*, est passé dans plusieurs autres langues, et ce qui est assez curieux, il a été employé en vieux français par Chaucer, poëte anglais du quinzième siècle, dans son poëme intitulé : *The Assemble of foule* (st. 97).

Hom ki bien aime tart ublie.

Chaucer l'avait peut-être tiré d'un poëme relatif aux aventures de Tristan, où il se trouve sous les mêmes termes.

Il y a beaucoup d'autres proverbes formulés primitivement en langue d'oc et en langue d'oïl qui sont devenus communs aux Italiens, aux Espagnols, aux Anglais, aux Allemands. J'en ai compté plus de quinze cents dont l'invention a été attribuée à ces peuples, qui n'ont fait que les emprunter à notre ancienne littérature. Ce que je dis n'est pas une assertion hasardée, c'est une vérité établie sur des preuves chronologiques qu'on ne saurait contester, et que j'ai données, en grand nombre, dans mes *Études historiques, littéraires et morales sur le langage proverbial*.

Il fait bon voir vaches noires en bois brûlé, quand on aime.

Les amants se plaisent à bercer leur tendre rêverie de félicités imaginaires ; « et c'est bien ce qu'on dict en proverbe, qu'il faict bon voir vasches noyres en boys bruslés, quand on jouit de ses amours. » Rabelais, liv. II, c. XII.)

Voir vaches noires en bois brûlé est une locution qui signifie se forger d'agréables chimères, poursuivre de douces illusions, comme font les vachers lorsque, devant leur feu, ils rêvent au bonheur d'avoir de bonnes vaches noires, réputées meilleures laitières que les autres, et croient les voir apparaître avec leurs mamelles pendantes dans les figures fantastiques que les tisons, en se consumant, offrent à leurs yeux. Les *vaches noires en bois brûlé* sont les châteaux en Espagne des vachers.

Qui aime vilement s'avilit.

Proverbe traduit du roman *qui ama vilmen si eis vilzis*. Il exprime une opinion qui régnait aux époques chevaleresques et qui interdisait à tout gentilhomme de choisir pour son épouse ou pour sa dame une femme issue de basse condition. Cette mésalliance, réputée honteuse et avilissante, surtout dans le mariage, exposait celui qui l'avait contractée à une pénalité dégradante que les autres nobles lui infligeaient. Saint-Foix cite, à ce sujet, dans ses *Essais historiques sur Paris*, le passage suivant d'un écrit du roi René : « Un gentilhomme qui se rabaissoit par mariage, et qui se marioit à une femme roturière et non noble, devoit subir la punition, qui étoit qu'en plein tournoi tous les autres seigneurs, chevaliers et écuyers, se devoient arrêter sur lui et tant le battre qu'ils lui fissent dire qu'il donnoit cheval et qu'il se rendoit. »

Un cheveu de ce qu'on aime.
Tire plus que quatre bœufs.

Proverbe pris d'une ancienne chanson et employé pour marquer l'empire que peut exercer une femme sur les volontés de l'homme qui l'adore. Il y a dans l'*Anthologie grecque* de Planude (VII, 39) une épigramme de Paul le Silentiaire, où un amant dit que sa Doris l'a attaché avec un cheveu de sa blonde tresse, et que ce lien, qu'il se flattait de rompre avec facilité, est devenu une chaîne d'airain contre laquelle tous ses efforts sont impuissants. « O malheureux que je suis ! s'écrie-t-il, je ne suis lié que par un cheveu, et ma Doris me mène ainsi comme elle veut ! »

Nous disons encore : *On tire plus de choses avec un cheveu de femme qu'avec six chevaux bien vigoureux.* Ce qui signifie que l'entremise d'une belle dans une affaire est un des plus puissants moyens de succès.

Les Persans disent dans un sens analogue : *Celui qui est aimé d'une belle femme est à l'abri des coups du sort.* — Rapprochons de cela cet autre proverbe : *Une belle solliciteuse vaut bien une bonne raison;* c'est-à-dire une belle solliciteuse obtient tout ce qu'elle veut. Et comment résister à une femme aimable qui vous implore, qui a des regards ravissants, des souris gracieux, des paroles pleines de charme, des mains blanches qui vous pressent et des baisers qui vous enivrent ! il n'y a pas moyen de s'en tirer autrement que par la réponse que M. de Calonne, ministre, fit à une princesse charmante qui lui recommandait une affaire : « Madame, si la chose est possible, elle est déjà faite, et si elle est impossible, elle se fera. »

Un peu d'absence fait grand bien.

Les personnes qui s'aiment se revoient avec plus de plaisir après une courte séparation. Le sentiment, affaibli par l'habitude d'être ensemble, se retrempe dans l'absence. « L'imagination, dit Montaigne, embrasse plus chauldement et plus continuellement ce qu'elle va querir que ce que nous touchons. Comptez vos amusements journaliers, vous trouverez que vous estes le plus absent de votre ami quand il vous est présent. Son assistance relasche votre attention et donne liberté à votre pensée de s'absenter à toute heure, pour toute occasion. » (*Ess.*, III, ix.)

Les deux passages suivants de Saady offrent une explication plus sensible : « Abuhurra allait tous les jours rendre ses devoirs à Mahomet, à qui Dieu veuille être propice ! Le prophète lui dit : Abuhurra, viens me voir plus rarement, si tu veux que notre amitié s'accroisse, de trop fréquentes visites l'useraient trop promptement. »

Un plaisant disait : « Depuis le temps qu'on vante la beauté du soleil, je n'ai jamais ouï dire que personne en soit devenu plus amoureux. — C'est, répondit-on, parce qu'on le voit tous les jours, excepté en hiver, où il se cache quelquefois sous les nuages. Mais alors même on en connaît mieux le prix. »

Un amant dit à sa maîtresse dans une épigramme d'Owen :

Sol fugitur præsens, idemque requiritur absens :
Quam similis soli est, Nævia, noster amor !

« On fuit le soleil présent, on le cherche absent. O Névia, combien notre amour ressemble au soleil ! »

Raynouard parle d'un tenson manuscrit où est discutée cette question : « Laquelle est plus aimée, ou la dame présente ou la dame absente? Qui induit le plus à aimer, ou les yeux ou le cœur? » Cette question, ajoute-t-il, fut soumise à la décision de la cour d'amour de Pierrefeu et de Signe, mais l'histoire ne nous apprend pas quelle fut la décision.

Le silence de l'histoire fait supposer celui de la cour d'amour. Les dames siégeant à ce tribunal sentirent sans doute qu'il valait mieux se taire que de prononcer sur une question qu'elles ne pouvaient résoudre sans se placer dans une alternative nuisible à leurs intérêts; car, en décidant pour la présence ou pour les yeux, elles eussent donné à leurs amants une sorte de droit d'avoir toujours les yeux sur elles, ce qui serait devenu incommode ou compromettant sous plusieurs rapports, et, en accordant gain de cause à l'absence ou au cœur, elles se fussent exposées à ne jouir que par passades de leurs adorateurs changés en chevaliers errants : situation incompatible avec les sentiments des femmes, qui sont toujours plus jalouses d'être aimées de près que de loin.

Quoi qu'il en soit, les personnes qui sentent l'amour prêt à les quitter et qui désirent retenir ce volage, ne sauraient mieux faire que de le soumettre, pendant quelque temps, au régime fortifiant de l'absence, car *l'absence est un moyen de se rapprocher*, comme dit un proverbe turc. Une fois séparées par l'espace, elles se toucheront de plus près par le cœur. Il y avait répulsion à proximité, il y aura attraction à distance. Ce sont là deux phénomènes dépendant de plusieurs causes fort naturelles. La plus générale, c'est que les amants dépareillés par la séparation passent d'un état de satiété qui alanguissait leurs désirs à un état de privation qui les excite. L'éloignement produit d'ailleurs dans l'amour le même effet que dans la perspective, où il prête aux objets une apparence plus agréable en les montrant sous des formes arrondies qui font disparaître les aspérités. Ils ne laissent plus voir l'objet aimé que par les côtés séduisants : les défauts cessent d'être aperçus, les qualités se présentent sans ombre, elles s'embellissent au gré de l'imagination et du sentiment, elles se transforment en idéalités poétiques, et le rêve doré des premières amours recommence.

Properce (liv. II, élégie 35) dit que l'absence des amants est un surcroît heureux au feu de l'amour :

Semper in absentes felicior æstus amantes.

Il ne faut pas croire pourtant que l'absence ait une influence vivifiante sur toutes les passions. Elle augmente les grandes et diminue les petites.

On connaît ce distique proverbial qui a survécu à d'autres vers du comte de Bussy-Rabutin, son auteur :

L'absence est à l'amour ce qu'est au feu le vent :
Il éteint le petit, il allume le grand.

Il paraît avoir été pris de cette pensée de La Rochefoucauld : « L'absence diminue les médiocres passions et augmente les grandes, comme le vent éteint les bougies et allume le feu. »

La Rochefoucauld passe pour avoir tiré sa pensée de la réflexion suivante de saint François de Sales, qu'il s'est appropriée en l'appliquant à l'absence : « Ce sont les grands feux qui s'enflamment au vent, mais les petits s'éteignent si on ne les met à couvert. » (*Introduction à la vie dévote*, part. III, ch. XXXIII.)

La comparaison était connue et probablement populaire avant ces trois auteurs, et les trois manières dont ils l'ont employée ne sont que des variantes de la maxime persane que voici : « Les obstacles abattent les âmes vulgaires, tandis qu'ils exaltent celles des héros, semblables à un vent impétueux qui éteint les flambeaux et allume les incendies. »

L'absence est l'ennemie de l'amour.

« L'absence, dit un écrivain anglais, tue l'amant ou l'amour. »

On sent, d'après les explications données dans l'article précédent, qu'il s'agit ici de l'absence prolongée et non de l'absence passagère, car celle-ci agit sur l'amour à l'inverse de l'autre. La longue absence l'éteint, et la courte absence le rallume. Il en est de l'absence comme de la diète, qui est nuisible ou salutaire au malade selon qu'il y a excès ou mesure dans sa durée.

L'absence est pire que la mort.

L'absence est, dit-on, la mort moins le repos. Elle cause donc plus de souffrances que la mort aux personnes sensibles, qui quelquefois aiment mieux cesser de vivre que de continuer de vivre dans l'éloignement de l'objet de leur affection. Un distique du chevalier Vatan donne, par un sophisme ingénieux, une autre explication de ce lieu commun proverbial, si fréquemment et si longuement développé dans toutes les correspondances épistolaires des amants *condamnés par le sort barbare à gémir*, éloignés l'un de l'autre.

> De deux amants la mort ne fait qu'un malheureux,
> C'est celui qui survit ; mais l'absence en fait deux.

Loin des yeux et loin du cœur.

Proverbe pris du vers suivant de Properce, liv. III, élég. 21.

Quantum oculis animo tam procul ibit amor.

Il s'explique très-bien par cet autre proverbe qu'on trouve dans le troubadour Peyrols : « *Cor oblida qu'elhs no ve*. Cœur oublie ce qu'œil ne voit. »

Un bel esprit, écrivant à un voyageur qui se plaignait d'être loin des beaux yeux de la dame de ses pensées, lui rappelait le proverbe et ajoutait plaisamment : « Ce proverbe s'est toujours accompli à Paris comme un arrêt du destin contre les absents. Hâtez-vous donc d'oublier la maîtresse que vous y avez laissée, car il est bon de prévenir les infidèles. »

Les yeux sont messagers du cœur.

Traduction littérale du proverbe roman : *Los uelhs so messatgier del cor.* — Les yeux de deux amants se cherchent et se rencontrent sans cesse. Fidèles conducteurs de ce fluide magnétique qui va remuer au fond des cœurs tout ce qu'il y a de plus intime, ils le versent de l'un à l'autre, et par cette correspondance réciproque les confondent et les absorbent dans le même sentiment. Le troubadour Hugues Brunet de Rhodez a dit sur ce sujet : « L'amour s'élance doucement d'œil en œil, de l'œil dans le cœur, du cœur dans les pensées. »

On trouve dans une chanson des Grecs modernes : « L'amour se prend par les yeux, il descend sur les lèvres, des lèvres il se glisse dans le cœur, et y prend racine. »

Le cœur ne vieillit pas.

Pour signifier que le cœur, chez les personnes âgées, n'éprouve pas toujours le refroidissement que la vieillesse communique aux autres organes, qu'il conserve une certaine chaleur de sentiment, qu'il est quelquefois sujet à s'enflammer d'amour et qu'il ne doit pas être considéré comme une propriété assurée contre l'incendie.

Nous avons encore le proverbe *le cœur n'a point de rides*, c'est-à-dire qu'on est toujours jeune pour aimer.

On connaît cet autre proverbe : *Le bois sec brûle mieux que le bois vert*, vulgairement employé pour faire entendre qu'une personne âgée est quelquefois plus portée à l'amour qu'une jeune, et qu'elle éprouve cette passion avec plus d'ardeur.

Voici un sixain assez plaisant qu'il faut joindre aux *errata* dont un tel proverbe paraît susceptible :

> Un vieillard faisait les yeux doux
> A Lise, jeune et belle femme,
> Et lui redisait à tous coups
> Que *bois sec mieux que vert s'enflamme*
> « Non pas, lui répondit la dame,
> Lorsque le bois vert est dessous. »

L'âme d'un amant vit dans un corps étranger.

Cet adage ingénieux, rapporté par Plutarque dans la *Vie de Marc-Antoine*, signifie qu'un amant est tout entier à sa passion et ne s'appartient pas à lui-même. Suivant un autre adage, « l'âme d'un amant vit plus dans ce qu'elle aime que dans ce qu'elle anime, *anima plus vivit ubi amat quam ubi animat,* » parce que, disent les philosophes, elle est par nécessité là où elle anime, tandis qu'elle est par choix et par inclination là où elle aime.

L'amant se transforme en l'objet aimé.

Quand on est véritablement amoureux, on prend l'esprit de la personne qu'on aime, on pense d'après elle, on sent par son cœur, on voit par ses yeux, on renonce, pour ainsi dire, à ce qu'on est soi-même pour devenir ce qu'elle est et ne faire plus qu'un avec elle. Tel est le sens de cette maxime proverbiale dont Mme de Motteville a fait l'application à la reine épouse de Louis XIV, dans le passage suivant de ses *Mémoires* : « Si elle était chagrine, c'est parce que, selon ce que disent les philosophes, *l'amant se transforme en l'objet aimé*, et que, voyant le roi triste, il était impossible qu'elle fût gaie. »

M. Michelet a exhumé des œuvres de Morin, auteur peu connu qu'il appelle « un homme du moyen âge égaré dans le dix-septième siècle », le vers charmant que voici :

Tu sais bien que l'amour change en lui ce qu'il aime.

Ce vers, que M. Michelet loue avec raison, n'est qu'une variante du proverbe suivant, beaucoup plus ancien.

L'amant écoute du cœur les prières de sa belle.

Ce proverbe, plein de délicatesse dans la pensée et dans l'expression, s'emploie pour signifier qu'un amant a une sorte d'intuition qui lui fait sentir, deviner les désirs de sa maîtresse et qu'il ne pense qu'à les prévenir. Il est traduit de ce texte roman :

L'amoros au de cor los precs de sa domna.

Racine a dit heureusement dans son *Andromaque*, par une expression dans le genre de celle du proverbe, qui lui était probablement inconnu :

> Tu lui *parles du cœur*, tu la cherches des yeux.
> (Acte IV, sc. v.)

Écouter du cœur offre la même beauté poétique que *parler du cœur*.

La bourse d'un amant est liée avec des feuilles de poireau.

C'est-à-dire qu'elle n'est pas liée, parce que les feuilles de poireau, qui se rompent aussitôt qu'on veut les nouer, ne peuvent servir de lien. — Ce proverbe, qui était usité chez les Grecs et chez les Latins, et qui est cité dans les *Symposiaques* de Plutarque (liv. Ier, quest. 5), s'emploie pour marquer la prodigalité des amants. Cette prodigalité, dont on pourrait citer des milliers d'exemples remarquables, ne s'est jamais manifestée par un trait plus charmant que celui qui a inspiré à J. Delille les vers suivants de son poëme de l'*Imagination*, chant IV :

> Que j'aime ce mortel qui, dans sa douce ivresse,
> Plein d'amour pour les lieux où jouit sa tendresse,

> De ses doigts que paraient des anneaux précieux
> Détache un diamant, le jette et dit : « Je veux
> Qu'un autre aime après moi cet asile que j'aime,
> Et soit heureux aux lieux où je le fus moi-même. »
> Cœur noble et délicat ! dis-moi quel diamant
> Égale un trait si pur et vaut ton sentiment ?

C'est ainsi, dit-on, que le duc de Buckingham témoigna l'ivresse de son bonheur à l'endroit où la reine de France, Anne d'Autriche, venait de lui avouer qu'elle l'aimait. Ce trait fut reproduit, dans la suite, par milord Albemarle, le même qui, voyant un soir Mlle Gaucher, sa maîtresse, occupée à regarder fixement une étoile, s'écria : « Ne la regardez pas tant, ma chère, je ne pourrais vous la donner. »

Le sentiment qui respire dans ce mot, où le cœur s'est exprimé avec tant d'esprit et de délicatesse, se trouve sous une forme non moins naïve qu'originale dans ces vers d'une ballade qui est insérée parmi les ballades de Villon, mais qui n'est pas de Villon :

> Or elle a tort, car haine ne rancune
> Onc n'eut de moi ; tant lui fus gracieux
> Que s'elle eust dit : Baille-moi de la lune,
> J'eusse entrepris de monter jusqu'aux cieux.

Un barde gallois nommé Moke, qui florissait au treizième siècle, dit dans une pièce de vers où il loue l'excessive libéralité de je ne sais plus quel prince : « Si je souhaitais que mon prince me fît cadeau de la lune, il me la donnerait certainement. »

J'ignore si la phrase de Moke a été l'origine ou l'application de cette locution proverbiale par laquelle on caractérise un homme galant et magnifique qui ne refuse rien aux désirs de la femme qu'il adore : *Il décrocherait la lune pour elle.*

Gœthe fait dire à Méphistophélès parlant de Faust : « Un pareil fou amoureux vous tirerait en feu d'artifice le soleil, la lune et les étoiles, pour peu que cela pût divertir sa belle. »

Un proverbe roman dit : « *Pauc ama qui non fai messis.* Peu aime qui ne fait dépenses. »

Querelles d'amants, renouvellement d'amour.

Traduction d'un proverbe des anciens encadré dans ce joli vers de l'*Andrienne* de Térence (act. III, sc. VI) :

Amantium iræ, amoris integratio est.

Ovide a dit, dans son premier livre des *Amours*, que si les amants n'avaient point de démêlés ils cesseraient bientôt de s'aimer :

Non bene, si tollas prælia, durat amor.
(Eleg. IV.)

On connaît le mot de Marivaux : « En amour querelle vaut mieux qu'éloge. »

Ainsi la colère est comme le sel de l'amour, elle le conserve. Ce n'est pas tout, à l'effet conservateur qu'elle produit sur lui elle en joint un autre non moins précieux : c'est le nouveau charme qu'elle lui communique par la douceur des raccommodements dont elle est suivie. D'après un proverbe latin traduit du grec, « l'amour après la colère est plus agréable, *amor fit ex ira jucundior.* » Ce que Plutarque a expliqué de cette manière : « De même que le soleil est plus ardent au sortir des nuages, ainsi l'amour sorti de la colère et du soupçon, lorsque la paix est faite et que les esprits sont apaisés, est plus agréable et plus vif.

Il ne faut donc pas s'étonner que tant de femmes se plaisent à exciter la colère de leurs maris ou de leurs amants, puisqu'elles ont un double intérêt à le faire. La chose d'ailleurs leur est conseillée par un antique adage qui dit de pousser à la colère la personne qui aime, si l'on tient à son amour.

Cogas amantem irasci, amari si velis.
(P. Syrus.)

Voilà le secret de la plupart des dépits amoureux chez les dames. Ils ne sont pas toujours de purs caprices, comme les sots le prétendent, mais le plus souvent des moyens calculés pour enflammer la passion qu'elles inspirent. Ils sont aussi des témoignages de celle qu'elles éprouvent, et, sous ce rapport, les hommes devraient leur en savoir gré.

Les amants qui se disputent s'adorent.

L'explication de ce proverbe se présente d'elle-même après ce qui a été dit dans l'article précédent, et elle n'a pas besoin d'être donnée de nouveau. Mais il n'est pas inutile d'ajouter que ceux et celles qui prétendent faire de la dispute un aiguillon d'amour doivent avoir soin de ne pas la prolonger, car elle produirait un effet contraire. C'est une recommandation d'Ovide dans ses *Amours* :

Sed nunquam dederis spatiosum tempus in iram.
Sæpe simultates ira morata facit.
(Lib. I, eleg. VIII.)

« Ne vous abandonnez pas trop longtemps à la colère ; une colère prolongée a souvent engendré la haine. »

Le mouvement des yeux est le langage des amants.

Et nul autre ne saurait mieux leur convenir. Il leur offre l'avantage de converser au gré de leur cœur, au milieu d'un monde indiscret, sans en être entendus : il les dispense, en outre, des lenteurs obligées de la parole, qui ne pourrait exprimer que successivement les pensées qu'ils sont pressés de se communiquer, et il leur permet de les exposer d'une manière presque simultanée en un tableau vivant : par quels discours rendrait-on aussi bien ce qu'on sent, quand on aime? « On voudrait, dit Pascal, avoir cent langues pour le faire connaître; car, comme l'on ne peut pas se servir de la parole, l'on est obligé de se réduire à l'éloquence d'action... Un amour ferme et solide commence toujours par l'éloquence d'action. Les yeux y ont la meilleure part. » (*Discours sur les passions de l'amour*).

C'est tous les jours la fête du regard pour les amants.

On nommait autrefois « fête du regard » (*festum reguardi*), une entrevue publique qu'avaient un fiancé et une fiancée, en présence de leurs parents et amis, ordinairement le dimanche qui précédait la bénédiction nuptiale. Carpentier en a parlé dans son *Glossaire*, et a cité, en preuve du fait, des lettres de rémission de 1374, où se trouve cette phrase : « Comme le jour de Nostre-Dame le suppliant feut alez voir la *feste du regard* qui se faisoit en l'hostel du prevost des marchands (de Paris) d'une sienne fille, etc. » C'est sans doute de cette fête, nommée aussi le *beau dimanche*, qu'est venu le proverbe employé pour signifier que deux amants ont toujours les yeux fixés l'un sur l'autre, avec un plaisir dont rien ne saurait les distraire.

« Oh ! que ne puis-je, s'écrie Pétrarque, considérer, un jour entier du moins, ces yeux dont l'amour dirige les mouvements ! Dans cette contemplation divine, je voudrais oublier autrui et moi-même ; je voudrais suspendre jusqu'au battement de ma paupière. »

Cette exclamation passionnée rappelle un vers charmant du poëme grec *Héro et Léandre* : « J'ai fatigué mes yeux à la regarder ; je n'ai pu me rassasier de la voir. »

Saadi, dans son style oriental, fait dire à un amant ravi en extase tandis qu'il contemple sa maîtresse : « Je verrais une flèche partir devant moi et venir chercher mes yeux, que je ne pourrais les détourner d'elle. »

Qu'on me pardonne de joindre à ces citations les vers suivants que j'ai mis dans la bouche d'un amant parlant à sa belle absente :

> O de l'amour force et mystère !
> O sentiment impérieux !
> Je donnerais ma vie entière
> Pour ton aspect délicieux.
> A tout autre intérêt mon âme est étrangère ;
> Eh ! que m'importe, hélas ! le jour qui vient des cieux
> Sans toi, le plus beau jour attriste ma paupière,
> Et je ne veux d'autre lumière
> Que celle qui part de tes yeux.

Les Anglais ont un proverbe qui dit qu'un aigle qui regarde fixement le soleil ne pourrait soutenir le regard d'un amant : « *A lower's eyes will gaze an eagi-blind*. Les yeux d'un amant peuvent regarder un aigle de façon à l'aveugler. »

Il est un Dieu pour les amants.

De même que pour les fous, les enfants et les ivrognes, parce que les amants, non moins exposés que ces trois espèces d'individus à une foule d'accidents funestes, y échappent comme eux par un bonheur inespéré qu'on prend pour l'effet d'une protection spéciale du ciel. C'est de l'antiquité païenne qu'est venue cette idée proverbiale de l'intervention d'un dieu qui les préserve des dangers dont ils sont menacés. Elle se trouve exprimée dans la vingt-neuvième élégie du second livre de Properce. Ce poëte suppose qu'un amant est à l'abri du péril sous la garde des immortels, que la douleur d'être abandonné de l'objet de son amour peut seule lui donner la mort, et même que si la douce présence de sa maîtresse venait le rappeler à la vie, fût-il déjà descendu dans la barque infernale, l'immuable Destin ne l'empêcherait pas de revoir la lumière.

> Les grands, les vignes, les amants,
> Trompent souvent dans leurs serments.

Ces deux vers, que Régnier a placés dans ses *Stances contre un amoureux transy*, était un proverbe de son temps. Ce proverbe est trop clair pour qu'il soit besoin d'en expliquer le sens. Je remarquerai seulement que le mot *serments* appliqué aux rejetons du cep de vigne se disait autrefois pour *sarments*. En voici deux exemples curieux : « L'année que Charles VIII renvoya Marguerite d'Autriche pour épouser Anne de Bretagne fut si pluvieuse, que les raisins ne purent venir en maturité, de sorte que les vins furent extrêmement verts et incommodes à l'estomac, d'où il vint quantité de coliques. « Il ne faut s'étonner, dit Marguerite, si les vins sont verts et malfaisants cette année, puisque les *serments* n'ont rien valu. » (*Mém. hist. sur Charles VIII.*)

« Par le vray Dieu, dict Pantagruel des procureurs, puisqu'ils guaignent tant aux grappes, le serment leur peut beaucoup valoir. » (Rabelais, liv. V, ch. XVIII.)

Les belles ne sont pas pour les beaux.

Les hommes les plus beaux ne sont pas les plus heureux en amour. Les mères et les maris les redoutent et les surveillent; les femmes tendres croient qu'ils s'aiment trop; les fières ne leur trouvent pas assez de soumission; celles qui craignent la médisance les jugent dangereux pour leur réputation. Ils coûtent trop cher à celles qui payent, ils ne donnent rien à celles qui se font payer. D'ailleurs ils n'ont point ces craintes obligeantes d'être quittés qui flattent tant la vanité féminine; au contraire, ils menacent de quitter eux-mêmes, et ils reçoivent les faveurs comme des tributs mérités.

Fastus inest pulchris sequiturque superbia formam.
(Ovide, *Fast.* I, 419.)

Ce ne sont pas les plus belles qui font les grandes passions.

La raison de cette observation proverviale est très-bien développée dans ce passage de l'*Essai sur le Goût*, par Montesquieu : « Il y a quelquefois dans les personnes ou dans les choses un charme invisible, une grâce naturelle qu'on n'a pu définir et qu'on a été forcé d'appeler le *je ne sais quoi*; il me semble que c'est un effet naturellement fondé sur la surprise. Nous sommes touchés de ce qu'une personne nous plaît plus qu'elle ne nous a paru d'abord devoir nous plaire, et nous sommes agréablement surpris de ce qu'elle a su vaincre des défauts que les yeux nous montrent et que le cœur ne croit plus. Voilà pourquoi les femmes laides ont très-souvent des grâces, et qu'il est rare que les belles en aient : car une belle personne fait ordinairement le contraire de ce que nous avions attendu; elle parvient à nous paraître moins aimable; après nous avoir surpris en bien, elle nous surprend en mal; mais l'impression du bien est ancienne, et celle du mal est nouvelle. Aussi *les belles personnes font-elles rarement les grandes passions*, presque toujours réservées à celles qui ont des grâces, c'est-à-dire des agréments que nous n'attendions pas et que nous n'avions pas sujet d'attendre. »

Ajoutons cette réflexion de La Bruyère : « Si une laide se fait aimer, ce ne peut être qu'éperdument, car il faut que ce soit par une étrange faiblesse de son amant ou par de plus secrets et de plus invincibles charmes que ceux de la beauté. »

L'amour vient sans qu'on y pense.

L'amour est de tous les sentiments le plus spontané, le plus indépendant de la réflexion et de la volonté. Il se glisse si subtilement dans le cœur et l'envahit si vite que l'on s'aperçoit qu'on aime avant d'avoir délibéré si l'on doit aimer. Qu'est-ce donc qui produit cet envahissement aussi imprévu que soudain ? — Ceux mêmes qui l'ont éprouvé l'ignorent, ayant été toujours trop préoccupés d'en sentir l'effet pour qu'ils aient songé à en étudier la cause.

Mais si l'on ne sait pas comment l'amour vient, on sait beaucoup mieux comment il s'en va. Il n'y a plus rien de mystérieux dans la cause ou plutôt dans les causes de son départ. Elles se montrent telles qu'elles sont, malgré les soins qu'on prend de les dissimuler. Seulement il n'est pas aussi facile de les énumérer que de les reconnaître. Elles échappent au calcul et à l'analyse par leur multiplicité.

Amour et mort
Rien n'est plus fort.

Rien ne résiste à l'amour ni à la mort.

Il n'est d'homme ici-bas
Qui soit exempt d'amour non plus que de trépas.
(Régnier.)

C'est la belle pensée du *Cantique des cantiques*, où l'époux dit à la Sulamite : « Placez-moi comme un sceau sur votre cœur, parce que *l'amour est fort comme la mort. Pone me ut signaculum super cor tuum, quia fortis est ut mors dilectio* (VIII, 6). »

L'amour fait perdre le repos et le repas.

Ce proverbe est le 23ᵉ article du *Code d'amour* déjà cité, page 196. Voici cet article : *Minus dormit et edit quem amoris cogitatio vexat.* Celui que la pensée d'amour tourmente dort moins et mange moins. »

Le souci ronge ceux qui aiment, comme l'observe Ovide dans ce joli vers de son héroïde de Pénélope à Ulysse :

Res est solliciti plena timoris amor.
« L'amour est toujours plein d'un inquiet effroi. »

« On ne vit point sans douleur dans l'amour. *Sine dolore non vivitur in amore.* » Paroles de l'*Imitation de Jésus-Christ* (III, 5, 7), qu'on a détournées de l'amour de Dieu à l'amour profane.

Les Italiens ont ce proverbe : « *Chi a l'amor nel petto ha sprone nei franchi.* Qui a l'amour au cœur a l'éperon aux flancs. »

Mlle de Lespinasse disait : « Il n'y a point d'esclaves plus tourmentés que ceux de l'amour. »

« Amour et repos peuvent-ils habiter un même cœur? La pauvre jeunesse est si malheureuse aujourd'hui qu'elle n'a plus que ce terrible choix : amour sans repos, ou repos sans amour. » (*Le Barbier de Séville*, act. II, sc. II.).

L'amour le plus parfait est le plus malheureux.

Il faut nécessairement qu'il en soit ainsi, puisque l'amour tire sa perfection des contrariétés, des privations et des sacrifices qui lui servent d'épreuves. Presque tous les romans semblent faits pour confirmer la vérité de ce proverbe. On n'y voit que des amants poursuivis par une fatale destinée et dont la constance s'affermit sous les coups du malheur, et l'on peut dire que les plus vives inquiétudes font le meilleur sublimé de l'amour.

Le recueil de Philippe Garnier, imprimé à Francfort en 1612, donne cette variante : *Les plus parfaites amours sont celles qui réussissent le moins.*

En amour les apprentis en savent autant que les maîtres.

Ils n'ont pas besoin pour cela de plus de leçons que les animaux. La nature y a si bien disposé les moins expérimentés et leur a marqué le but et la voie d'une manière si précise qu'ils n'ont pas à craindre de se fourvoyer, et leurs coups d'essai sont toujours des coups de maître.

Une conclusion à tirer de ce proverbe, c'est qu'il n'y a pas proprement d'art d'aimer. Mais il y a un art de plaire et de se faire aimer, et, dans ce cas, les leçons ne sont pas inutiles comme dans l'autre.

L'amour naît à la première vue.

Les Latins disaient, d'après les Grecs : « *Ex aspectu nascitur amor*. L'amour naît du regard. » Ces peuples, qui plus que nous avaient une foi aveugle à l'influence mytérieuse des émanations, ne doutaient pas que les personnes même les plus indifférentes ne fussent susceptibles de recevoir par les yeux des impressions capables de déterminer subitement la passion la plus vive. On ne saurait bien expliquer comment un regard peut produire des effets moraux si rapides, si imprévus, si irrésistibles ; mais il semble qu'il y ait au fond du cœur je ne sais quelle idée innée de l'objet qu'on doit aimer, et que le premier coup d'œil qu'on lui donne soit comme un rayon de lumière qui le fait reconnaître, et comme un courant magnétique qui entraîne vers lui par d'indéfinissables affinités.

Virgile a point d'une manière admirable cette commotion électrique qui enlève une personne à elle-même, et la livre corps et âme à l'objet offert à ses yeux fascinés :

> *Ut vidi, ut perii, ut me malus abstulit error.*
> (Éclog. VIII.)

Et Virgile a été imité par Racine d'une manière non moins admirable dans ces vers de la tragédie de *Phèdre :*

> Je le vis, je rougis, je pâlis à sa vue,
> Un trouble s'éleva dans mon âme éperdue.
> (Acte I, sc. V.)

C'est ce qu'on appelle le *coup de foudre en amour,* dont l'article suivant donnera l'explication.

Le coup de foudre en amour.

Le coup soudain dont on se sent frappé à la première vue d'une personne, ou bien le sentiment passionné qui s'empare à la fois de deux personnes par l'effet d'un regard où se révèle spontanément la mutuelle ardeur de leur cœur.

Les romanciers du dix-septième siècle ont souvent employé cette expression pour caractériser le rapide mouvement de sympathie qui subjugue les héros et les héroïnes de leurs romans, et qui décide de la destinée des uns et des autres.

Le verbe *foudroyer* est fort usité aujourd'hui dans la même acception.

L'amour est une fièvre au rebours.

La fièvre et l'amour sont deux maladies qui produisent les mêmes effets en sens inverse. La fièvre a d'abord des accès frileux que suivent des accès brûlants ; l'amour, au contraire, commence par être tout de feu et finit par être tout de glace.

Il faut être fou en amour.

Les belles jugent l'amour incompatible avec la raison ; elles ne se croient véritablement aimées que de ceux qui font des folies pour leur plaire. Les folies sont, à leur gré, les preuves les plus incontestables de la passion qu'elles inspirent, et il n'est pas besoin de dire que ce ne sont pas les plus courtes qu'elles trouvent les meilleures.

Louange engendre amour.

Proverbe littéralement traduit du roman, *lauzor engenr' amor*, dont le troubadour Amanieu des Escas s'est servi, et dont Colardeau a donné une variante dans ce joli vers :

On flatte l'amour-propre, on fait naître l'amour.

J'ai entendu employer dans le Midi, pour exprimer la même idée, cette comparaison proverbiale : *Les femmes se laissent prendre à la louange comme les alouettes au miroir.*

« Il ne s'agit peut-être, pour s'emparer de ces êtres si subtils, si souples et si pénétrants, que de savoir manier la louange et chatouiller l'amour-propre. La flatterie est le joug qui courbe si bas ces têtes ardentes et légères. Malheur à l'homme qui veut porter la franchise dans l'amour ! » (G. Sand, *Indiana*, ch. VII.)

Je ne sais qui a dit que les femmes aiment moins les hommes pour le mérite qu'ils ont que pour le mérite qu'ils trouvent en elles.

L'amour est la seule maladie dont on n'aime pas à guérir.

Parce que, dit la reine de Navarre, cette maladie donne tel contentement, que la guérison est la mort. (*Heptamér.*, nouvelle XXIV.)

Ce proverbe se retrouve dans ces vers de Properce :

Omnes humanos sanat medicina dolores,
Solus amor morbi non amat artificem. (II, Eleg. I.)

« La médecine guérit toutes les douleurs humaines ; l'amour seul ne veut pas de guérisseur. »

Le cœur de l'homme étant fait pour sentir, et ne trouvant sa véritable vie que dans l'exercice de la sensibilité, doit nécessairement préférer une agitation, même douloureuse, à un repos apathique, surtout quand cette agitation est produite en lui par l'amour, c'est-à-dire par la passion la plus conforme à sa nature. Il n'y a donc rien d'étonnant qu'il veuille rester attaché aux tourments que cette passion lui cause, et qu'il les regrette dès qu'il en est affranchi. On connaît le mot de cette femme dont l'âme était tombée de la fièvre des émotions dans le marasme des langueurs : « Oh ! le bon temps où j'étais malheureuse ! » Ce mot si vrai est celui de tout amant qui est dans la même situation. La tranquillité retrouvée lui est importune ; il soupire après les peines dont elle le prive ; il regarde ces peines comme ses plus doux plaisirs.

C'est ce sentiment qui inspirait à Étienne de la Boétie les vers suivants, qui terminent son vingt-septième sonnet :

Vive le mal, ô dieux, qui me dévore !
Vive à jamais mon tourment rigoureux !
O bienheureux, et bienheureux encore
Qui sans relâche est toujours malheureux !

On connaît ce vers charmant de Mme Dufresnoy :

> Un amour malheureux est encore un bonheur.

Le quatrain suivant exprime la même idée qu'on a cherché à rendre plus gracieuse et plus touchante par la situation :

> Les peines de l'amour ont d'ineffables charmes :
> Deux amants, qui pleuraient à l'ombre d'un tilleul,
> Se disaient, en mêlant des baisers à leurs larmes :
> *Souffrir deux est plus doux que d'être heureux tout seul.*

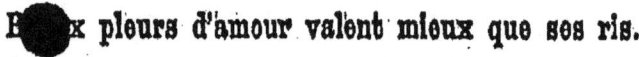

Beaux pleurs d'amour valent mieux que ses ris.

> Bels plors d'amor mais valon que sos ris.

Proverbe formulé probablement par le troubadour Bernard de Ventadour, qui l'a placé dans une de ses pièces, immédiatement après cette réflexion passée aussi en proverbe : *Peu aime qui n'est pas sujet à la tristesse.* Il y a en effet dans les tristesses de l'amour je ne sais quelle douceur secrète dont on a dit que les anges seraient jaloux.

Ce charmant proverbe a été reproduit ou imité dans beaucoup de langues, par une foule de poëtes érotiques; les deux meilleures imitations que j'en connaisse sont ce vers cité sur l'amour par Saint-Évremont :

> Tous les autres plaisirs ne valent pas ses peines.

et ceux-ci de la chanson délicieuse de La Fontaine, qui est chantée à Psyché pour l'engager à aimer :

> Sans cet amour, tant d'objets ravissants,
> Lambris dorés, bois, jardins et fontaines,
> N'ont point d'appas qui ne soient languissants,
> Et leurs plaisirs sont moins doux que ses peines.

L'amour est la clef du mérite et un étang de prouesses.

Étang est ici employé au figuré pour quantité considérable, nombre infini, dans le même sens que les Latins disaient *pelagus bonorum*, une mer de biens, une mer d'abondance. Ce proverbe est traduit de ces deux vers du troubadour Arnaud Daniel.

Amor es de pretz la claus
Et de proeza us estanck.

Pour bien le comprendre, il faut savoir que les troubadours avaient donné au mot *amour* une signification beaucoup plus étendue que celle que nous lui donnons. Ils le regardaient comme le principe et la source de tout mérite intellectuel et moral. « L'amour, disait Rambeaud de Vaqueiras, est le mieux de tout bien ; il améliore les meilleurs et peut donner de la valeur aux plus mauvais ; d'un lâche il peut faire un brave, d'un guerrier un homme gracieux et courtois. » Le roman de *Jauffre* et *Brunissende* disait à peu près de même : « Par l'amour tout homme devient meilleur et plus brave, plus libéral et plus joyeux, plus ennemi de toute bassesse. »

Le génie poétique, ou *l'art de trouver*, était considéré comme le résultat et l'expression de l'amour érigé en vertu suprême, et ses divers degrés correspondaient à ceux de cette vertu. De là l'espèce de synonymie établie par la langue romane entre *amour* et *poésie*, synonymie adoptée par Pétrarque dans ces vers où il appelle le troubadour Arnaud Daniel *grand maître d'amour*, pour dire *grand maître de poésie*.

> Gran maestro d'amor ch'alla sua terra
> Ancor fa onor *col dir* polito et bello.
>
> (*Trionfo d'amore*, IV.)

J'ai emprunté cette citation au savant auteur de la *Symbolique du droit*, M. Chassan, qui ajoute : « Ainsi le recueil composé à Toulouse au quatorzième siècle, et qui renferme une grammaire, une poétique et une rhétorique, est intitulé *Leys d'amor*, littéralement *Lois d'amour*, quoiqu'il ne fût pas à l'usage des cours d'amour. Les règlements de la Société des troubadours à Toulouse portent aussi le nom de *Leys d'amor*. Cet acception du mot *amour* pour signifier *poésie* est bien en rapport avec la nature et l'essence de la poésie romane. »

L'homme sans amour ne vaut pas mieux que l'épi sans grain.

Ce proverbe, qu'on trouve dans le troubadour Pierre d'Auvergne, qui paraît l'avoir formulé, est encore dérivé de l'idée exprimée dans le précédent, où l'amour est considéré comme le principe des vertus intellectuelles et morales, ainsi que des vertus guerrières; en un mot, comme la source de tout bien.

L'amour excite aux grandes prouesses.

C'est encore un proverbe roman qui se trouve dans plusieurs ouvrages des troubadours, notamment dans le roman de *Flamenca*. On dit dans le même sens : *L'amour fait les héros*, variante que J.-J. Rousseau a rapportée et expliquée dans sa *Nouvelle Héloïse*: L'amour » véritable est un feu dévorant qui porte son ardeur dans les autres sentiments et les anime d'une vigueur nouvelle. C'est pour cela qu'on a dit que l'amour faisait les héros. »

Platon affirmait que, si l'on composait une armée de jeunes amoureux, il n'y aurait point d'actes héroïques dont ils ne fussent capables pour plaire à leurs maîtresses. On sait que le seigneur de Fleuranges s'écriait en montant à l'assaut sous le feu de l'ennemi : « Ah ! si ma dame me voyait ! » Trait que Lebrun a rappelé dans une de ses odes, où il a voulu démontrer par des exemples que l'amour est le plus puissant mobile de la valeur et du génie.

> D'un assaut bravant la furie,
> J'entends Fleuranges qui s'écrie :
> « Ah ! si ma dame me voyait ! »
> Il vole, il frappe, tout succombe ;
> De toutes parts l'ennemi tombe :
> Un jeune amant le foudroyait.

Cet amour héroïque, c'est l'amour élevé à sa plus haute puissance, l'amour sublimé, dit M. V. Hugo ; Scudéri l'assimile ingénieusement « au feu d'Hercule, qui en le consumant, le fit dieu ».

L'amour est le revenu de la beauté.

Revenu très-passager, car si la beauté a le don de produire l'amour, elle n'a pas celui de le conserver longtemps. Elle a besoin, pour maintenir les avantages qu'elle possède, d'y joindre les charmes du cœur et de l'esprit. C'est ce qu'expriment très-bien ces vers de Mme Verdier :

> Pour inspirer un feu constant,
> Il ne suffit pas d'être belle :
> C'est à la beauté qu'on se rend,

Mais c'est au cœur qu'on est fidèle.
C'est à l'accord intéressant
D'un esprit doux et sage et d'une âme sensible,
Que se trouve attaché le secret infaillible
De fixer un époux et d'en faire un amant.

Courtoisie fait amour durer.

Les tendres procédés, les complaisances délicates, les petits soins affectueux entretiennent et font durer l'amour. Le mot *courtoisie* a gardé ici le sens plus étendu qu'il avait jadis, il se rapportait non-seulement à la politesse des manières, mais à celle de l'esprit et du cœur; il exprimait la réunion des principales qualités des preux, telles que la galanterie, la loyauté, la constance, le dévouement, etc. C'était en tout l'opposé des mœurs des vilains.

Un amour ainsi nourri de la fine fleur des sentiments chevaleresques, réunit plus que tout autre d'excellentes conditions de durée et de bonheur, et pourtant nous ne voyons pas qu'il s'établisse à demeure fixe dans les tendres cœurs. Il est tout différent aujourd'hui de ce qu'il fut au siècle des Amadis, et ce n'est plus que dans le domaine de l'imagination qu'on peut le retrouver sous la forme séduisante qu'il eut en ce bon vieux temps. Parviendra-t-on, à force de courtoisie, à le rappeler dans la vie réelle? La chose, hélas! paraît impossible, mais il y a tant de douceur à l'espérer qu'il est bon de le tenter quand même.

En amour mieux vaut espérer que tenir.

Parce que, dit un autre proverbe plus ancien, *jouir d'amours et tost finir ne vaut bon espoir à durer toujours.*

En effet, l'amour s'use et finit vite par la possession, tandis qu'il se renouvelle et se prolonge par l'espoir. Les sensations physiques ne donnent qu'un plaisir fugitif; les sensations morales laissent après elles un charme durable, et l'esprit se fait une jouissance exquise de ce qui est dérobé aux sens. « Jamais, dit Pascal, il n'exista de femme qui ait connu tant de douceur dans l'amour satisfait qu'il y en a dans les désirs et dans les sollicitudes. »

L'amour ne peut rien refuser à l'amour.

C'est ce que dit textuellement le 26e article du *Code d'amour : Amor nihil potest amori denegare.* Il vaudrait mieux que l'amour pût refuser quelque chose à l'amour, car il durerait plus longtemps. Ce sont les privations mitigées par l'espérance qui le font vivre; il meurt dès qu'il n'a plus rien à désirer.

L'amour égalise toutes les conditions.

L'amour ne peut souffrir ni barrières ni distinctions entre les amants, dont il se plaît à confondre les existences. Il veut qu'ils méconnaissent toutes les prérogatives du rang et de la fortune pour vivre sous le régime bienfaisant de l'égalité, et chacun d'eux obéit à cette loi d'autant plus volontiers qu'il la trouve sanctionnée par son propre cœur. « Son vœu le plus cher, a dit M. Michelet dans son livre intitulé *le Peuple*, c'est de se faire un égal; sa crainte, c'est de rester supérieur, de garder un avantage que l'autre n'a pas. »

*Non bene conveniunt nec in una sede morantur
Majestas et amor.*
(Ovide, *Métam.* II, fab. XIX.)

« La majesté et l'amour ne s'accordent point et ne demeurent point ensemble. »

L'amour rapproche les distances.

L'amour fait disparaître les inégalités sociales entre les personnes qu'il unit : *princes et pastourelles, princesses et pastoureaux, vont de pair en se donnant la main.* C'est l'idée du proverbe précédent sous d'autres termes.

L'amour et la crainte ne mangent pas à la même écuelle.

L'amour et la crainte sont deux sentiments incompatibles, et, quand une personne inspire l'un, elle ne saurait inspirer l'autre. Il faut remarquer dans ce proverbe l'expression *manger à la même écuelle*, qui rappelle un usage introduit au temps de la chevalerie, où la galanterie avait imaginé de placer à table les convives par couple, homme et femme. « La politesse et l'habileté des maîtresses de maison consistaient alors, dit le Grand d'Aussy, à savoir bien assortir les couples qui n'avaient qu'une assiette commune, ce qui s'appelait *manger à la même écuelle.* » — L'expression, détournée du sens propre au figuré, s'employa pour marquer une liaison amoureuse. Elle servit aussi à caractériser l'intimité des relations amicales. Une des plus grandes preuves de confiance qu'un roi pût autrefois donner à un de ses ministres consistait à manger avec lui *à la même écuelle.* L'auteur du *Roman de Rou* exprime la haute faveur dont Godwin jouissait auprès du monarque anglo-saxon par ces deux vers :

> Salué l'aveit et baisié
> En s'escuelle aveit mengié.

Il en était de même d'un suzerain ou d'un supérieur envers un vassal ou un inférieur.

On lit dans le *Romancero*, partie IV, lettre du Cid au roi Alphonse : « Celui qui est craint est rarement aimé du cœur ; *la crainte et l'amour ne mangent pas au même plat.* »

> *Non el temor y amores comen en un plato, non.*

> Amour et seigneurie
> Ne souffrent compagnie.

Proverbe pris de ce vers du livre III de l'*Art d'aimer* d'Ovide :

> *Non bene cum sociis regna Venusque manent.*

vers dont M. J. Janin, dans sa charmante étude sur le poëte latin, a donné cette traduction :

> Et le trône et l'amour ne se partagent pas.

« L'amour, dit Pascal est un tyran qui ne souffre point de compagnon ; il veut régner seul ; il faut que toutes les passions ploient et lui obéissent. » (*Discours sur les passions de l'amour*). Il en est de même du pouvoir souverain, il exclut tout partage et toute rivalité.

On dit, dans un sens analogue : *L'amour et l'ambition ne souffrent point de compagnon.*

Ce proverbe est fort ancien dans notre langue, puisqu'il se trouve dans ces vers du *Roman de la Rose*, continué par Jehan de Meung.

> Oncques amours et seigneurie
> Ne s'entretîrent compagnie,
> Ne ne demourèrent ensemble,
> Cil qui maîtrise les dessemble (disjoint).

Il ne faut pas jouer avec le feu ni avec l'amour.

Parce que, dans l'un et l'autre cas, on court risque d'être brûlé. Ovide remarque, dans le premier livre de *l'Art d'aimer*, qu'on a vu souvent des personnes qui d'abord faisaient semblant d'aimer, finir par aimer sérieusement, et passer de la feinte à la réalité.

> *Sæpe tamen vero cœpit simulator amare,*
> *Sæpe, quod incipiens finxerat esse jocus.*

C'est la peine que l'amour impose ordinairement à ses contrefacteurs.

« L'on ne peut presque faire semblant d'aimer, dit Pascal, que l'on ne soit bien près d'être amant, ou du moins que l'on n'aime en quelque endroit; car il faut avoir l'esprit et les pensées de l'amour pour ce semblant, et le moyen de bien parler sans cela? La vérité des passions ne se déguise pas si aisément que les vérités sérieuses. » (*Disc. sur les pass. de l'amour.*)

Pascal dit encore, dans le même ouvrage : « A force de parler d'amour, on devient amoureux. Il n'y a rien de si aisé. C'est la passion la plus naturelle à l'homme. »

Corneille a une chanson qui exprime l'idée de Pascal et d'Ovide. En voici le premier couplet :

> Toi qui, près d'un beau visage,
> Ne veux que feindre l'amour,
> Tu pourrais bien quelque jour

> Eprouver à ton dommage
> Que souvent la fiction
> Se change en affection.

Il n'y a point d'amour sans jalousie.

Saint Augustin a dit : « *Qui non zelat non amat.* (*Adv. Adamant.*, XIII). Qui n'est point jaloux n'aime point. » — Le 21ᵉ article du *Code d'amour* porte : « *Ex vera zelotypia affectus semper crescit amandi.* La vraie jalousie fait toujours croître l'amour. »

Un jeu-parti de je ne sais plus quel trouvère roule sur la question de jurisprudence amoureuse : « Lequel aime mieux, ou l'amant qui est jaloux ou celui qui ne l'est point ? » Molière, dans *les Fâcheux*, a consacré la quatrième scène du second acte de cette comédie à cette controverse sentimentale, qui est terminée par ce vers, digne de Molière :

> Le jaloux aime plus, mais l'autre aime bien mieux.

On dit aussi : *La jalousie est la sœur de l'amour*, proverbe qui a suggéré au chevalier de Boufflers ce joli quatrain :

> L'amour, par ses douceurs et ses tourments étranges,
> Nous fait trouver le ciel et l'enfer tour à tour :
> *La jalousie est la sœur de l'amour*,
> Comme le diable est le frère des anges.

Il ne s'agit pas ici, on le sent bien, de cette jalousie, *vera zelotypia*, qui est chez celui qui aime une défiance de lui-même, mais de cette jalousie grossière qui est une défiance de l'objet aimé. Cette dernière a encore donné lieu à la comparaison proverbiale : *La jalousie naît de l'amour comme la cendre du feu, pour l'étouffer.*

Il n'y a pas d'amour sans espérance.

Proverbe tiré de l'article 9 du *Code d'amour :* « *Amare nemo potest nisi qui amoris suasione compellitur.* Personne ne peut aimer s'il n'y est engagé par la persuasion d'amour. » Il y a des gens qui prétendent que cette *persuasion d'amour,* ou espérance d'être aimé, n'est pas une condition indispensable de l'existence de l'amour, et ils se fondent sur l'observation faite par Boccace, maître expert en cette matière, qu'il arrive assez souvent qu'on voit l'amour plus fort à mesure que l'espérance devient plus faible : *Noi veggiamo somente avvenire, quanto la speranza diventa minore, tanto l'amore maggior farsi.* Mais cela n'est pas une preuve en faveur de leur opinion. S'il est vrai que l'amour augmente à mesure que l'espérance diminue, il n'est pas vrai qu'il puisse se maintenir lorsqu'elle a cessé d'être. L'amour ressemble au flambeau qui jette une lueur plus vive au moment où la nourriture commence à lui manquer, et qui s'éteint aussitôt qu'elle est épuisée. L'espérance est l'aliment de l'amour. Tant qu'il lui en reste un peu, il subsiste, il se montre même plus vivace par l'ardeur qu'il met à se conserver. Dès qu'il ne lui en reste plus, il faut qu'il expire, et s'il nous paraît survivre comme se pouvant nourrir de lui-même, c'est que nous ne voyons pas qu'il espère encore, quand il n'y a plus de raison d'espérer.

Walter Scott a très-bien développé l'idée de ce proverbe dans un passage de son roman de *Waverley,* tom. III, ch. XXI. La question y est posée en ces termes : « Peut-on aimer longtemps sans avoir l'espoir d'être aimé? » Une dame répond à l'auteur de la question : « Avez-vous le projet de nous dépouiller de notre plus beau privilége? Voudriez-vous nous persuader que l'amour ne peut exister sans l'espérance, et qu'un amant peut être infidèle si celle qu'il aime lui montre trop de rigueur? Je ne m'attendais pas qu'un pareil blasphème sortît de votre bouche. — Je conviens, madame, qu'il n'est pas impossible qu'un amant persévère dans son affection en dépit des circonstances qui devraient le décourager, qu'il peut braver les dangers, supporter la froideur...., mais une indifférence constante et soutenue est un poison mortel pour l'amour. Quelque puissante que soit l'attraction de vos charmes, croyez-moi, ne faites jamais cette expérience sur le cœur d'une personne qui vous serait chère. Je vous le répète, l'amour peut se nourrir de la plus faible espérance; mais, s'il la perd, il s'éteint bientôt. — Il doit avoir, dit Evan, le même sort que la jument de Duncan Magendie. Son maître voulut l'accoutumer par degrés à se passer de toute nourriture; il ne lui donnait qu'une petite poignée de paille par jour, et le pauvre animal mourut d'inanition. »

Plus l'amour vient tard, plus il ard.

C'est-à-dire plus il est ardent. *Ard* est la troisième personne du présent de l'indicatif du vieux verbe *arder* ou *ardre*, qui signifie brûler. Ce proverbe est pris du vers suivant d'Ovide dans l'héroïde de *Phèdre à Hippolyte* :

Venit amor gravius quo serius, urimur intus, etc.

Veut-il dire, comme quelques-uns l'ont pensé, que l'amour qui se développe lentement acquiert plus d'intensité que celui qui naît à la première vue, ou bien que l'amour se fait sentir avec plus de violence dans un âge avancé que dans la jeunesse? Je trouve préférable la dernière explication, à laquelle on est amené naturellement par l'analogie de cet autre proverbe : *Le bois sec brûle mieux que le bois vert*, ainsi que de ce mot proverbial attribué au comte de Bussy-Rabutin : *L'amour est comme la petite vérole, qui fait d'autant plus de mal qu'elle vient plus tard*. D'ailleurs est-il vrai que l'amour qui se développe lentement devienne plus fort? Je ne le crois pas, et je partage le sentiment exprimé dans cette pensée de La Bruyère : « L'amour qui naît subitement est le plus long à guérir. » Le même auteur dit encore : « L'amour qui croît peu à peu et par degrés ressemble trop à l'amitié pour être une passion violente. »

Rien ne se rallume si vite que l'amour.

C'est ce qu'a dit Sénèque : *Nihil facilius quam amor recrudescit* (Epist. 69). Le comte de Bussy-Rabutin écrivait à Mme de Sévigné, à propos des recrudescences si promptes de l'amour, un mot charmant qu'elle louait en lui répondant ainsi : « Ce que vous dites que *l'amour est un recommenceur* est tellement joli et tellement vrai, que je suis étonnée que, l'ayant pensé mille fois, je n'aie pas eu l'esprit de le dire. » (Lettre du 4 juillet 1656.)

Nous avons encore ce vieux proverbe rimé, qui exprime la même idée :

> Vieilles amours et vieux tisons
> S'allument en toutes saisons.

En amour un blessé guérit l'autre.

L'amour compense le mal qu'il fait en blessant deux cœurs : il met dans la plaie de l'un le baume de celle de l'autre. Pourquoi donc les amants se plaignent-ils tant de ses rigueurs? Ne feraient-ils pas mieux de s'entendre pour les adoucir, en usant du remède qu'il leur a donné? C'est ce que pense l'auteur du roman de *Flamenca*. Ce troubadour, après quelques remarques sur les effets de l'amour, conclut que ce qu'il y a de meilleur pour les cœurs en peine, c'est leur mutuelle assistance; car, dit-il, l'*Us nafratz pot guerir l'autre*. « Un blessé peut guérir l'autre. »

L'amour est comme la lance d'Achille, qui blesse et guérit.

Comparaison proverbiale qui exprime la même idée que ce vers de P. Syrus :

Amoris vulnus sanat idem qui facit.
« En amour, qui fait la blessure la guérit. »

Les mythologues et les poëtes racontent que Téléphe, ayant été blessé par Achille, ne put être guéri de sa plaie que par un emplâtre composé de la rouille du fer dont il avait été blessé.

Mysus et Æmonia juvenis qua cuspide vulnus
Senserat, hac ipsa cuspide sensit opem.
(Prospert, lib. II, eleg. 1.)

« Le jeune roi de Mysie trouva la guérison de sa blessure dans la lance même d'Achille, dont il avait été blessé. »

Vulnus in Herculeo quæ quondam fecerat hoste,
Vulneris auxilium Pelias hasta tulit.
(Ovide, Remed. amor., 1, 47.)

« La lance d'Achille cicatrisa la blessure qu'elle-même avait faite au fils d'Hercule. »

De là cette comparaison de l'amour avec la lance d'Achille, comparaison heureuse que Bernard de Ventadour a, le premier, employée dans une pièce de vers où il parle d'un baiser qu'il a reçu de la belle Agnès de Montluçon, femme du vicomte Èble. Ce troubadour s'écrie qu'un si doux baiser va le faire mourir, si un autre de la même bouche ne vient lui rendre la vie, et il le compare à la lance d'Achille qui faisait une blessure dont il n'était pas possible de guérir, si l'on n'en était blessé une seconde fois.

> Com de Peleus la lansa
> Que de su colp non podi' hom guerir
> Se autra vez non s'en fesez ferir.

Ce traitement homéopathique de l'amour a été indiqué par ces paroles d'une chanson des Grecs modernes : « Tu m'as donné un baiser, et j'en suis devenu malade ; donne m'en un autre pour que je guérisse, et un autre encore pour que je ne retombe pas malade à mourir. »

La petite oie de l'amour.

On appelle *petite oie* au propre un ragoût formé du cou, des ailerons, des pattes, du foie, du gésier, qu'on a retranchés d'une oie qu'on fait rôtir.

Cette expression s'employait autrefois au figuré, comme on le voit dans les *Précieuses ridicules* (sc. x), pour désigner les rubans, les plumes et les différentes garnitures qui ornaient l'habit, le chapeau, le nœud de l'épée, les gants, les bas et les souliers. — Elle désignait aussi par extension, les menus plaisirs de l'amour ou de la galanterie, tels que les serrements de mains, les baisers et autres caresses mignonnes qui cependant laissent encore quelque chose de plus à désirer, car *la petite oie n'est que la petite joie.*

L'amour est un grand maître.

Molière a employé et expliqué ce proverbe dans les vers suivants de l'*École des femmes* (act. III, sc. IV).

> Il le faut avouer, l'amour est un grand maître :
> Ce qu'on ne fut jamais, il nous enseigne à l'être ;
> Et souvent de nos mœurs l'absolu changement
> Devient par ses leçons l'ouvrage d'un moment.
> De la nature en nous il force les obstacles,
> Et ses effets soudains ont de l'air des miracles.
> D'un avare à l'instant il fait un libéral,
> Un vaillant d'un poltron, un civil d'un brutal ;
> Il rend agile à tout l'âme la plus pesante,
> Et donne de l'esprit à la plus innocente.

On dit aussi que l'*amour est inventif*, dans le même sens que le proverbe, qui doit s'entendre non-seulement des tours subtils et des expédients rusés qu'il suggère, mais aussi de quelques arts dont les poëtes ont attribué la découverte ou le perfectionnement à ses inspirations.

Le proverbe *l'amour est un grand maître* a été formulé par saint Augustin. Mais ce n'est pas à l'amour profane que ce père de l'Église l'a appliqué ; c'est à l'amour divin, principe et source de toutes les lumières et de toutes les vertus. Cet amour, dit-il, est *un grand maître* dont les leçons comprennent toutes les parties de la philosophie.

AMOR MAGNUS DOCTOR EST, *atque omnes philosophiæ partes implet.*

L'amour fait porter selle et bride aux plus grands clercs.

Ce proverbe a dû son origine au fabliau d'*Aristote*, où il se trouve formulé à peu près dans les mêmes termes.

> Que tout le meillor clerc du mont
> Fait comme roncins enseler,
> Et puis à quatre piez aller,
> A chatonant par-dessus l'erbe
> A vous die example et proverbe.

Voici le canevas de ce fabliau, que j'ai retracé de mémoire en le modernisant, parce que je n'avais pas le texte sous les yeux pour en donner une traduction littérale.

Alexandre le Grand, épris d'une jeune et belle Indienne, semblait avoir perdu le goût des conquêtes. Ses guerriers en murmuraient, mais aucun d'eux n'était assez hardi pour lui en exprimer le mécontentement général. Son précepteur Aristote s'en chargea : il lui représenta qu'il ne convenait pas à un conquérant de négliger ainsi la gloire pour l'amour ; que l'amour n'était bon que pour les bêtes, et que l'homme esclave de l'amour méritait d'être envoyé paître comme elles. Une telle remontrance, autorisée sans doute par les mœurs du temps jadis, qui étaient bien différentes des nôtres, fit impression sur le monarque, et il se décida, pour apaiser les murmures de son armée, à ne plus aller chez sa maîtresse ; mais il n'eut pas le courage de défendre qu'elle vînt chez lui. Elle accourut tout éplorée, afin de savoir la cause de son délaissement, et elle apprit ce qu'avait dit Aristote. « Eh quoi ! s'écria-t-elle, le seigneur Aristote a de l'humeur contre le penchant le plus naturel et le plus doux! il vous conseille d'exterminer par la guerre des gens qui ne vous ont fait aucun mal, et il vous blâme d'aimer qui vous aime! C'est une déraison complète, c'est une impertinence inouïe qui réclame une punition exemplaire, et, si vous voulez bien le permettre, je me charge de la lui infliger. » Son amant ne s'opposa point à ses projets, et dès ce moment elle mit tout en œuvre pour séduire le philosophe. *Ce que veut une belle est écrit dans les cieux*, et l'égide de la sagesse ne met pas à couvert de ses traits vainqueurs. Le vieux censeur des plaisirs l'apprit à ses dépens. Son cœur, surpris par les galanteries les plus adroites, se révolta contre sa morale. Vainement il crut l'apaiser en recourant à l'étude et en se rappelant toutes les leçons de Platon : une image charmante venait sans cesse se placer devant ses yeux et attirait vers elle seule toutes les méditations auxquelles il se livrait. Enfin il reconnut que l'étude et Platon ne sauraient le défendre contre une passion si impérieuse, et son esprit subtil lui révéla que le meilleur moyen de la vaincre était d'y céder. Dès l'instant il laissa là tous les livres et ne songea qu'aux moyens d'avoir un entretien secret avec la jeune Indienne. Un jour qu'elle faisait sa promenade solitaire dans le jardin du palais impérial, il accourut auprès d'elle, et à peine l'eut-il abordée qu'il se jeta à ses pieds en lui adressant une pathétique déclaration. L'enchanteresse feignit de ne pas y croire... pour se la faire répéter. Cette manière de prolonger les jouissances de l'amour-propre était alors en usage chez le beau sexe. Obligé enfin de s'expliquer, elle répondit qu'elle ne pouvait ajouter foi à des aveux si extraordinaires sans des preuves bien convaincantes. Toutes celles qu'il était possible d'exiger lui furent offertes. « Eh bien ! reprit-elle, après cela, il faut satisfaire un caprice : toute femme a le sien ; celui d'Omphale était de faire filer un héros, et le mien est de chevaucher sur le dos d'un philosophe. Cette condition vous paraîtra peut-être une folie ; mais la folie est, à mes yeux, la meilleure preuve d'amour. » Il fut fait comme elle le désirait. Qu'y a-t-il en cela d'étonnant ? Le dieu malin qui change *un âne en danseur*, comme dit le proverbe, peut également changer un philosophe en quadrupède. Voilà notre vieux barbon sellé, bridé, et l'aimable jouvencelle à califourchon sur son dos. Elle le fait trotter de côté et d'autre, et, pendant qu'il s'essouffle à trotter, elle chante joyeusement un lai d'amour approprié à la circonstance. Enfin, lorsqu'il est bien fatigué, elle le presse encore et le conduit... devinez où?... elle le conduit vers Alexandre, caché sous un berceau de verdure, d'où il examinait cette scène réjouissante. Peignez-vous, si vous le pouvez, la confusion d'Aristote, lorsque le monarque, riant aux éclats, l'apostropha de cette manière : « O maître ! est-ce bien vous que je vois en ce grotesque équipage ? Vous avez donc oublié la morale que vous m'avez faite, et maintenant c'est vous qu'il faut mener paître ? » La raillerie semblait sans réplique, mais l'homme habile a réponse à tout. « Oui, c'est moi, j'en conviens, répondit le philosophe en se redressant : que l'état où vous me voyez serve à vous mettre en garde contre l'amour. De quels dangers ne menace-t-il pas votre jeunesse, lorsqu'il a pu réduire un vieillard si renommé par sa sagesse à un tel excès de folie ? »

Cette seconde leçon était meilleure que la première. Alexandre parut l'approuver, et il promit de la méditer auprès de la jeune et belle Indienne. C'était là qu'on lui reprochait d'avoir perdu sa raison; c'était là qu'il devait la retrouver. Il y réussit; mais ce fut, dit-on, par l'effet du temps plutôt que par celui de la leçon. Le temps, pour guérir de l'amour, en sait beaucoup plus qu'Aristote.

Ce fabliau, attribué à un chanoine de Rouen, nommé Henri d'Andely, trouvère du treizième siècle, est un conte tiré d'un auteur arabe qui l'a intitulé : *le Vizir sellé et bridé*. J.-M. Chénier a remarqué avec raison que l'idée de substituer Aristote à un vizir vient de l'autorité même qu'Aristote avait acquise dans les écoles du moyen âge. Mais il a eu tort, suivant moi, de traiter cette idée d'absurde, car elle sortait en quelque sorte de l'esprit du temps, et ménageait au trouvère un moyen sûr de rendre plus frappante la moralité qu'il voulait offrir à ses contemporains, en introduisant dans sa fable comme acteur principal l'homme célèbre qui avait été, à leurs yeux, la plus haute personnification de la sagesse.

Du même fabliau est dérivée l'expression *faire le cheval d'Aristote*, pour désigner une pénitence qui est imposée dans le jeu du gage touché ou dans quelque autre semblable, et qui consiste à prendre la posture d'un cheval afin de recevoir sur son dos une dame qu'on est obligé de promener ainsi dans le cercle, où elle est embrassée tour à tour par tous les joueurs qui s'égayent aux dépens du pauvre patient qu'ils louent ironiquement à qui mieux mieux, les uns, de sa belle allure chevaline et les autres de sa bonne grâce à remplir le rôle d'intendant de leurs menus plaisirs.

Cette pénitence est une allusion à l'usage symbolique d'après lequel le vassal ou le vaincu se mettait aux pieds de son suzerain ou de son vainqueur, une bride à la bouche et une selle sur le dos. L'histoire offre plusieurs exemples de cet usage, depuis le fils du malheureux Psamménit, qui fut envoyé au supplice avec un mors dans la bouche par ordre de Cambyse (Hérodote, III, xiv), jusqu'à Hugues de Châlons qui, reconnaissant son impuissance contre l'armée des Normands, alla trouver le jeune duc Richard par qui elle était commandée, et se roula à ses pieds en signe de soumission, avec une selle de cheval sur les épaules. (*Chroniq. de Normandie.* Duc. vi, 337. — Guill. Gemet, liv. III, ch. iv.) C'est en vertu d'un pareil usage qu'Eustache de Saint-Pierre et cinq autres bourgeois de Calais se présentèrent à Édouard III, roi d'Angleterre, avec la corde au cou.

L'amour ôte le deuil.

L'amour est un sentiment passionné qui absorbe tous les autres : il asservit l'âme entière, il en devient l'objet unique, et comme il la rend indifférente aux plus grandes joies qui ne lui viennent pas de lui, il la console des plus vives afflictions dont il n'est pas le principe; il les lui fait même oublier. De là ce proverbe qui paraît avoir été suggéré par un passage charmant de la *Genèse*, où il est question de l'arrivée de Rébecca auprès d'Isaac, à qui elle était destinée pour épouse : « Isaac la fit entrer dans la tente de sa mère Sara et il la prit pour femme, et l'affection qu'il eut pour elle fut si grande qu'elle tempéra la douleur que la mort de sa mère lui avait causée. » (XXIV, 67).

Ces paroles bibliques, dont Chateaubriand, dans son *Génie du Christianisme*, a justement loué la simplicité, offrent une preuve orthodoxe qu'il est permis de chercher dans l'amour de doux oublis des peines de la vie, en tout honneur bien entendu.

On dit aussi : *L'amour est un grand consolateur.*

En amour trop n'est pas assez.

On sait que ce charmant proverbe a été formulé par Beaumarchais, qui a dit dans *le Mariage de Figaro* (act. IV, sc. I) : « En fait d'amour, vois-tu, trop n'est pas même assez. » Mais il faut remarquer pourtant que cet ingénieux auteur, en le formulant, peut avoir été inspiré par l'observation déjà faite sur toute passion extrême dont *les désirs*, suivant l'expression de Sénèque, *n'obtiendront tout que pour vouloir quelque chose de plus que tout*, ou par ce délicieux passage de Montesquieu dans *Arsace et Isménie* : « Lorsque l'amour renaît après lui-même, lorsque tout promet, que tout demande, que tout obéit, lorsque *l'on sent qu'on a tout et qu'on n'a pas assez*, lorsque l'âme semble s'abandonner et se porter au delà de la nature même, etc. »

Beaumarchais peut avoir eu encore l'idée d'enchérir sur cette maxime d'amour du comte de Bussy-Rabutin :

> Vous me dites que votre feu
> Est assez grand, belle Climène;
> Vous ignorez donc, inhumaine,
> Qu'*en amour assez est trop peu*,
> Cependant la chose est certaine.

> Ah ! si sur ce chapitre on croit les gens sensés,
> Quand on n'aime pas trop on n'aime pas assez.

Peut-être aussi a-t-il eu présent à l'esprit cet autre proverbe : *L'amour et le feu ne disent jamais : C'est assez.*

Du reste, c'est avec raison qu'on a fait honneur du proverbe à Beaumarchais, quoique la pensée puisse lui en avoir été suggérée par les pensées analogues que j'ai citées. Il a su reproduire cette pensée sous la forme la plus originale et la plus heureuse. Il a dit le vrai mot de l'amour.

Plus l'amour est nu, moins il a froid.

Ce proverbe se retrouve textuellement dans ce vers d'Owen (épigr. II, 88) :

Quo nudus magis est, hoc minus alget Amor.

et dans ce quatrain de Corneille :

> Depuis que l'hiver est venu,
> Je plains le froid qu'Amour endure,
> Sans songer que *plus il est nu*
> *Et tant moins il craint la froidure.*

Il faut interpréter ce proverbe décemment en n'y voyant qu'une idée analogue au mot d'Hésiode : « L'amour est le fils de la pauvreté, » ou celui de Diotime de Mégare : « L'amour est le fils du travail et de la pauvreté. » C'est-à-dire que les pauvres gens ressentent cette passion avec plus de vivacité que les riches. Ceux-ci peuvent y apporter plus de délicatesses et de raffinements, mais non autant de vives et franches ardeurs. Toutes les fleurs artificielles dont ils parent la couche de l'amour ne valent pas cette floraison naturelle qui semble éclore sur le grabat des indigents de la séve même de leur cœur. — On connaît ces vers de Béranger, qui forment un tableau si gracieux :

> Quel dieu se plaît et s'agite
> Sur ce grabat qui fleurit ?
> C'est l'Amour qui rend visite
> A la Pauvreté qui rit.

Alfred de Musset a dit avec une simplicité charmante au début de son conte intitulé *Simone* :

> Les gens d'esprit et les heureux
> Ne sont jamais bien amoureux :
> Tout ce beau monde a trop à faire.
> Les pauvres en tout valent mieux ;
> Jésus leur a promis les cieux,
> L'amour leur appartient sur terre.

Faire l'amour en toute saison est ce qui distingue l'homme des bêtes.

« Il n'est permis aux animaux de se livrer aux plaisirs de l'amour qu'en une saison de l'année. L'homme seul peut les goûter en tout temps jusque dans l'extrême vieillesse. » (*Entretien de Socrate*, I, 19).

Cette observation proverbiale a été réunie par Beaumarchais, d'une manière piquante et spirituelle, à une autre observation également proverbiale, dans cette phrase que le jardinier Antonio, pris de vin, adresse à la comtesse Almaviva : « Boire sans soif et faire l'amour en tout temps, madame, il n'y a que ça qui nous distingue des autres bêtes. » (*Mariage de Figaro*, act. II, sc. XXI).

On connaît la répartie de Mme de La Sablière à son oncle, qui la moralisait en lui disant : « Quoi ! ma nièce, toujours et toujours des amours ! mais les bêtes mêmes n'ont qu'un temps pour cela. — Eh! mon oncle, c'est que ce sont des bêtes. »

Ce mot plaisant, que l'on attribue aussi à d'autres dames galantes, n'est, comme la plupart des bons mots, qu'une redite. Il est cité par Macrobe, qui en fait honneur à l'esprit de Populia, fille de Marcus :

« *Populia, Marci filia, miranti cuidam quid esset qua propter bestiæ nunquam marem desiderarent, nisi cum prægnantes vellent fieri, respondit :* Bestiæ enim sunt. » (Saturn. II, 5.)

Voici des vers inédits qu'un de mes amis, M. L. de Fos, a improvisés sur ce sujet. Ils ne peuvent manquer de prêter de l'agrément à cet article :

> Des bêtes, a-t-on dit, ce qui distingue l'homme,
> C'est de faire l'amour en toutes les saisons.
> De ce mot si connu je sais plusieurs leçons,
>   Voici celle qui vient de Rome.
> La fille de Marcus, dans ses joyeux ébats,
> Aux jeunes débauchés prodiguait ses appas.
> « Quoi ! toujours, lui dit-on, des amours, des conquêtes !
> Les bêtes cependant n'ont qu'un temps pour cela.
>   — Oui, répondit Populia.
> Mais c'est qu'aussi ce sont des bêtes. »

L'amour et la pauvreté font mauvais ménage ensemble.

Le ménage le plus uni cesse de l'être quand il est pauvre ; la pauvreté tue l'amour. — Les Anglais disent : « *When poverty comes in at the door, loves flies out at the window.* Quand la pauvreté entre par la porte, l'amour s'envole par la fenêtre. » Proverbe que Shakespeare avait peut-être présent à l'esprit lorsqu'il disait dans le *Conte d'hiver :* « La prospérité est le plus sûr lien de l'amour. » (Act. IV, sc. III).

Notre proverbe est très-bien expliqué par Molière dans ces vers des *Femmes savantes* (act. V, sc. v.)

> Rien n'use tant l'ardeur de ce nœud qui nous lie
> Que les fâcheux besoins des choses de la vie ;
> Et l'on en vient souvent à s'accuser tous deux
> De tous les noirs chagrins qui suivent de tels feux.

On dit trivialement : *Quand il n'y a pas de foin au râtelier, les ânes se battent.*

Les lunettes sont des quittances d'amour.

C'est-à-dire qu'on doit n'aimer qu'à l'âge où l'on peut être aimé, et ne pas afficher la prétention de plaire aux belles quand on est réduit à porter des lunettes, ce qui arrive malheureusement à une époque de la vie où l'on a souvent le cœur en meilleur état que les yeux, et où l'on est d'autant plus à plaindre qu'en amour on se sent abandonner de tout sans qu'on veuille renoncer à rien.

On dit aussi : *Bonjour, lunettes ; adieu, fillettes ;* pour exprimer qu'il faut cesser de prétendre aux faveurs des jeunes filles quand on commence à prendre des lunettes.

Ce conseil était juste et convenable autrefois, où les lunettes n'étaient guère qu'à l'usage des vieillards ; mais on sent qu'il serait déplacé aujourd'hui à l'égard d'une foule de jeunes gens pour qui elles sont des objets de nécessité ou des objets de mode...

Il faudrait donc n'appliquer les deux proverbes qu'à ces vieux barbons qui, possédés de la manie de se poser en verts-galants, reluquent sans cesse avec des binocles ou des lorgnons les jouvencelles à qui ils savent si bien faire tourner la tête... de l'autre côté.

Remarquons, puisque l'occasion s'y adonne, que la mode des lunettes fut très-répandue en Espagne au commencement du dix-septième siècle, sous le règne de Philippe III. Elles y faisaient partie du costume des gens comme il faut, qui croyaient, par cette nouvelle espèce d'insignes, se donner plus de gravité et obtenir plus de considération. Elles étaient proportionnées au rang des personnes. Les grands du pays en mettaient de magnifiques dont les verres surpassaient en circonférence les piastres fortes, et ils y tenaient tant, dit-on, qu'ils ne les quittaient pas même pour se coucher.

Les dames, à leur tour, les avaient adoptées, parce que ce complément de parure signalait aussi la noblesse de leur condition et surtout parce qu'il offrait à leur vanité une foule d'avantages qu'il serait trop long de spécifier. Bornons-nous à rappeler qu'en général elles les arboraient comme enseignes des prétentions qu'elles voulaient afficher. Quelques-unes les portaient afin de passer pour lettrées ou savantes (c'étaient les précieuses de l'époque); beaucoup d'autres s'en servaient afin de mieux observer l'effet que leur présence pouvait produire dans les salons, et de mieux cacher aux regards indiscrets les sentiments dont elles se trouvaient affectées. Cette seconde catégorie comprenait la plupart des jeunes et jolies femmes.

Il est permis de supposer que les diverses espèces de lunettes avaient des noms correspondant à leurs divers usages. Un poëte gongoriste appelait celles qui cachaient de beaux yeux, *les couvre-feu de l'amour*.

L'amour ne loge point sous le toit de l'avarice.

Le *Code d'amour* dit, art. 10 : *Amor semper ab avaritiæ consuevit domibus exsulare.* Sentence dont notre proverbe est la reproduction.

Quoi de plus opposé à l'amour que l'avarice? Dans l'amour on est d'une prodigalité excessive, on ne s'occupe pas du tout de sa fortune : dans l'avarice, au contraire, on ne pense qu'à sa fortune. Si un avare aimait, il cesserait de l'être. « Un avaricieux même qui aime, dit Pascal, devient libéral; il ne se souvient pas d'avoir eu une habitude opposée. » (*Disc. sur les pass. de l'amour.*)

La faim fait oublier l'amour.

C'est ce que disait le philosophe Cratès, et il avait bien raison, car l'estomac maîtrise le cœur, et quand le besoin fait crier le premier, l'autre est réduit à se taire. Telle est la loi de la nature, à laquelle les amoureux les plus robustes ne sauraient échapper.

Il ne s'en trouverait pas un seul peut-être qui, dans ce cas, ne fût de l'avis de ce paysan à qui l'on demandait s'il aimait les femmes : « J'aime beaucoup une fort belle fille, répondit-il; mais j'aime encore mieux une fort bonne côtelette. » — Il n'y a point d'amour qui tienne contre la fringale.

On connaît ces vers de La Fontaine, dans *la Fiancée du roi de Garbe* :

On ne vit ni d'air ni d'amour,
Les amants ont beau dire et faire,
Il en faut revenir toujours au nécessaire.

Sans pain ni vin l'amour est vain.

C'est-à-dire l'*amour n'est rien*, comme porte une variante. Ce proverbe est une traduction familière de celui des Latins cité dans l'*Eunuque*, de Térence : «*Sine Cerere et Libero friget Venus*. (Act. IV, sc. VI.) Sans Cérès et Bacchus Vénus est transie.» — Il faut remarquer, à ce sujet, que l'amour n'était guère pour les anciens qu'un acte sensuel auquel ils préludaient par les bons mots et les bons vins, qui leur paraissaient les moyens les plus propres à l'exciter et à le favoriser. Ils le regardaient comme le couronnement de l'orgie. De là ces paroles de saint Jérôme, que je n'oserais même traduire, sur les débauchés qui avaient le cœur au ventre : *Distento ventre distenduntur ea quæ ventri adhærent.* — *Venter plenus despumat in libidinem.*

Les Romains avaient encore ce proverbe analogue, qui leur était venu des Grecs : « *Saturo Venus adest, famelico nequaquam adest.* Vénus où l'amour est pour celui qui a le ventre plein, et non pour celui qui l'a vide. »

Les Languedociens disent : « *Vivo l'amour ! maï qé iéou dînë.* Vive l'amour, mais que je dîne ! »

C'est exactement ce qu'on dit en français : *Vive l'amour après dîner !*

Après l'amour le repentir.

Hélas! nous ne pouvons aimer toujours, et bien souvent le repentir nous prend où l'amour nous laisse. « Les amours s'en vont et les douleurs demeurent, » dit le proverbe espagnol : *Vanse los amores y quedan los dolores.*

Un troubadour anonyme a comparé l'amour à l'églantier, dont les fleurs passent et tombent en peu de temps, tandis que les épines restent toujours.

Guarini a dit de l'amour dans son *Pastor fido* : « La racine en est douce et le fruit amer. *La radice e suave, il frutto amora.* »

La Rochefoucauld prétend que « il y a peu de gens qui ne soient honteux de s'être aimés, quand ils ne s'aiment plus. »

On fait l'amour, et quand l'amour est fait, c'est une autre paire de manches.

Tout le monde comprend ce que signifie ce proverbe, dont la dernière partie, devenue une locution à part, est continuellement répétée ; il rappelle un usage pratiqué au douzième siècle par des individus de sexe différent qui voulaient former ensemble un tendre engagement. Ils échangeaient une paire de manches comme gage du don mutuel qu'il se faisaient de leur cœur, et ils se les passaient aux bras en promettant de n'avoir pas désormais de plus chère parure, ainsi qu'on le voit dans une nouvelle du troubabour Vidal de Besaudun, où il est parlé de deux amants qui se jurèrent de *porter manches et anneaux l'un de l'autre.* Ces enseignes ou livrées d'amour, destinées à être le signe de la fidélité, devinrent presque en même temps celui de l'infidélité ; car toutes les fois qu'on changeait d'amour on changeait aussi de manches, et il arrivait même assez souvent que celles qu'on avait prise la veille étaient mises au rebut le lendemain. Vainement un autre proverbe recommandait de respecter cette sorte d'investiture d'amour par la manche en disant : « *La manega no i es gap, car senhals es de drudaria ;* la manche, ce n'est pas un badinage, car c'est un signal d'amourette. » Comme une pareille recommandation n'avait aucune force légale, chacun et chacune y contrevenaient à qui mieux mieux. Aussi tel ou telle qu'on s'était flatté de *tenir dans sa manche* s'en débarrassait au plus vite, sans le moindre scrupule, et, en définitive, c'*était toujours une autre paire de manches.*

Vieil amour, vieille prison.

Un vieil amour est un esclavage où l'on éprouve beaucoup de peines et d'ennuis. « Dans la vieillesse de l'amour comme dans celle de l'âge, dit La Rochefoucauld, on vit encore pour les maux, mais on ne vit plus pour les plaisirs. »

Ce proverbe est pris du latin : *Antiquus amor carcer est.* Il s'applique le plus souvent à l'amour conjugal, que les deux époux sont obligés de subir jusqu'à ce que mort s'ensuive, pour l'un ou l'autre. Aussi arrive-t-il quelquefois que le mari voit mourir sa femme ou la femme son mari du même œil qu'un prisonnier voit briser ses fers.

Philémon, poëte comique grec, a dit dans une de ses pièces : « Le mariage est une prison qui n'a de beau que la porte par laquelle on y entre, et de consolant que celle par laquelle on a vu la mort faire sortir la personne avec qui on avait fait son entrée. »

Ce Philémon était bien loin de penser comme son homonyme, le mari de Baucis, tendrement aimée de lui, ainsi qu'il fut aimé d'elle jusque dans l'extrême vieillesse. La Fontaine a dit de ces deux modèles de l'amour conjugal.

> Ni le temps, ni l'hymen, n'éteignirent leur flamme.
> . . . .
> L'amitié modéra leurs feux sans les détruire,
> Et par des traits d'amour sut encor se produire.

L'amour meurt rarement de mort subite.

Il meurt presque toujours d'une maladie de langueur, beaucoup plus longue que ne le voudrait ceux qui en sont atteints. C'est une observation qu'ont faite plusieurs poëtes érotiques.

> *Difficile est longum subito deponere amorem.*
> (Catulle.)
> Il est difficile de se défaire tout à coup d'un long amour.

> *Longus at invito pectore sedet amor.*
> (Ovide.)
> Mais le cœur malgré lui conserve un long amour.

Cette ténacité de l'amour chez des personnes qui ne demanderaient pas mieux que d'en être affranchies est produite par l'habitude, par la paresse de changer, par la difficulté de former une nouvelle liaison, par l'impossibilité de vivre seul, et par beaucoup d'autres causes qui font qu'on a bien de la peine à rompre quand on ne s'aime déjà plus, et à plus forte raison quand on s'aime encore un peu. « Tant que l'amour dure, dit La Bruyère, il subsiste de lui-même et quelquefois par les choses qui semblent le devoir éteindre, par les caprices, par les rigueurs, par l'éloignement, par la jalousie » (ch. IV, *du Cœur*). L'indignité même de l'objet qui l'a inspiré ne parvient pas toujours à lui donner une mort soudaine, comme le dit très-bien ce vers de Saurin :

Longtemps on aime encore en rougissant d'aimer.

On l'a justement comparé au feu grégeois qui brûle sous les flots de la mer, et à la chaux vive que l'eau dont on l'arrose allume ou met en ébullition. Pauvres belles délaissées, n'espérez pas l'éteindre à force de pleurer. Toutes ces larmes qui vous retombent sur le cœur ne servent qu'à le rendre plus ardent.

C'est le temps, et non la volonté, qui met fin à l'amour, dit le proverbe latin :

Amori finem tempus, non animus facit.
(P. Syrus.)

Il n'y a qu'un pas de l'amour à la dévotion.

Cela se dit surtout en parlant des femmes d'un certain âge qui, voyant les amants se détourner d'elles, tournent du côté des litanies. Cette transition d'une vie galante à une vie dévote ne leur paraît pas agréable sans doute, et elles la diffèrent tant qu'elles peuvent, mais le respect humain l'exige, et, faisant de nécessité vertu, elles franchissent enfin le pas moins difficilement qu'elles ne pensaient le faire. La raison en est toute simple ; c'est que le point d'où elles partent confine à celui où elles vont, et que passer de l'un à l'autre n'est souvent pour la plupart d'entre elles qu'aller du même au même; car leur amour ne change point de nature pour être coulé dans le moule de la dévotion.

Saint-Évremont a très-bien dit, dans un chapitre dont le titre porte que la *Dévotion est le dernier de nos amours*: « La pénitence ordinaire des femmes, à ce que j'ai pu observer, est moins un repentir de leurs péchés qu'un regret de leurs plaisirs ; en quoi elles sont trompées elles-mêmes, pleurent amoureusement ce qu'elles n'ont plus, quand elles croient pleurer saintement ce qu'elles ont fait. »

On pourrait appliquer à leur conversion le joli mot proverbial des Italiens sur celles qui abjurent une hérésie pour une autre, ou qui passent d'une fausse religion à une autre également fausse : « C'est, disent-ils, changer de chambre dans la maison du diable. *Cambiare di stanza nella casa del diavolo.* »

Quand l'amour s'en va, c'est pour ne plus revenir.

Le *Code d'amour* a exprimé la même idée en ces termes : *Si amor minuatur, cito deficit, et raro convalescit,* article 19. « Si l'amour diminue, il dépérit vite, et rarement il se rétablit. »

La Rochefoucauld dit dans une de ses pensées : « Il est impossible d'aimer une seconde fois ce qu'on a véritablement cessé d'aimer. »

> Vif attrait, charme inexprimable,
> Le cœur s'épuise à le sentir.
> Pourrait-il d'un feu qui dévore
> Éprouver deux fois les effets ?
> Les cendres s'échauffent encore,
> Mais ne se rallument jamais. (Andrieux.)

Un nouvel amour en remplace un ancien, comme un clou chasse l'autre.

Ou plus simplement par la substitution d'une métaphore allégorique à la comparaison : *Un clou chasse l'autre.* Ce proverbe se trouve dans la phrase suivante de la quatrième *Tusculane* de Cicéron : *Novo amore veterem amorem tanquam clavo clavium ejiciendum putant.* « Ils pensent qu'un nouvel amour doit remplacer un ancien amour comme un clou chasse l'autre. »

Novus amor veterem compellit abire.
(Art. XVII du *Code d'amour*.)

Louis Racine, dans le chant VI de son poëme *de la Religion*, a écrit ces quatre vers qui expriment très-bien le sens du proverbe, qu'il ne pouvait citer textuellement :

Le cœur n'est jamais vide. Un amour effacé
Par un nouvel amour est toujours remplacé,
Et tout objet qu'efface un objet plus aimable,
Sitôt qu'il est chassé, nous paraît haïssable.

Lorsque Longchamp, secrétaire de Voltaire, lui remit la bague qu'il avait eu la précaution d'ôter du doigt de la marquise de Châtelet qui venait de mourir, et dans laquelle devait se trouver le portrait du poëte, il lui dit et lui fit voir que ce portrait avait été remplacé par celui de Saint-Lambert : « O ciel ! s'écria Voltaire, en joignant les deux mains, voilà bien les femmes ! j'en avais chassé Richelieu ; Saint-Lambert m'en a chassé. Cela est dans l'ordre, *un clou chasse l'autre*. Ainsi vont les choses dans ce monde. »

Duclos a dit de l'amour qui se porte vers plusieurs objets et peut se remplacer par un autre : « Un tel amour n'est pas fort délicat, mais il est heureux, et le bonheur fait la gloire de l'amour. »

Cette maxime sent bien son auteur, à qui une dame du beau monde reprochait justement de se contenter de la première venue. Il y a une satisfaction sensuelle dans ces amours rapidement remplacés l'un par l'autre; mais s'il n'y a point de bonheur, il y a encore moins de gloire; et si quelque animal du troupeau d'Épicure prétend à une couronne pour les faciles succès qu'il a obtenus en ce genre, il faut lui en donner une faite des lauriers des jambons de ses confrères de Mayence.

L'amour fait passer le temps, et le temps fait passer l'amour.

En d'autres termes, il n'est rien de tel que l'amour pour tuer le temps, et rien de tel que le temps pour tuer l'amour.

Le comte de Ségur, donnant au verbe *passer* un sens différent de celui qu'il a ici, a fait sur ce proverbe l'allégorie suivante :

> A voyager passant sa vie,
> Certain vieillard, nommé le Temps,
> Près d'un fleuve arrive et s'écrie :
> « Ayez pitié de mes vieux ans.
> Eh quoi ! sur ces bords on m'oublie,
> Moi, qui compte tous les instants !
> Mes bons amis, je vous supplie,
> Venez, venez passer le Temps. »
>
> De l'autre côté, sur la plage,
> Plus d'une fille regardait,
> Et voulait aider son passage
> Sur un bateau qu'Amour guidait;
> Mais une d'elles, bien plus sage,
> Leur répétait ces mots prudents :
> « Ah ! souvent on a fait naufrage
> En cherchant à passer le Temps. »
>
> L'Amour gaîment pousse au rivage,
> Il aborde tout près du Temps ;
> Il lui propose le voyage,
> L'embarque, et s'abandonne au vent.

Agitant ses rames légères,
Il dit et redit dans ses chants :
« Vous voyez bien, jeunes bergères,
Qu'Amour a fait passer le Temps. »

Mais tout à coup l'Amour se lasse,
Ce fut toujours là son défaut ;
Le Temps prend la rame à sa place,
Et lui dit : « Quoi ! céder sitôt !
Pauvre enfant, quelle est ta faiblesse !
Tu dors et je chante à mon tour
Ce vieux refrain de la sagesse :
« Ah ! le Temps fait passer l'Amour. »

Le succès trop facile rend l'amour méprisable.

Proverbe tiré de l'article 14 du Code d'amour : « *Facilis perceptio contemptibilem reddit amorem.* C'est la difficulté qui fait le bonheur et le charme de l'amour. » Les faveurs d'une belle, dit Mme de Genlis, n'ont de prix que lorsqu'elles sont arrachées. On n'en jouit qu'en les dérobant.

L'amour apprend les ânes à danser.

La légèreté et la souplesse singulières avec lesquelles les ânes, au mois de mai, bondissent et se trémoussent dans la prairie auprès des ânesses, ont donné lieu à ce proverbe, dont le sens métaphorique est que l'amour polit le naturel le plus inculte.

On voit en effet de vrais rustres qui, sous l'influence de cette passion, parviennent à se défaire de leurs instincts grossiers, de leurs habitudes brutales, et y substituent des manières agréables, des mœurs courtoises, que leur communiquent des femmes aimables auxquelles ils cherchent à plaire.

L'amour porte avec soi la musique.

On dit aussi : *L'amour enseigne la musique*. — Les amants aiment à chanter leurs plaisirs et leurs peines. De là ce proverbe qu'on trouve expliqué dans les *Symposiaques* de Plutarque, liv. I, quest. v.

> *Primus amans carmen vigilatum nocte negata*
> *Dicitur ad clausas concinuisse fores;*
> *Eloquiumque fuit duram exorare puellam.*
> (Ovide, *Fast.* IV.)

« Un amant, dit-on, dans une nuit refusée à ses vœux, chanta le premier des vers devant la porte fermée de sa maîtresse, et l'éloquence ne fut d'abord que l'art d'attendrir une cruelle. »

Les Anglais disent : « *Love whas the mother of poetry*. Amour engendre poésie, » ce qui a été ingénieusement développé dans le *Spectateur* d'Addison, n. 377 :

> Le chant des premiers vers exprima : *Je vous aime.*
> (Saint-Lambert.)

L'amour est comme un flambeau, plus il est agité, plus il brûle.

Cette comparaison proverbiale est prise du vers suivant de P. Syrus, qui dit l'*amant*, et non l'*amour* :

> *Amans ita ut fax, agitando ardescit magis.*

Elle est parfaitement juste : « Les âmes propres à l'amour, dit Pascal, demandent une vie d'action qui éclate en événements nouveaux. Comme le dedans est mouvement, il faut aussi que le dehors le soit, et cette manière de vivre est un merveilleux acheminement à la passion. C'est de là que ceux de la cour sont mieux reçus dans l'amour que ceux de la ville, parce que les uns sont tout de feu, et que les autres mènent une vie dont l'uniformité n'a rien qui frappe : la vie de tempête surprend, frappe et pénètre. » (*Discours sur les passions de l'amour.*)

L'abbé de Bernis a dit aussi, d'une manière jolie : « Connaissez-vous un feu qui prend toutes les formes que le souffle lui donne, qui s'irrite, qui s'affaiblit, selon que l'impression de l'air est plus vive ou plus modérée? il se sépare, il se réunit, il s'abaisse, il s'élève; mais le souffle puissant qui le conduit ne l'agite que pour l'animer, et jamais pour l'éteindre. L'amour est ce souffle; nos âmes sont ce feu. » (*Réflexions sur l'amour.*)

Les femmes savent très-bien que celui qui aime ne conserverait pas longtemps son ardeur si elle restait inactive, et qu'il a besoin pour l'entretenir, pour l'enflammer, d'une vie d'agitation, de remuement et de secousses, enfin *d'une vie de tempête*. Aussi remarquez avec quels soins prévoyants elles s'appliquent à préserver leurs adorateurs des dangers du calme, à les tenir constamment en haleine par la nouveauté des impressions qu'elles leur font éprouver, à les faire passer rapidement et sans relâche d'une situation paisible à une situation émouvante, à leur *faire voir du pays*, comme on dit.

Hommes peu clairvoyants, qui leur reprochez d'agir ainsi par coquetterie, par humeur, par caprice, par bizarrerie, etc., ne nommerez-vous jamais les choses par leur vrai nom, et les jugerez-vous toujours sur les apparences? Reconnaissez donc que toutes ces manières d'être, qui vous semblent d'étranges inégalités de caractère, ne sont, la plupart du temps, chez ces enchanteresses, que des procédés d'un art merveilleux par lequel elles veulent se rendre plus aimables et plus aimées, en renouvelant sans cesse leur beauté par des changements inattendus, ainsi que vos cœurs, par des désirs variés, et, loin de les accuser de troubler votre repos, rendez-leur la grâce de multiplier vos sensations pour vous sauver des ennuis de la monotonie.

Baiser le verrou.

S'est dit pour rendre hommage, par allusion à un usage féodal qui voulait que le vassal se présentât chez son seigneur pour lui rendre hommage, et, en son absence, baisât la serrure ou le verrou de la porte du manoir seigneurial. (*Cout. d'Auxerre*, art. 44; —*de Sens*, art. 181, — et *de Berry*, tit. v, art. 10.) Mais ce n'est pas sous ce rapport que je place ici cette expression proverbiale ; c'est pour rappeler que le fait qu'elle signale avait lieu également dans l'amoureux servage. Il n'était pas de bon *serviteur*[1], ou servant d'amour, qui négligeât d'honorer la dame de ses pensées par un semblable témoignage de dévouement, quand il n'avait pas l'avantage d'être admis en sa présence. Les amoureux transis (voyez plus loin cette expression) ne manquaient jamais de baiser la serrure ou le verrou de la porte devant laquelle ils allaient chaque jour soupirer leur martyre.

[1]. Le mot *serviteur* était autrefois synonyme d'amant, comme on peut le voir dans la vingt-sixième des *Cent Nouvelles nouvelles*, dans les dixième, douzième, quatorzième, dix-neuvième, et vingt-quatrième nouvelles de l'*Heptaméron* de la reine de Navarre, et dans le *Roman bourgeois*, de Furetière. J.-J. Rousseau lui a conservé cette acception dans le *Devin du village*, où Colette chante : *J'ai perdu mon serviteur*. Au reste, la même synonymie existait dans plusieurs langues, notamment en anglais. Voyez dans Shakespeare la scène première de l'acte deuxième des *Deux Gentilshommes de Vérone*.

Les amants, à Rome, se conduisaient aussi de cette manière, comme nous l'apprend Lucrèce, vers la fin du livre IV de son poëme.

At lacrymans exclusus amator limine sæpe
Floribus et sertis operit postesque superbos
Unguit amaricino, et foribus miser oscula figit.

Cependant, l'amant en larmes, à qui l'accès est interdit, orne sa porte de fleurs et de guirlandes, répand des parfums sur les poteaux dédaigneux, et imprime sur le seuil de tristes baisers.

Cela se faisait de même en signe d'adieu, lorsqu'on s'éloignait avec regret d'un lieu chéri.

Rutilius, exprimant la douleur qu'il ressentait de partir de Rome, a dit :

Crebra relinquendis infigimus oscula portis.
Nous imprimons de fréquents baisers aux portes qu'il faut quitter.

L'amour et la gale ne se peuvent cacher.

L'un et l'autre ont des démangeaisons irrésistibles qui les font bientôt découvrir. Les Anciens disaient : « *Amor tussisque non celatur*. L'amour et la toux ne se peuvent céler. » Proverbe cité par Gilbert Cousin (Gilbertus Cognatus), qui dit l'avoir trouvé dans Antiphane le Comique, et dans Athénée.

L'amour et le musc ne peuvent rester ignorés.
(Proverbe indoustani.)

Les Danois disent : « La pauvreté et l'amour sont difficiles à cacher. *Armed og kiarleghid er ond at dölge.* »

« L'amour est un de ces maux qu'on ne peut cacher ; un mot, un regard indiscret, le silence même le découvre. » (Abeilard).

« L'amour est si puissant, dit le romancero espagnol,

et ses effets sont tels que les yeux le publient, encore que la langue le taise. »

On connaît ces vers de Racine :

> On a beau se cacher, l'amour le plus discret
> Laisse par quelque marque échapper son secret.
> (*Bajazet*, act. III, sc. VIII.)

> L'amour n'est pas un feu qu'on renferme en une âme ;
> Tout nous trahit, la voix, le silence, les yeux,
> Et les feux mal couverts n'en éclatent que mieux.
> (*Androm.*, act. II, sc. II.)

L'amour divulgué est rarement de durée.

Il en est de l'amour comme d'un parfum qui se conserve quand on le tient renfermé, et qui se gâte quand on l'évente. Ce proverbe est une traduction littérale de l'article treizième du *Code d'amour* : *Amor raro consuevit durare vulgatus.*

Nous avons encore cette triade proverbiale : *Le secret, le vin et l'amour, ne valent rien quand ils sont éventés.*

Le secret est la garde la plus assurée de l'amour.

C'est-à-dire que l'amour se conserve mieux quand il est tenu secret. Cette idée est sous une autre forme celle du proverbe précédent, dont le commentaire peut s'appliquer à celui-ci ; qu'on me permette seulement d'y joindre cette chanson sur l'amour discret :

> L'amour dans l'ombre du mystère,
> Se plaît à cacher ses secrets.
> Il fuit le jour qui les éclaire,
> Et punit les cœurs indiscrets.
> Au silence qu'il nous impose
> Soumettons notre vanité,

Si nous voulons cueillir la rose
Que nous garde la volupté.

L'amant trop fier de sa victoire,
Qui partout vante son bonheur,
Sacrifie à la vaine gloire
Bien du plaisir pour peu d'honneur.
Du triomphe qu'il se propose,
Le sentiment n'est point l'objet,
Et, quand il veut cueillir la rose,
Elle échappe au bruit qu'il a fait.

Si, par son frivole étalage,
L'indiscret perd l'heureux moment,
Le jaloux, farouche et sauvage,
Ne l'obtient point par son tourment;
Par son humeur il indispose,
Il obsède par son ennui,
Et, quand il veut cueillir la rose,
Il n'a que l'épine pour lui.

O toi qui veux plaire à ta belle,
Sache prévenir ses désirs.
Veux-tu qu'elle te soit fidèle?
Sache occuper tous ses loisirs.
Sur tous vos plaisirs bouche close,
Avec soin garde ton secret.
L'amour ne destine la rose
Qu'à l'amant sincère et discret.

L'amour est le frère de la guerre.

C'est-à-dire que l'amour et la guerre se ressemblent sous beaucoup de rapports : l'un et l'autre ont leurs combats qui se renouvellent chaque jour, avec une tactique à peu près pareille, pour obtenir une victoire suivie d'une trêve plus ou moins longue, après laquelle une autre lutte recommence. Écoutez l'éternelle chanson des poëtes érotiques ; vous croirez par moments entendre un chant guerrier ; la plupart des termes caractéristiques en sont militaires : *blessé, blessure, vaincu, vainqueur, victoire, triomphe, chaîne, conquête,* etc.

Ovide a dit, dans le second livre de l'*Art d'aimer* : « L'amour est une sorte de guerre, » *Militiæ species amor est;* et dans la neuvième élégie du premier livre des *Amours* :

Militat omnis amans, et habet sua castra Cupido.
Tout amant est soldat, et l'Amour a ses camps.

L'amour est le frère de la haine.

L'amour et la haine pour le même objet naissent assez souvent dans le même cœur, et s'y font sentir par des emportements, des malédictions, des violences, et d'autres effets communs à l'une et à l'autre passion. De là vient sans doute qu'on a regardé l'amour et la haine comme frère et sœur. Mais l'amant livré à leur double influence ne hait pas précisément. Il hait et aime tout ensemble, comme dit ce proverbe des anciens cité par Gilbert Cousin : *Non odi, odi et amo.* C'est ce qu'exprime très-bien la charmante épigramme de Catulle à Lesbie.

Odi et amo. Quare id faciam fortasse requiris?
Nescio : sec fieri sentio, et excrucior.

J'aime et je hais. — Comment est-ce possible ? diras-tu. — Je ne sais, mais je le sens, et je souffre.

L'amour est le frère de la haine, peut s'expliquer aussi par cette pensée de La Bruyère : « On veut faire tout le bonheur, ou, si cela ne se peut, tout le malheur de ce qu'on aime. »

Ô amour, ô tumultueux amour, ô amoureuse haine !
(Shakespeare, *Roméo et Juliette.*)

A battre faut l'amour.

Faut est ici la troisième personne de l'indicatif du verbe *faillir*, et ce proverbe, tiré du latin, *injuria solvit amorem*, signifie que les mauvais traitements font cesser l'amour. — Cependant le cas n'est point sans exception. On sait que les femmes moscovites mesuraient l'amour qu'elles inspiraient à leur mari sur la violence avec laquelle elles étaient battues, et qu'il n'y avait ni paix ni contentement pour elles avant d'avoir éprouvé la pesanteur du bras marital. *Experientia testatur feminas moscoviticas verberibus placari.* (Drex., *de Jejunio*, lib. I, cap. II.)

Une chanson d'un troubadour anonyme attribue le même goût aux filles de Montpellier.

> Las castanhas al brasier
> Peton quan no son mordudas ;
> Las fillas de Mounpelier
> Ploron quan no son battudas.

Ce qu'un ancien troubadour a rendu vers pour vers de cette manière :

> Les châtaignes au brasier
> Pètent quand ne sont mordues ;
> Les filles de Montpellier
> Pleurent quand ne sont battues.

On voit dans le *Voyage en Grèce* de Pouqueville que les femmes albanaises considèrent comme des marques d'amour les coups qu'elles reçoivent de leur mari.

Dans plusieurs tribus arabes, les épouses préférées se désolent lorsque les maris laissent reposer le bâton, parce que, dans ce cas, le divorce n'est pas loin.

Guillaume le Bâtard, duc de Normandie, si connu

dans l'histoire sous le nom de Guillaume le Conquérant, fit longtemps une cour assidue à Mathilde de Flandre, qui le traitait avec une froideur dédaigneuse. L'ayant rencontrée, en 1047, dans une rue de Bruges, lorsqu'elle revenait de la messe, il la saisit, la renversa, la roula dans la boue, et la battit outrageusement. La jolie Mathilde, soit que cette déclaration d'amour un peu brutale la convainquît de la violente passion de son amant, soit que la peur de le voir réitérer la même scène la disposât mieux pour lui, le traita désormais avec moins de rigueur, et consentit enfin à l'épouser en 1052. Les deux époux devinrent des modèles de tendresse conjugale. Cette anecdote est rapportée dans la *Vie de la reine Mathilde*, etc., par Shickland, t. I, ch. I.

Au reste, la violence dont usa Guillaume envers Mathilde était une conséquence logique de la passion qu'il avait pour elle, et on a vu maintes fois, avant lui et après lui, plus d'un amoureux dédaigné outrager publiquement sa belle inhumaine dans l'espérance qu'un tel outrage, l'empêchant de trouver un autre époux, elle consentirait enfin à s'unir avec lui.

Il y a encore une exception très-remarquable au proverbe, et ce sont les deux amants les plus célèbres qui l'ont fournie. Abeilard fustigeait quelquefois son Héloïse, qui ne l'en aimait pas moins. Lui-même, parlant à elle-même, rappelle la chose dans une de ses lettres, où il confesse d'un cœur contrit les scandaleux excès de sa passion immodérée : « *In ipsis diebus dominicæ Passionis, te nolentem ac dissuadentem sæpius minis ac flagellis ad consensum trahebam.* Les jours mêmes de la **Passion du Seigneur**, lorsque tu me refusais ce que je demandais ou que tu m'exhortais à m'en priver, ne t'ai-je pas souvent forcée par des menaces et des coups de fouet à céder à mes désirs ? »

Ausone avait deviné le cœur d'Héloïse, lorsqu'il disait en peignant les qualités d'une maîtresse accomplie (épigr. LXVII) : « Je veux qu'elle sache recevoir des coups, et qu'après les avoir reçus elle prodigue ses caresses à son amant. »

L'auteur des *Mémoires de l'Académie de Troyes*, facétie spirituelle attribuée au comte de Caylus, mais que l'on croit plus généralement être de Grosley, a examiné d'une manière plaisante jusqu'à quel point est fondée l'opinion que battre est une preuve d'amour. Voyez dans cet ouvrage (pages 205 et suivantes) la *Dissertation sur l'usage de battre sa maîtresse*.

Après tant de faits généraux et particuliers, qui contredisent le proverbe, ne serait-on pas tenté de croire qu'il est l'expression d'une opinion erronée, et que Sganarelle a raison de dire à sa femme, à laquelle il vient de donner des coups : « Ce sont petites choses qui sont de temps en temps nécessaires dans l'amitié, et cinq ou six coups de bâton entre gens qui s'aiment ne font que ragaillardir l'affection. » (*Médecin malgré lui*, act. Ier, sc. III.)

Heureux au jeu, malheureux en amour.

La passion du jeu captive celui qui s'y livre en proportion du gain qu'il y trouve, et lui fait oublier tout le reste. Dans cette situation il néglige sa maîtresse, et celle-ci se dédommage par des infidélités; telle est probablement la raison de ce proverbe, qui doit être fort ancien puisque le troubadour Bérenger de Puivert l'a rappelé dans les vers suivants :

Pois de datz no sui aventuros
Ben degra aver calque domna conquisa.

Puisque je n'ai point de chance aux dés, je devrais bien avoir quelque dame conquise.

Nous avons encore cet autre proverbe corrélatif : *Malheureux au jeu, heureux en amour*, lequel est fondé sur la supposition que le joueur maltraité de la fortune revient à sa belle, dont la reconnaissance et la fidélité font son bonheur. Supposition fréquemment démentie. Quoi qu'il en soit, tous les joueurs ressemblent à celui de Regnard, qui oublie sa belle Angélique lorsqu'il gagne, et lui adresse des invocations quand il a perdu.

Filer le parfait amour.

C'est nourrir longtemps un amour tendre et romanesque. — Cette façon de parler fait allusion à la conduite d'Hercule filant aux pieds de la reine Omphale. Elle fut probablement introduite dans notre langue à l'époque où les confrères de la Passion représentaient le mystère d'*Hercule* sur leur théâtre. On sait que ce titre de mystère, consacré à certains ouvrages dramatiques, s'appliquait à un sujet profane comme à un sujet religieux.

L'amour se paye par l'amour.

Ce proverbe se retrouve textuellement dans celui des Basques, *Maitazeac, maitaze du harze*. Il peut avoir inspiré à Ninon de Lenclos le mot suivant, qui en est le commentaire : « L'amour est la seule passion qui se paye d'une monnaie qu'elle fabrique elle-même, et l'amour seul peut acquitter l'amour. »

Plus il y a paroles en amour, et moins y sied.

« En amour, dit Pascal, un silence vaut mieux qu'un langage. Il est bon d'être interdit. Il y a une éloquence de silence qui pénètre plus que la langue ne saurait faire. Qu'un amant persuade bien sa maîtresse, quand il est interdit, et que d'ailleurs il a de l'esprit ! Quelque vivacité que l'on ait, il est bon, dans certaines rencontres, qu'elle s'éteigne. Tout cela se passe sans règle et sans réflexion, et quand l'esprit le fait il n'y pensait pas auparavant. C'est par nécessité que cela arrive. » (*Discours sur les passions de l'amour*).

Ce silence qui survient tout à coup sans qu'on y pense, qui résulte, non d'un calcul, mais de la nécessité, est le plus tendre et le plus vrai langage des amants. Aucun discours ne rendrait aussi bien ce qu'ils sentent. Les paroles ne peuvent être que des signes d'une faible passion : elles sont comme ces bluettes qui ne jaillissent guère que d'un feu peu ardent. « Celui qui peut dire combien il aime, s'écrie Pétrarque, n'a qu'une petite ardeur. »

Chi puo dir com'egli arde, e un picciol fuoco.
(*Sonetto* 137.)

L'amour s'introduit sous le nom de l'amitié.

C'est-à-dire que l'amitié entre homme et femme mène très-souvent à l'amour, ou, dans un autre sens, que celui qui veut se rendre maître du cœur d'une belle doit préluder au rôle d'amant par le rôle d'ami.

C'est la tactique recommandée dans *l'Art d'aimer* d'Ovide, vers la fin du premier livre d'où le proverbe est pris. Le poëte engage le jeune homme qui aspire à la conquête d'une femme à ne montrer aucun espoir d'y réussir, de peur de l'effaroucher ; « Que l'amour, dit-il, s'introduise sous le nom d'amitié. »

Intret amicitiæ nomine tectus amor.

« J'ai vu, ajoute-t-il, plus d'une beauté farouche dupe de ce manége, et son ami devenir bientôt son amant. »

Si l'amour est produit par une amitié feinte, il doit l'être à plus forte raison par une amitié réelle. Il y a de cette amitié à l'amour une pente qui entraîne, et l'on s'y laisse aller avec d'autant plus de facilité que le passage du premier sentiment au second, ou plutôt la fusion des deux ajoute à l'affection un surcroît de délices.

Voici quelques lignes charmantes de Mlle de Scudéri sur cet état :

« Lorsque l'amitié devient amour dans le cœur d'un amant, ou, pour mieux dire, lorsque cet amour se mêle à l'amitié sans la détruire, il n'y a rien de si doux que cette espèce d'amour, car tout violent qu'il est, il est pourtant toujours un peu plus réglé que l'amour ordinaire ; il est plus durable, plus tendre, plus respectueux et même plus ardent, quoiqu'il ne soit pas sujet à tant de caprices tumultueux que l'amour qui naît sans amitié. On peut dire, en un mot, que l'amour et l'amitié se mêlent comme deux fleuves dont le plus célèbre fait perdre le nom de l'autre. »

Un sot, en amour, va plus vite et plus loin qu'un homme d'esprit.

Les femmes, en général, sont plus sensibles aux déclarations amoureuses d'un sot qu'à celles d'un homme d'esprit; car elles se persuadent volontiers que le premier a plus d'amour qu'il n'en exprime, et elles savent très-bien que le second en exprime toujours plus qu'il n'en a. La difficulté de l'un à s'expliquer passe à leurs yeux pour l'effet d'un saisissement produit par leurs charmes, et leur amour-propre en est infiniment touché, tandis que la facilité de l'autre à débiter de galants propos où l'art se montre plus que le naturel, où l'imagination a plus de part que le cœur, les avertit qu'il joue un personnage qui cherche à leur en imposer, et qu'elles doivent se défier de lui. Elles peuvent être déçues par les illusions qu'elles se font elles mêmes, mais elles ne sont presque jamais dupes des beaux diseurs. Au reste, il est tout simple que celui à qui la parole fait défaut leur paraisse plus amoureux que celui qui parle beaucoup. L'amour muet n'est-il pas le moins menteur?

Un autre motif qui les porte également à préférer le sot à l'homme d'esprit, c'est qu'elles le supposent plus maniable, et se flattent de le gouverner plus aisément.

Peut-être aussi leur détermination en sa faveur est-elle due en partie à la secrète influence de quelques raisons inspirées par un sentiment peu platonique... Mais ces raisons-là, je ne les examinerai point, afin de ne pas trop m'écarter d'un précepte de goût autant que de décence, qui recommande de ne jamais tout dire, et je laisserai aux lecteurs le soin de s'expliquer, sous ce rapport, le penchant de la belle pour la bête.

L'amour est de tous les âges.

On dit que la vieillesse, affaiblissant et changeant même les organes, rend incapable d'aimer; mais on voit trop de vieilles personnes affriandées à l'amour pour ne pas croire à la vérité de ce proverbe, qu'il faut entendre dans le même sens que ces deux autres, expliqués plus haut : *Le cœur ne vieillit pas. — Le cœur n'a point de rides.*

On ne peut être aimé à tout âge, mais à tout âge on peut aimer, et l'on a toujours des raisons de le faire. Je ne veux pas énumérer ces raisons, plus nombreuses chez les femmes que chez les hommes, et je me contente de rappeler celles qu'a données Mme d'Houdetot dans ce charmant huitain où elle a esquissé en quelques traits pleins de grâce et de poésie l'histoire de son cœur aimant :

> Jeune, j'aimai; le temps de mon bel âge,
> Ce temps si court, l'amour seul le remplit.
> Quand j'atteignis la saison d'être sage,
> Encor j'aimai; la raison me le dit.
> Me voici vieille, et le plaisir s'envole;
> Mais le bonheur ne me quitte aujourd'hui,
> Car j'aime encor, et l'amour me console :
> Rien ne saurait me consoler de lui.

L'amour fait les vieilles trotter.

Et si bien trotter que rien ne les arrête. Il y a un assez grand nombre de trotteuses de cette espèce, qui ne craindraient pas d'*user leurs jambes jusqu'aux genoux* pour arriver au but où elles espèrent trouver ce qu'elles ne se lassent jamais de chercher.

Le comte de Bussy-Rabutin raconte qu'une d'elles

parcourait un soir, à grands pas, les galeries de Fontainebleau, sans doute à la poursuite de quelque page, lorsqu'elle se trouva face à face avec le chevalier de Rohan qui lui dit : « Madame, que cherchez-vous ? — Ce n'est pas vous, répondit-elle, en allant plus vite encore. — Oh! répliqua-t-il, je ne voudrais pas avoir perdu ce que vous cherchez. »

L'amour est le roi des jeunes gens et le tyran des vieillards.

C'est ce que disait Louis XII, qui avait appris la chose par sa propre expérience, quoiqu'il ne fût que dans le commencement de la vieillesse quand il mourut des suites de son troisième mariage. Ce mot passa en proverbe pour signifier que l'amour réserve ses douceurs pour les jeunes gens, et qu'il ne cause que des peines aux vieillards.

L'amour sied bien aux jeunes gens, et déshonore les vieillards.

C'est à peu près la pensée exprimée dans ce vers de Labérius :

Amare juveni fructus est, crimen seni.

Suivant Ovide, Vénus en cheveux blancs est ridicule :

Est in canitie ridiculosa Venus.

Le même poëte condamne l'amour sénile comme chose honteuse : *Turpe senilis amor.*

« C'est une grande difformité dans la nature qu'un vieillard amoureux. » (La Bruyère, ch. XI.)

L'amour, chez le vieillard, est-il donc une énormité si odieuse, et mérite-t-il d'être flétri comme un crime? C'est une question que Saint-Évremont me paraît avoir traitée et résolue d'une manière charmante. Voici ce que dit cet aimable épicurien, qui se plaisait à réchauffer l'hiver de sa vie de quelques rayons de feu de son printemps. « Vous vous étonnez mal à propos que les vieilles gens aiment encore, car leur ridicule n'est pas à se laisser toucher, c'est à prétendre imbécilement de pouvoir plaire. Pour moi, j'aime le commerce des belles personnes autant que jamais; mais je les trouve aimables sans dessein de m'en faire aimer. Je ne compte que sur mes sentiments, et cherche moins avec elles la tendresse de leur cœur que celle du mien... Le plus grand plaisir qui reste aux vieillards, c'est de vivre : *Je pense, donc je suis*, sur quoi roule toute la philosophie de Descartes, est une conclusion pour eux bien froide et bien languissante. *J'aime, donc je suis*, est une conséquence toute vive, toute animée, par où l'on rappelle les désirs de la jeunesse jusqu'à s'imaginer quelquefois être jeune encore. Vous me direz que c'est une double erreur de ne pas croire être ce qu'on n'est plus. Mais quelles vérités peuvent être si avantageuses que ces bonnes erreurs qui nous ôtent le sentiment des maux que nous avons, et nous rendent celui des biens que nous n'avons pas? »

Saint-Évremont a raison, et l'on a tort de blâmer, de ridiculiser le vieillard qui cherche à ranimer sa vie défaillante par un amour purement platonique. Laissez-le se retremper discrètement dans cette fontaine de Jouvence et goûter le plaisir d'aimer pour compensation du malheur de ne pouvoir plus plaire, comme le dit ce vers latin traduit par Apulée d'un vers grec de Ménandre.

Amare liceat, si potiri non licet.

> Lorsqu'un vieux fait l'amour
> La mort court à l'entour.

C'est-à-dire que l'amour physique abrége la vie du vieillard. Le regain de cet amour dans le cœur du vieillard est souvent le signe et la cause de sa fin prochaine, et, sous ce double rapport, il ressemble au gui qui fleurit sur un arbre mourant.

Le *Florilegium* de Grutter cite ce proverbe latin sur les vieilles amoureuses : *Anus cum ludit, morti delicias facit.* « Vieille qui se livre aux folâtreries de l'amour fait les délices de la mort. »

> **Vieillard qui fait l'amour est un agonisant en chemise de noce.**

Ce proverbe, d'une originalité spirituelle, exprime la même idée que le précédent. Il fait allusion à une ancienne coutume qui consistait à conserver soigneusement la chemise qu'on portait le jour de son mariage pour la reprendre au lit funèbre, comme un suaire dans lequel on devait être inhumé. Cette coutume existe encore en Bretagne et dans plusieurs autres localités, où l'on se fait un pieux devoir de tenir en réserve la chemise nuptiale, afin de l'employer à une toilette de mort, à *une toilette dans laquelle on doit, dit-on, paraître devant le bon Dieu.*

> **Amour se nourrit de jeune chair.**

Voilà le Cupidon mythologique transformé en un ogre à qui il faut la chair fraîche des jouvenceaux et des jouvencelles. Cet ogre-là pourtant ne fait peur à personne ; on ne le fuit pas ; on cherche, au contraire, à s'approcher de lui, on met tous ses soins à l'attirer, on veut lui servir d'aliment, et de toute part on n'entend que des voix qui lui crient, comme les enfants d'Ugolin à leur père : « *Mangia di noi*, mange de nous. » Les vieux et les vieilles ne sont pas moins empressés que les jeunes à s'offrir en sacrifice ; mais il se montre fort peu disposé en leur faveur, leur viande coriace ne lui paraît pas propre à entretenir son appétit.

Ce proverbe était très-répandu au dix-septième siècle, et c'est sans doute à cause de cela que La Fontaine, dans son conte intitulé *Comment l'esprit vient aux filles*, ne craignit pas de risquer ces deux vers dont tout le sel ne consiste qu'à y faire allusion :

> Amour n'avait à son croc de pucelle
> Dont il crut faire un aussi bon repas.

L'amour n'a point de règle.

C'est ce qu'a dit saint Jérôme vers la fin de sa lettre à Chromatius : « *Amor nescit ordinem.* L'amour ne connaît point l'ordre ou la règle. » Anacréon avait dit avant lui : « Bacchus, secondé de l'amour, *folâtre sans règle.* » (Od. 50.) L'amour, en effet, semble ne pouvoir s'astreindre à rien de régulier dans sa manière d'être, et ses élans passionnés ne peuvent se plier aux froids calculs de la réflexion. « Qui ne sçait en son eschole, combien on procede au rebours de tout ordre ? l'estude, l'exercitation, l'usage sont voyes à l'insuffisance : les novices y regentent : *Amor ordinem nescit.* Certes, sa conduicte a plus de garbo (bonne grâce) quand elle est meslée d'inadvertence et de trouble ; les faultes, les succez contraires, y donnent poincte et grace : pourveu qu'elle soit aspre et affamée, il chault peu qu'elle soit prudente : voyez comme il va chancellant, chopant et follastrant; on le met aux ceps (aux entraves, aux chaînes), quand on le guide par art et sagesse, et contrainct-on sa divine liberté, quand on la soubmet à ces mains barbues et calleuses. » (Montaigne, *Essais*, liv. III, ch. v.)

Le plaisir est le tombeau de l'amour.

Panard, dont les poésies sont pleines de proverbes, a pris celui-ci pour titre des vers suivants, qui en sont l'explication, et qui se terminent par un autre proverbe qu'il a littéralement emprunté aux Orientaux:

> Quand un amant est sûr que ses soins ont su plaire,
> Son fortuné destin le rend, de jour en jour,
>   Moins empressé pour sa bergère.
>   *Le Plaisir est fils de l'Amour,*
> *Mais c'est un fils ingrat qui fait mourir son père.*

On rapporte qu'un jeune Grec, nommé Thrasonidès, était si convaincu de cette vérité proverbiale et en même temps si amoureux de son amour, qu'il ne voulut jamais jouir de sa maîtresse, de peur d'amortir sa passion par la jouissance. Vous demanderez peut-être si, en aimant ainsi davantage, il fut plus aimé de sa belle. Je ne puis vous le dire, car l'histoire n'en parle pas : elle se borne à le signaler comme un amant inimitable.

L'amour des parents descend et ne remonte pas.

Helvétius a dit : « L'homme hait la dépendance. De là peut-être sa haine pour ses père et mère, et le proverbe fondé sur une observation commune et constante : *L'amour des parents descend, et ne remonte pas.* »

Il a pris le proverbe dans un sens affreusement exagéré. Le véritable sens est que l'amour des père et mère pour les enfants surpasse celui des enfants pour les père et mère. La nature, veillant à la conservation des espèces, a voulu donner la plus grande énergie au sentiment paternel et maternel, afin d'enchaîner les parents à tous les soins nécessaires pour protéger la frêle existence des enfants; et nous voyons qu'elle a agi ainsi dans tous les animaux comme dans l'homme. Elle n'a pas développé de même, il est vrai, le sentiment filial; mais de cette disproportion qu'elle a laissée dans l'amour il y a bien loin jusqu'à la haine. L'une est dans la nature et l'autre est dénaturée, dit La Harpe, en réfutant l'opinion d'Helvétius dans une de ces belles pages dont je viens de reproduire les traits principaux, et qui se termine par ces paroles remarquables : « Le plus funeste effet de ces calomnieux paradoxes, c'est qu'en les lisant l'ingrat et le fils dénaturé pourront se dire qu'ils sont comme les autres hommes. Méritent-ils le nom de philosophes, ceux qui n'ont écrit que pour la justification des monstres? »

Les Arabes disent : *Le cœur d'un père est dans son fils, le cœur du fils est dans la pierre.*

Le cœur d'une mère est le miracle de l'amour.

Bossuet a expliqué ce miracle, et ceux qui connaissent son explication seront charmés de la retrouver ici, car elle est si belle de pensée, de sentiment et d'expression, qu'il est impossible de ne pas trouver un nouveau charme à la relire : « On ne peut assez admirer, dit-il, les moyens dont la nature se sert pour unir les mères avec leurs enfants, car c'est le but auquel elle vise, et elle tâche de n'en faire qu'une même chose : il est aisé de le remarquer dans l'ordre de ses ouvrages. Et n'est-ce pas pour cette raison que le premier soin de la nature est d'attacher les enfants au sein de leur mère? elle veut que leur nourriture et leur vie passent par les mêmes canaux; ils courent ensemble les mêmes périls; ce n'est qu'une même personne. Voilà une liaison bien étroite; mais peut-être pourrait-on se persuader que les enfants, en venant au monde, rompent le nœud de cette union : ne le croyez pas. Nulle force ne peut diviser ce que la nature a si bien lié; sa conduite sage et prévoyante y a pourvu par d'autres moyens. Quand cette première union finit, elle en fait naître une autre à sa place, elle forme d'autres liens, qui sont ceux de l'amour et de la tendresse : la mère porte ses enfants d'une autre façon, et ils ne sont pas plutôt sortis de ses entrailles, qu'ils commencent à tenir beaucoup plus au cœur. Telle est la conduite de la nature ou plutôt de celui qui la gouverne; voilà l'adresse dont elle se sert pour unir les mères avec leurs enfants, et empêcher qu'elles ne s'en détachent. L'âme les reprend par l'affection en même temps que le corps les quitte; rien ne peut les arracher du cœur : la liaison est toujours si ferme qu'aussitôt que les enfants sont agités, les entrailles des mères sont encore émues, et elles sentent tous leurs mouvements d'une manière si vive et si pénétrante, qu'à peine leur permet-elle de s'apercevoir que leur sein en soit déchargé. » (Premier *Sermon pour le vendredi de la Passion.*)

Tendresse maternelle
Toujours se renouvelle.

Rien ne manque au cœur d'une mère, à ce *chef-d'œuvre de l'amour*. C'est une source de tendresse qui se renouvelle continuellement sans jamais s'épuiser, qui semble s'accroître, au lieu de diminuer par l'excessive effusion de sa substance. Qui pourrait dire les trésors de sentiment qui en découlent! « O ma mère, s'écrie un fils dans une pièce de poésie chinoise, vos bras furent mon premier berceau. J'y trouvai vos mamelles pour m'allaiter, vos vêtements pour me couvrir, votre sein pour me réchauffer, vos baisers pour me consoler, et vos caresses pour me réjouir. »

Mais ses bienfaits ne s'épanchent pas seulement sur le jeune âge. La nature n'a point limité chez la femme, comme elle l'a fait chez les femelles des animaux, l'énergie de l'amour maternel au temps où l'enfant ne peut se passer des soins de celle qui l'a mis au monde; elle a voulu, par un privilége exceptionnel en l'honneur de la dignité humaine, que cet amour subsistât inaltérable dans le cœur qui en est animé par delà les besoins de l'objet qui l'inspire. Il ne s'interrompt point, il ne perd rien de sa force en s'étendant à de nouveaux enfants; il se multiplie avec eux, il l'emporte sur toute autre affection. Les années ne l'usent point, il est de tous les jours et de tous les instants de la vie.

Une mère, vois-tu, c'est là l'unique femme
Qui nous aime toujours,
A qui le ciel ait mis assez d'amour dans l'âme
Pour chacun de nos jours.

(A. de Latour.)

Les Allemands disent : « *Mutterlieb est immer neu*, Amour de mère est toujours nouveau. » Ce proverbe a été développé d'une manière pleine d'intérêt dans une collection de jolies gravures faites d'après les dessins originaux de M. J.-Martin Usteri. Les explications placées à côté de chaque estampe ajoutent au prix de cette collection, éditée à Zurich en 1803, et devenue le sujet d'un petit roman sentimental publié depuis à Paris.

Froides mains, chaudes amours.

Nous disons encore : *Il a les mains fraîches, il doit être fidèle*, et cela en vertu d'un axiome de chiromancie d'après lequel les mains froides ou fraîches sont le signe caractéristique d'un tempérament amoureux, parce que la chaleur du sang ne les quitte qu'afin de se concentrer dans le cœur, regardé comme le principal organe de la passion. Nous avons aussi ce proverbe corrélatif : *Chaudes mains, froides amours*.

Amours qui commencent par anneaux finissent souvent par couteaux.

Les mariages d'inclination sont rarement heureux, parce qu'ils sont presque toujours mal assortis. La passion qui porte seule à les contracter ne permet pas de voir les incompatibilités de caractère qui devraient les empêcher. Mais ces incompatibilités, se découvrant et se faisant sentir à mesure que cette passion diminue, les deux époux en viennent bientôt à se détester aussi cordialement qu'ils s'étaient aimés.

Les Provençaux ont ce proverbe très-expressif :

« *Qui d'amour si prend d'enrabi si quitto.* Qui se prend avec amour se quitte avec rage. »

Il y a très-peu d'exemples d'une alliance prospère qui ait été contractée dans l'ivresse de l'amour. Le dégoût survient, et à sa suite le cortége des ennuis, des repentirs, des tracasseries, des querelles.

« J'ai vu bien des mariages où l'on commençait par ressentir une telle passion que l'on aurait voulu se manger mutuellement : au bout de six mois, on était séparé. » (Luther, *Propos de table.*)

Il n'y a point de laides amours.

Ou, suivant un autre proverbe, *l'objet qu'on aime est toujours beau*. « Tout cœur passionné, dit Bossuet, embellit dans son imagination l'objet de sa passion ; il lui donne un éclat que la nature ne lui donne pas, et il est ébloui de ce faux éclat. La lumière du soleil, qui est la vraie joie des yeux, ne lui paraît pas aussi belle. »

Feminam natura pulchram haud reddit, sed affectio.
Ce n'est pas la nature qui rend la femme belle, c'est l'amour.

Car sa beauté pour nous c'est notre amour pour elle.
(A. de Musset.)

Un proverbe roman dit : « *Non es bel so qu'es bel, mas es bel so qu'agrada.* N'est pas beau ce qui est beau, mais est beau ce qui agrée. » Ce proverbe s'est conservé en Provence et en Italie.

Quisquis amat ranam, ranam putat esse Dianam.
Quiconque aime une grenouille, prend cette grenouille pour Diane.

C'est Diane Limnatis, déesse des marais et des étangs, dont il est ici question. Cette remarque n'est pas inutile pour faire sentir l'analogie d'un tel rapprochement.

Les habitants de l'île de Cypre avaient érigé des autels à *Vénus Barbue.* Les Romains adoraient *Vénus Louche,* comme on le voit dans le second livre de l'*Art d'aimer* d'Ovide, et dans le *Festin de Trimalcion* par Pétrone. Ils employaient même proverbialement l'hémistiche d'Ovide : « *Si pæta est, Veneri similis.* Si elle est louche, elle ressemble à Vénus, » en parlant d'une belle qui avait le rayon du regard un peu faussé. Horace nous apprend qu'un certain Balbinus trouvait une grâce particulière dans le polype qu'Agna sa maîtresse avait au nez. Il observe que les amants ressemblent à Balbinus (*Serm.* I, 3). Il n'en est aucun en effet qui n'*aime,* comme on dit, *jusqu'aux taches et aux verrues de sa belle.*

Le meilleur développement du proverbe *Il n'y a point de laides amours* est dans les vers suivants, tirés de la traduction libre que Molière avait faite de *Lucrèce,* et placés dans la cinquième scène du second acte du *Misanthrope :*

... L'on voit les amants vanter toujours leur choix ;
Jamais leur passion n'y voit rien de blâmable,
Et dans l'objet aimé tout leur paraît aimable.
Ils comptent les défauts pour des perfections,
Et savent y donner de favorables noms :
Le pâle est au jasmin en blancheur comparable,
La noire à faire peur, une brune adorable ;
La maigre a de la taille et de la liberté,
La grasse est dans son port pleine de majesté ;
La malpropre, sur soi, de peu d'attraits chargée,

Est mise sous le nom de beauté négligée ;
La géante paraît une déesse aux yeux ;
La naine, un abrégé des merveilles des cieux ;
L'orgueilleuse a le cœur digne d'une couronne,
La fourbe a de l'esprit, la sotte est toute bonne ;
La trop grande parleuse est d'agréable humeur,
Et la muette garde une honnête pudeur :
C'est ainsi qu'un amant dont l'ardeur est extrême
Aime jusqu'aux défauts des personnes qu'il aime.

Le proverbe n'est pas toujours cité tel que je l'ai rapporté : on y fait quelquefois une addition, en disant : *Il n'y a point de belle prison ni de laides amours.*

Il n'y a point d'éternelles amours ni de félicité parfaite.

Cette félicité qu'on cherche toujours sans jamais la trouver est la pierre philosophale de l'âme, et ces amours sans fin par lesquelles on espère y parvenir ne sont que des illusions qui passent aussi vite que les fleurs des champs. Les Chinois en assimilent la courte durée à celle des roses par cette jolie métaphore proverbiale : *Il n'y a pas de roses de cent jours* ; et l'on peut dire, en continuant leur idée, que rêver l'éternité des amours, c'est, suivant une charmante expression de M. V. Hugo, *rêver l'éternité des roses.*

On revient toujours à ses premières amours.

Les vives impressions éprouvées dans ce premier épanouissement de la vie du cœur, et les ineffables illusions qu'elles ont fait naître, restent profondément gravées dans la mémoire, qui les pare de couleurs poétiques et en compose un type enchanteur, un idéal ravissant, dont l'éclat fait pâlir toutes les amours venues dans la suite. Celles-ci se montrent telles qu'elles sont avec les déplaisirs qui viennent souvent s'y mêler, tandis que les autres apparaissent telles qu'on se plaît à les supposer avec leurs voluptés fantastiques, et il résulte de la comparaison qu'on établit entre elles que les effets produits par l'imagination doivent sembler préférables à ceux de la réalité, et les premières amours à celles qui leur succèdent.

Le poëte Lebrun a dit d'une manière charmante, dans son ode intitulée *Mes Souvenirs, ou les Deux Rives de la Seine :*

> Ce premier sentiment de l'âme
> Laisse un long souvenir que rien ne peut user ;
> Et c'est dans la première flamme
> Qu'est tout le nectar du baiser.

Il ne faut pas croire que le proverbe signifie, comme le pensent mal à propos quelques personnes, que ce soit en réalité qu'*on revient à ses premières amours :* c'est uniquement en souvenir. Si c'était réellement, on les retrouverait, hélas ! tout à fait dépourvues des attraits qu'on leur suppose, et l'on ressemblerait aux cerfs qui, après avoir successivement passé de biche en biche, reviennent à celle par laquelle ils ont commencé ; *Cervi vicissim ad alias transeunt, et ad priores redeunt.* (Plin. *Natur. Histor.*, x, 63.)

Un autre proverbe dit : *Il ne faut pas revenir sur ses premières amours, ni aller voir la rose qu'on a admirée la veille.*

> Que la nuit me prenne là où sont mes amours !

Pour dire qu'on s'attarde volontiers dans un endroit où l'on se plaît, auprès de l'objet de ses amours. Ce vœu tendre et délicat, exprimé avec une simplicité exquise, me semble offrir un doux reflet du vœu passionné de Léandre traversant l'Hellespont à la nage, au milieu de la tempête, pour se réunir à son amante Héro, prêtresse de Vénus :

> Léandre, conduit par l'amour,
> En nageant, disait aux orages :
> « Laissez-moi gagner les rivages ;
> Ne me noyez qu'à mon retour. »

Ce charmant quatrain de Voltaire est traduit fidèlement d'une épigramme de l'*Anthologie grecque*, épigramme que le poëte latin Martial avait reproduite dans le distique suivant :

> *Clamabat tumidis audax Leander in undis :*
> *Mergite me, fluctus, quum rediturus ero.*
> (Lib. XIV, epigr. 181.)

> D'oiseaux, de chiens, d'armes, d'amours,
> Pour un plaisir mille douleurs.

Ce vieux proverbe, qu'on trouve dans le *Grand Testament* de Villon, atteste combien les anciens seigneurs français devaient prendre à cœur tout ce qui concernait la fauconnerie, la vénerie, les tournois et la galanterie, quatre objets importants de leurs occupations et de leurs goûts. On sait qu'ils professaient un culte chevaleresque pour les dames, et qu'ils regardaient l'oiseau, le chien et l'épée comme des symboles qui caractérisaient les prérogatives de leur rang. Quand ils voyageaient, ils avaient toujours leur chien favori auprès d'eux, l'épervier sur le poing, et l'épée au côté. S'ils étaient faits prisonniers dans quelque combat, la loi ne leur permettait pas d'offrir pour rançon ces attributs de leur noblesse, mais elle leur laissait la faculté de livrer des centaines de paysans de leurs terres.

Le fait suivant, rapporté par Abbon de Saint-Germain dans son poëme latin sur le siége de Paris, est encore une preuve frappante de l'importance qu'ils attachaient particulièrement à leurs oiseaux. Douze gentilshommes près de périr dans la tour du Petit-Pont, à laquelle les Normands qui l'assiégeaient avaient mis le feu, donnèrent la volée à leurs autours pour les empêcher de tomber entre les mains de ces barbares, qu'ils jugeaient indignes d'une si précieuse conquête.

Sont aussi bien amourettes,
Sous bureaux comme sous brunettes.

La brunette était une sorte de fin drap de soie de couleur brune, dont les personnes de qualité s'habillaient au treizième siècle, tandis que le bureau ou la bure était une étoffe grossière de laine à l'usage des gens du commun. De là ce proverbe qui se trouve textuellement dans le *roman de la Rose*, pour signifier que l'amour étend également son empire sur toutes les conditions, et qu'il n'a pas moins de charmes dans les petites que dans les grandes.

Un amoureux est toujours craintif.

Ce proverbe, usité chez beaucoup de peuples, est traduit du vingtième article du *Code d'amour*: Amorosus semper est timorosus. Il s'explique très-bien par les réflexions suivantes tirées de divers endroits du *Discours* de Pascal *sur les passions de l'amour*. « Le premier effet de l'amour, c'est d'imposer un grand respect, l'on a de la vénération pour ce qu'on aime. Il est (c'est) bien juste : on ne reconnaît rien de grand comme cela. » — « Dans l'amour on n'ose hasarder de peur de tout perdre ; il faut pourtant avancer ; mais qui peut dire jusques où? L'on tremble toujours jusqu'à ce qu'on ait trouvé ce point. » — « Il n'y a rien de si embarrassant que d'être amant, et de voir quelque chose en sa faveur sans l'oser croire ; l'on est également combattu de l'espérance et de la crainte. Mais enfin la dernière devient victorieuse de l'autre. »

Il y avait en langue romane un proverbe analogue : *Qui non tem non ama coralmen*, c'est-à-dire : « Qui ne craint pas, n'aime pas cordialement. »

Amoureux transi.

Cette expression, dont on se sert pour désigner un amoureux timide, novice, froid, fait allusion à un ancien usage des justiciables volontaires de certaines cours d'amour, espèces d'énergumènes qui avaient fondé, sous le règne de Philippe V, une société ou confrérie nommée la *ligue des amants*, dont l'objet était de prouver l'excès de leur passion par une opiniâtreté invincible à braver les ardeurs de l'été et les glaces de l'hiver. Dans les chaleurs extrêmes, ils allumaient de grands feux pour se chauffer et ils ne sortaient de chez eux qu'enveloppés d'épaisses fourrures ; au contraire, quand il gelait à pierre fendre, ils se couvraient très-légèrement et allaient par le froid, par la neige ou par la pluie, soupirer à la porte de leurs maîtresses, où ils se tenaient jusqu'à ce qu'ils les eussent aperçues, *étant parfois tellement morfondus et transis dans l'attente,* dit un vieux chroniqueur, *qu'on entendait claquer leurs dents comme les becs des cigognes:* la crainte des catarrhes et des fluxions de poitrine n'était rien pour eux auprès du plaisir qu'ils paraissaient prendre à baiser la serrure ou le verrou de cette porte. Outre ces témoignages de leur vasselage amoureux, ils avaient pour se distinguer certaines devises et certaines démonstrations d'une singularité extraordinaire. Tel confrère élisait son domicile à l'enseigne de la Passion, rue du Sacrifice, paroisse de la Sincérité; tel autre demeurait sur la place de la Persévérance, hôtel de l'Assiduité, etc., etc.

Il existe un ouvrage rare et curieux intitulé *l'Amoureux transy sans espoir*, par Jehan Bouchet. Cet ouvrage ne porte point de date. Selon toute apparence, il a paru vers 1505, et par conséquent il est postérieur à la locution qui en forme le titre.

Amoureux des onze mille vierges.

On appelle ainsi celui qui devient amoureux de toutes les femmes qui s'offrent à sa vue.

Cette expression rappelle la légende des onze mille vierges. Voici ce que l'abbé Salgues a dit sur cette légende, qui passe aujourd'hui pour apocryphe :

« Croyez-vous que sainte Ursule soit partie de Londres pour la basse Bretagne, avec onze mille vierges qui devaient épouser les onze mille soldats du capitaine Conan, son fiancé, et peupler le pays? Croyez-vous qu'une tempête miraculeuse les ait jetées dans les bouches du Rhin, et qu'elles aient remonté le fleuve jusqu'à la ville de Cologne, alors occupée par les Huns, qui servaient l'empereur Gratien? Croyez-vous que ces impertinents aient voulu leur faire la cour un peu trop brusquement, et qu'irrités d'être repoussés avec trop de fierté ils les aient mises à mort pour leur apprendre à vivre? Nos bons aïeux le croyaient certainement, puisqu'ils célébraient annuellement, le 22 octobre, la fête de ces chastes héroïnes. Mais comme il n'est rien dans le monde sans contradiction, des critiques sourcilleux et difficiles ont contesté la vérité de ces récits. Ils ont fait d'abord observer que le nombre de onze mille vierges était un peu fort, qu'on aurait eu de la peine à le trouver dans les meilleurs temps du christianisme, et que le martyrologe de Wandelbert, composé en 850, et l'un des plus estimés des connaisseurs, n'en a porté le nombre qu'à mille, ce qui est encore beaucoup. Ensuite ils ont soutenu qu'il fallait pousser la réduction encore plus loin, et ils ont porté l'esprit de réforme jusqu'à effacer d'un trait de plume dix mille neuf cent quatre-vingt-neuf vierges, de sorte qu'ils n'en ont voulu accorder que onze; ce qui doit laisser beaucoup de places vacantes en paradis. Ils se sont autorisés d'une inscription qu'ils ont interprétée à leur manière : SANCTA URSULA ET XI M. V. Ceux qui tiennent pour les onze mille vierges ont traduit: *Sainte Ursule et onze mille vierges*. Mais nos critiques assurent que cette interprétation est fautive et erronée, et veulent que l'on traduise *sainte Ursule et onze martyres vierges*. Pour appuyer leur prétention, ils citent un catalogue de reliques tiré du *Spicilége* du père D. Luc d'Acheri, dans lequel on lit : « *De reliquiis SS. undecim virginum.* Des reliques des SS. onze vierges. »

« Réduire ainsi onze mille vierges à onze, c'est déjà beaucoup : cependant d'autres critiques, plus sévères encore, ont prétendu enchérir sur les premiers et porter la soustraction bien plus loin ; car ils ne veulent absolument que deux vierges. Ils protestent qu'on a très-mal lu les anciens martyrologes, qui portaient : *SS. Ursula et Undecimilla, Virg. Mart.*, c'est-à-dire « SS. Ursule et Undecimille, vierges martyres. » Des copistes ignorants ont pris un nom de femme pour un nom de nombre, et se sont imaginé que *Undecimilla* était une abréviation de *undecim millia*.

« Voilà ce que pense le savant père Sirmond, je ne sais s'il se trompe. Il est au moins constant qu'on a peu de renseignements exacts sur l'histoire de sainte Ursule et de ses compagnes. Baronius assure que les véritables actes de son martyre ont été perdus. »

Le riche s'attriste pendant que l'amoureux danse.

Ce proverbe oppose franchement les joies de l'amour aux soucis de la richesse, et semble vous dire : Préférez ce qui dilate le cœur à ce qui le resserre. Il nous est venu de la langue romane, et il se trouve dans ce vers du troubadour Pierre Cardinal :

El ric s'irais mentre l'amoros dansa.

Les tisons relevés chassent les amoureux.

Dicton fondé sur un usage très-ancien, d'après lequel une jeune fille, lorsqu'elle voulait se débarrasser des poursuites d'un jeune homme qui la recherchait en mariage, lui donnait rendez-vous chez elle, et courait se cacher, à son arrivée, après avoir relevé les tisons du feu, lui signifiant par là sans doute qu'ils ne devaient pas avoir l'un et l'autre un foyer commun.

Il se pratique encore aujourd'hui quelque chose d'analogue dans le département des Hautes-Alpes, où les belles congédient les galants en leur présentant le bout non allumé d'un tison.

Il va sans dire que si l'on éconduisait un prétendant en lui faisant voir les tisons éteints, on le retenait en les lui montrant allumés. C'étaient deux choses corrélatives passées en coutume, qui se rattachaient également aux antiques formalités du mariage, où le feu entrait comme élément symbolique, ainsi que je l'ai remarqué en expliquant la locution proverbiale : *Allumer la chandelle à quatre cornes.*

On vient de lire deux exemples assez curieux de la première, en voici encore deux de la seconde qui ne le sont pas moins :

Dans la province d'Utrecht, principalement à Zeyst, près de cette ville, chez la secte indépendante des Hernudders, le jeune homme qui recherche une jeune fille en mariage va sonner à la porte de la maison qu'elle habite, et demande du feu pour allumer son cigare ou sa pipe. Cette visite est suivie d'une seconde, et si le feu lui est accordé, il se présente une troisième fois. Alors il est reçu comme épouseur, et la jeune fille lui donne une poignée de main. Si, pendant ce temps, il finit de fumer son cigare, elle lui en offre un nouveau, et l'affaire est conclue. Lorsqu'il n'est pas agréé, la porte reste fermée pour lui, et il faut qu'il aille chercher femme ailleurs.

Le même usage existe chez les Mormons ; mais c'est

la jeune fille qui prend l'initiative de présenter le cigare et le feu.

L'usage symbolique de notifier un refus de mariage en offrant aux yeux des prétendants les tisons relevés, c'est-à-dire le foyer sans feu, donna lieu dans la suite à une superstition dont il reste encore quelque vestige : « Lorsqu'il y a une femme veuve ou quelque fille à marier dans une maison, dit le curé Thiers, et qu'elles sont recherchées en mariage, il faut bien se donner de garde de relever les tisons, parce que *cela chasse les amoureux.* » (*Traité des Superst.*, t. III, p. 455.)

C'est un Céladon.

Amoureux à beaux sentiments. Céladon est un personnage de *l'Astrée*, pastorale allégorique où son auteur, le marquis Honoré d'Urfé, homme célèbre dans le monde galant par sa beauté, sa grâce, son esprit et son tendre cœur, a décrit ses propres amours, dégagés de toute idée grossière. La scène de ce roman est placée sur les bords du Lignon, petite rivière du Forez. Les bergers et les bergères qui y figurent sont des portraits de grands seigneurs et de grandes dames de la cour de France. Astrée représente Mlle de Chateaumorand ; Galathée, la reine Marguerite, sœur de Henri III ; Céladon, c'est d'Urfé ; Calidon, M. le prince ; Calidée, madame la princesse ; Euric, Henri le Grand. Le premier volume de *l'Astrée* parut en 1610, quelque temps avant l'assassinat de Henri IV, et fut dédié à ce roi, qui trouva le présent fort agréable, quoique l'auteur ne le lui fût guère à cause de ses amours avec Marguerite de Valois. Le second et le troisième volume furent publiés l'année suivante, le quatrième en 1620, et le cinquième en 1625, après la mort de d'Urfé, par les soins de son secrétaire Baro, qui le termina d'après les manuscrits de son maître ou d'après sa propre imagination. Ces publications successives, signalées par divers bibliographes à qui j'ai emprunté les détails qu'on vient de lire, furent accueillies avec la plus grande faveur.

Ajoutons un fait qui montre bien l'influence extraordinaire que d'Urfé, par son roman, exerça sur ses contemporains. On assure qu'en 1624 il reçut, en Piémont où il résidait, une lettre signée de vingt-neuf princes ou princesses, et de dix-neuf seigneurs ou dames d'Allemagne qui lui demandaient avec instance la fin de l'ouvrage. Ces personnages l'informaient qu'ils avaient pris les noms des héros et des héroïnes de *l'Astrée*, et qu'ils s'étaient constitués en *académie des vrais amants*.

C'est de ces confréries pastorales, qui remontent à une époque beaucoup plus ancienne, que sont dérivés les noms de *berger* et de *bergère* employés comme synonymes d'*amant* et d'*amante*.

Il ne faut pas découvrir le pot aux roses.

C'est-à-dire les choses qu'on veut tenir secrètes, et particulièrement les mystères de la galanterie ou de l'amour.

La rose, dont le Tasse a dit d'une manière si charmante : « *Quanto si mostra men, tanto e più bella;* moins elle se montre, plus elle est belle, » la rose était dans l'antiquité le symbole de la discrétion; et la riante mythologie avait consacré cette idée en racontant que l'Amour avait fait présent de la première rose qui parut sur la terre à Harpocrate, dieu du silence, pour l'engager à cacher les faiblesses de Vénus. De même que la rose a son bouton enveloppé de ses feuilles, on voulait que la bouche gardât la langue captive sous les lèvres [1]. Quand on faisait une confidence à quelqu'un, on avait soin de lui offrir une rose comme une recommandation expresse de respecter les secrets dont il devenait dépositaire. Cette fleur figurait surtout dans les festins : tressée en guirlandes destinées à couronner le front et la coupe des convives, ou placée par bouquets sous leurs yeux, elle servait à leur rappeler que les doux épanchements nés de la liberté qui règne dans les banquets doivent toujours être sacrés. Nos bons aïeux avaient adopté cet aimable usage, qu'ils rendaient plus significatif encore en exposant sur la table un vase de roses sous un couvercle, et le proverbe est venu de cet usage, qui n'est peut-être pas entièrement tombé en désuétude ; en 1800, j'en ai été témoin dans une petite ville du département de l'Aveyron.

Les Allemands, pour recommander de ne pas trahir une confidence, se servent de la formule suivante : *Ceci est dit sous la rose.*

Cette formule est également familière aux Anglais, et voici comme elle a été expliquée par Newton dans l'*Herbier de la Bible*, p. 233-234 : « Quand d'aimables et gais compagnons se réunissent pour faire bonne

---

[1]. C'est ce que dit saint Grégoire de Nazianze dans des vers grecs dont sir Thomas Brown a rapporté cette traduction en vers latins :

Utque latet rosa verna suo putamine clausa,
Sic os vincla ferat, validisque arctetur habenis,
Indicatque suis prolixa silentia labris.

chère, ils conviennent qu'aucun des joyeux propos tenus pendant le repas ne sera divulgué, et la phrase qu'ils emploient pour garantie de leur convention est que tous ces propos doivent être considérés comme *tenus sous la rose*, car ils ont coutume de suspendre une rose au-dessus de la table, afin de rappeler à la compagnie l'obligation du secret. »

Peacham, dans son ouvrage intitulé « the *Truth of our times*, la Vérité de notre temps, » (p. 173 ; édit. de Londres, in-12, 1638), rapporte qu'en beaucoup d'endroits de l'Angleterre et des Pays-Bas on voyait une belle rose peinte au beau milieu du plafond de la salle à manger.

L'ornement d'architecture nommé rosace dut probablement son origine à cet usage qui était connu des anciens, comme l'attestent ces quatre vers que Lloyd, dans son dictionnaire, dit avoir été trouvés sur une dalle antique de marbre :

Est rosa flos Veneris, cujus quo forta laterent
Harpocrati matris dona dicavit Amor.
Inde rosam mensis hospes suspendit amicis,
Convivæ ut sub ea dicta tacenda sciant.

La rose est la fleur de Vénus, l'Amour en consacra l'offrande à Harpocrate, pour l'engager à cacher les voluptés furtives de sa mère ; et de là est née la coutume de suspendre cette fleur au-dessus de la table hospitalière, afin que les convives sachent qu'il ne faut pas divulguer *ce qui a été dit sous la rose*.

Conter fleurettes.

Cette expression, qui signifie tenir des propos galants, est venue, suivant la remarque de Le Noble, de ce qu'il y avait en France, sous Charles VI, des pièces de monnaie marquées de petites fleurs et nommées, pour cette raison, *florettes* ou *fleurettes*, de même qu'on nomme encore *florins* une monnaie d'or ou d'argent qui portait primitivement l'empreinte d'une fleur. Ainsi *conter fleurettes* aurait d'abord signifié compter de l'argent aux belles pour les séduire, ce qui est bien souvent le moyen le plus persuasif.

Ceux qui rejettent cette origine allèguent la différence qu'il y a entre *conter* et *compter;* mais ce n'est point là une raison valable, puisque ces deux verbes étaient autrefois confondus sous le rapport de l'orthographe, ainsi que l'attestent des milliers d'exemplaires, où *conter* est mis pour *compter*. Cependant je n'adopte point l'opinion de Le Noble : je crois qu'il est plus naturel d'entendre par *fleurettes* les fleurs du langage. Les Grecs disaient : ῥόδα εἴρειν, et les Latins de même, *rosas loqui* (parler roses). On trouve dans quelques recueils français du quinzième siècle, *dire florettes* [1], et il existe un vieux livre intitulé « Les Fleurs de bien dire, recueillies aux cabinets des plus rares esprits de ce temps, pour exprimer les passions amoureuses de l'un et de l'autre sexe, avec un amas des plus beaux traits dont on use en amour, par forme de dictionnaire. » Paris, 1598, chez Guillemot.

Voyager dans le pays de Tendre.

Se dit d'une personne dont les propos et la conduite annoncent un penchant décidé pour l'amour.

Fontenelle a fait usage de cette expression en parlant de la reine Élisabeth d'Angleterre, qui, comme

---

[1]. On trouve aussi *écrire florettes*, expression qui signifie particulièrement écrire en chiffre de fleurs.

on sait, joignit aux qualités d'un grand roi la coquetterie d'une femme. « Élisabeth, dit-il, faisait peut-être quelques pas dans le *pays de Tendre*, mais assurément elle se gardait bien d'aller jusqu'au bout. »

On emploie aussi dans le même sens l'expression *voguer* ou *naviguer sur le fleuve de Tendre*, qu'on trouve dans ces vers de la dixième satire de Boileau :

> Puis bientôt en grande eau sur le *fleuve de Tendre*
> Naviguer à souhait, tout dire et tout entendre.

Ces façons de parler font allusion au *pays de Tendre*, imaginé par Mlle de Scudéri, qui en a tracé la carte dans son roman de *Clélie*. Cette carte représente six rivières sur lesquelles sont situées six villes, toutes six nommées Tendre; savoir : Tendre sur Inclination; Tendre sur Estime; Tendre sur Reconnaissance; Tendre sur Désir; Tendre sur Passion; Tendre sur Tendre. On va de l'une à l'autre par une route très-accidentée dans laquelle on trouve le hameau des Billets doux, les bosquets des Billets galants, la place des Petits Soins et des Soupirs indiscrets, etc.

« Les amants, dit Voltaire, s'embarquent sur le fleuve de Tendre : on dîne à Tendre sur Estime, on soupe à Tendre sur Inclination, on couche à Tendre sur Désir. Le lendemain on se trouve à Tendre sur Passion, et enfin à Tendre sur Tendre. Ces idées peuvent être ridicules, surtout quand ce sont des Clélies, des Horatius Coclès et des Romains austères et agrestes qui voyagent; mais cette carte géographique montre au moins que l'amour a beaucoup de logements différents. » (*Dict. philos.*, au mot ABUS.)

Je termine cette série de proverbes et de locutions proverbiales sur l'amour par un petit pastiche où j'ai fait entrer plusieurs idées qui n'ont pu trouver place dans les commentaires qui leur ont été consacrés. Il a été composé avec des phrases d'une foule d'auteurs dont il me serait aussi difficile de dire les noms qu'il le serait à un tailleur de nommer les fabricants des diverses étoffes d'où il a tiré les lambeaux qu'il a cousus ensemble pour en faire un habit d'arlequin.

Quelques mythologues supposent que l'Amour est né de l'Érèbe et de la Nuit, pour exprimer la confusion qu'il apporte dans nos sens et l'aveuglement dont il frappe notre esprit. D'autres prétendent qu'il est issu de Vénus sans père, ce qui montre que la beauté seule peut produire l'amour. Il y en a qui assurent, au contraire, que la déesse lui donna l'être avec la coopération de plusieurs dieux. Lorsqu'elle était au moment de le mettre au jour, le conseil de l'Olympe s'assembla : De quoi accouchera-t-elle ? se demandaient les immortels. — De la foudre, dit Jupiter ; — de la guerre, s'écria Mars ; — du Tartare, ajouta Pluton ; et Vénus accoucha de l'Amour. Le Destin avait décidé qu'on ne pouvait attendre d'une fille de la Mer que des tempêtes ; d'une épouse de Vulcain, que des incendies ; et d'une maîtresse de Mars, que des batailles. Ainsi l'Amour fut un composé de divers fléaux. A peine eut-il vu la lumière qu'il sema le trouble dans la cour céleste, et Jupiter, malgré le faible qu'il avait pour lui, se vit contraint de l'exiler sur la terre. L'apparition de ce petit dieu ici-bas excita parmi les hommes un mouvement extraordinaire. Toutes les femmes coururent après lui pour le prendre, mais il avait des ailes; il échappa à leur poursuite, et se réfugia chez Protée, qui lui révéla le secret des métamorphoses. Depuis lors il se multiplia sous mille formes, et il ne garda pas deux jours de suite la même figure. Il prit tour à tour l'air de la timidité et de l'espièglerie, de l'innocence et de la malice, de la mélancolie et de la gaieté, du sentiment et du caprice, de la constance et de la légèreté, de l'amitié et de la haine, de la sagesse et de la folie, etc., etc., etc. Souvent il emprunta les traits réunis de plusieurs passions, et les assortit de manière à se composer une physionomie toujours nouvelle. Enfin il voulut ressembler à tout, et ne ressembler à rien. C'est ce qui fait qu'on ne peut jamais bien le peindre, et qu'on le peint de tant de façons diverses, mettant d'ordinaire ce qu'on imagine à la place de ce qui est, et imaginant quelquefois les choses les plus singulières; témoin cet auteur castillan qui l'a dépeint tout à fait semblable au Grand Turc.

Les effets que l'amour produit ne sont pas moins nombreux ni moins variés que ses métamorphoses. Ils pourraient se caractériser d'après les degrés de latitude des différents pays. En Espagne ils se font sentir dans la tête et dans l'imagination; en Italie, dans le cœur et dans le fiel; en Angleterre, dans la rate et dans la cervelle; en Allemagne, dans l'estomac et dans le foie; en France, un peu partout. Chez les Espagnols, c'est une folie qui éclate surtout pendant la nuit, temps des mystères et des aventures; chez les Italiens, une affaire principale dont ils s'occupent dès l'aurore; chez les Anglais, une humeur noire mère du *spleen*, à laquelle ils se livrent dans les jours nébuleux;

chez les Allemands, un remède pour le lendemain matin, quand la digestion est faite; chez les Français, un sentiment doux et léger qui se joue parmi des fleurs artificielles, un art d'agrément, un amusement qu'ils prennent et quittent sans façon, comme bon leur semble.

On peut ajouter à ces observations les vers suivants d'un auteur dont j'ai oublié le nom :

> Quand un objet fait résistance,
> L'Anglais fier et vain s'en offense,
> L'Italien est désolé,
> L'Espagnol est inconsolable,
> L'Allemand se console à table,
> Le Français est tout consolé.

Le meilleur parti qu'il y ait à prendre quand on veut se délivrer des peines de l'amour, c'est de le traiter à la manière française. Mais comme cela ne convient pas à tous les tempéraments, je vais indiquer une recette médicale dont la généralité des individus peut faire usage au besoin. Je l'ai trouvée dans les œuvres du célèbre Huet, évêque d'Avranches. Ce docte prélat, plein de compassion pour les cœurs en souffrance, les avertit très-sérieusement que l'amour est, comme la fièvre, une maladie qui se guérit par les secours de la médecine, en provoquant d'abondantes sueurs et en pratiquant de copieuses saignées. Et certes on ne contestera point que l'amour ainsi purgé de ses humeurs malignes et dégagé de ses esprits enflammés ne soit réduit à l'impuissance. Mais, dira-t-on, n'est-il pas à craindre qu'il reprenne dans la suite ses premières ardeurs? Notre auteur a prévu cette objection, et l'a réfutée par le fait suivant, qu'il rapporte en ces termes : « Un grand prince que nous avons connu, atteint d'une passion violente pour une demoiselle d'un grand mérite, fut contraint de partir pour l'armée. Tant que son absence dura, sa position s'entretint par le souvenir et par un commerce de lettres très-fréquent et très-régulier, jusqu'à la fin de la campagne, où une maladie dangereuse le réduisit à l'extrémité. On proportionna les remèdes au mal, et on mit en usage tout ce que la médecine enseigne de plus efficace : il reprit la santé, mais sans reprendre son amour, que de grandes évacuations avaient emporté à son insu. »

Il est clair, d'après cela, que si l'on désire un bon remède d'amour, ce n'est pas à Ovide, mais à M. Purgon qu'il faut le demander.

———

On a remarqué sans doute que, dans la série des proverbes sur l'amour, il s'en trouve un assez grand nombre qui ont été formés de comparaisons ou de métaphores fort ingénieuses.

Frappé du caractère original qui les distingue, je m'étais plu à les mettre en vers dans l'intention d'en illustrer les dernières pages de ce chapitre, espérant atténuer leur double emploi par les agréments de la forme métrique ; mais je renonce à ce dessein dont la mise en œuvre ne serait en dernière analyse qu'un duplicata bien ou mal versifié.

Qu'on me permette pourtant de donner ici deux quatrains consacrés à deux de ces proverbes oubliés dans la série en question.

On aime à se flatter de l'espoir décevant
D'être toujours aimé de sa douce compagne;

Mais *l'amour d'une belle est un sable mouvant
Où l'on ne peut bâtir que châteaux en Espagne.*

L'amour sincère et pur n'est jamais soucieux.
Rien ne peut altérer l'essence sublimée
De cet amour délicieux;
C'est un feu d'aloès qui brûle sans fumée.

Qu'on me permette aussi de joindre à ces citations une chanson dont chaque couplet offre une ressemblance et une différence entre l'Amour et le Médecin comparés.

L'Amour et le Médecin.

1er COUPLET

Le médecin, le dieu d'amour,
Sont de service nuit et jour :
   Voilà la ressemblance.
L'un est fameux dans ses vieux ans,
Et l'autre l'est dans son printemps :
   Voilà la différence.

2e COUPLET.

Ils sont aveugles tous les deux,
Malgré cela fort curieux :
   Voilà la ressemblance.
L'un est grave et de noir vêtu,
L'autre est sémillant et tout nu :
   Voilà la différence.

3e COUPLET.

On a recours à tous les deux
Quoique tous deux soient dangereux :
   Voilà la ressemblance.
Il faut payer un grand docteur,
L'amour payé perd sa valeur,
   Voilà la différence.

4° COUPLET.

Tous deux nous donnent du ressort,
Et même la vie et la mort :
   Voilà la ressemblance.
L'un nous blesse en nous guérissant,
L'autre caresse en nous blessant,
   Voilà la différence.

5° COUPLET.

Tous deux regardent dans les yeux,
Si ça va mal, si ça va mieux :
   Voilà la ressemblance.
C'est le pouls que tâte un docteur,
Mais l'amour nous touche le cœur :
   Voilà la différence.

6° COUPLET.

Tous deux s'en vont courants, trottants,
Et sont tant soit peu charlatans :
   Voilà la ressemblance.
L'un s'en va quand nous allons bien,
L'autre, quand nous ne valons rien :
   Voilà la différence.

PROVERBES

SUR

LE MARIAGE

Le mariage est une loterie.

Et dans cette loterie, comme dans les autres, il est très-rare qu'on obtienne un bon lot.

Un proverbe italien dit que *l'homme et la femme qui se marient mettent la main dans un sac où sont dix couleuvres et une anguille.* D'après cela il y a dix contre un à parier qu'ils n'attraperont pas l'anguille; encore, s'ils viennent à l'attraper, courent-ils grand risque qu'elle leur glisse des mains.

On s'est amusé à démontrer, par un tableau statistique dont je ne garantis pas la vérité, que sur huit cent soixante-douze mille cinq cent soixante-quatre mariages, il faut compter :

1,860 Femmes qui ont quitté leurs maris pour suivre leurs amants.
2,861 Maris qui se sont enfuis pour ne plus vivre avec leurs femmes.
4,120 Couples séparés volontairement.
191,028 Couples vivant en guerre sous le même toit.

162,320 Couples qui se haïssent cordialement, mais qui cachent leur haine sous un extérieur poli.

510,132 Couples qui vivent dans une indifférence marquée.

1,102 Couples réputés heureux dans le monde, et privés, dans leur intérieur, du bonheur qu'on leur suppose.

185 Couples heureux par comparaison à la grande quantité des malheureux.

9 Couples véritablement heureux.

Ce tableau, s'il est exact, prouve que la félicité conjugale est semblable à la félicité céleste, à laquelle tous sont appelés et que très-peu obtiennent.

C'est un triste résultat qui va être mis dans tout son jour par les proverbes que j'ai à rapporter et par les commentaires que j'y ajouterai. Mais je dois avertir préalablement qu'il doit être moins attribué au mariage tel qu'il est de sa propre nature, qu'au mariage faussé et perverti par les vices de la nature humaine.

Cet état est dans l'ordre des lois de Dieu et de la société. Il n'y en a point qui convienne autant aux besoins des deux sexes, qui soit aussi propre à les rendre meilleurs, et je crois fermement que, s'ils y entraient dans les conditions qu'il exige, ils y trouveraient les douceurs d'une tendre amitié, les plaisirs épurés des sens et de la raison ; en un mot, tous les agréments qui peuvent embellir l'existence.

« Le mariage, dit Rœderer, ce lien sacré qui forme une unité forte et parfaite de deux existences incomplètes, rend communs à toutes deux les avantages propres à chacune, fait jouir chaque époux des dons différents que les deux sexes ont reçus de la nature, communique à l'un la force, à l'autre la douceur, à l'un la justice de l'esprit, à l'autre la sagacité, ajoute à la conscience de chacun d'eux celle de l'autre ; double la force intellectuelle et l'énergie morale de tous deux, et enfin assure aux fruits de leur union un constant accord, une vive émulation de soins, une tradition fidèle des intérêts, des principes, des mœurs, auxquels le bonheur est attaché. Cette institution est le principe de la supériorité de notre civilisation actuelle sur celle de l'antiquité ; c'est la plus importante amélioration qu'ait reçue l'espèce humaine, le plus beau présent que la religion chrétienne ait fait aux sociétés modernes, son titre le plus évident et le plus incontestable à leur reconnaissance et à leurs respects. »

Le mariage est le plus grand des biens ou des maux.

Voltaire, dans *l'Enfant prodigue*, acte II, scène I, a développé ce proverbe dont on exprime aussi l'idée de cette autre manière : *Le mariage est ce qu'il y a de meilleur et de pire*, formule calquée sur celle dont Ésope se servit pour marquer les avantages et les malheurs que la langue peut produire.

Voici les vers de Voltaire :

> A mon avis, l'hymen et ses liens
> Sont les plus grands ou des maux ou des biens.
> Point de milieu, l'état du mariage
> Est des humains le plus cher avantage,
> Quand le rapport des esprits et des cœurs,
> Des sentiments, des goûts, et des humeurs,
> Serre les nœuds tissés par la nature,
> Que l'amour forme et que l'honneur épure.
> Dieu ! quel plaisir d'aimer publiquement
> Et de porter le nom de son amant !
> Votre maison, vos gens, votre livrée,

Tout vous retrace une image adorée;
Et vos enfants, ces gages précieux,
Nés de l'amour, en sont de nouveaux nœuds.
Un tel hymen, une union si chère,
Si l'on en voit c'est le ciel sur la terre.
Mais tristement vendre par un contrat
Sa liberté, son nom et son état
Aux volontés d'un maître despotique,
Dont on devient le premier domestique :
Se quereller ou s'éviter, le jour
Sans joie à table, et la nuit sans amour;
Trembler toujours d'avoir une faiblesse;
Y succomber ou combattre sans cesse;
Tromper son maître ou vivre sans espoir
Dans les langueurs d'un importun devoir;
Gémir, sécher dans sa langueur profonde:
Un tel hymen est l'enfer de ce monde.

En mariage il y a fort lien.

Si fort que ceux qu'il lie en sont blessés et gémissent continuellement de ne pouvoir le rompre. — Ce proverbe, qui se trouve parmi les *proverbes galliques* recueillis dans le quinzième siècle, est bien peu saillant; mais ce qui lui manque sous ce rapport sera compensé par le commentaire que je vais y joindre. Je le tire des paroles que don Quichotte adresse à Sancho Pança. « La femme légitime n'est pas une marchandise qu'on puisse, après l'achat, rendre, échanger ou céder. C'est un accident inséparable qui dure ce que dure la vie; c'est un lien qui, une fois qu'on se l'est mis autour du cou, se transforme en nœud gordien, lequel ne peut plus se détacher, à moins d'être tranché par la faux de la mort. » (*Don Quichotte*, part. II, ch. XIX.)

On sait que cette opinion du chevalier de la Manche

était aussi celle de son écuyer, qui l'exprimait à sa manière par ce joli mot proverbial : *Pour peu qu'on soit marié, on l'est beaucoup.*

Un proverbe anglais de James Howel dit d'une façon plus originale encore : « *In marriage the toung tieth a knott that all the teeth in the head cannot untie afterwards.* Dans le mariage la langue forme un nœud que toutes les dents de la bouche ne peuvent jamais défaire. »

Un bon mariage se dresse (se fait) d'une femme aveugle avec un mari sourd.

Je rapporte ce proverbe tel que Montaigne l'a cité dans un passage de ses *Essais*, liv. III, ch. v, où il parle de la *tempeste de la femme*, quand elle se livre aux emportements de la jalousie. On dit aujourd'hui : *Pour faire un bon ménage, il faut que le mari soit sourd et la femme aveugle* ; ce qui peut se passer de commentaire, car il n'est personne qui ne comprenne, sans qu'on le lui explique, combien la surdité d'un mari et la cécité de sa femme seraient propres à empêcher les disputes conjugales, qui viennent presque toujours de ce que la femme a la vue trop perçante pour les désordres du mari, et le mari a l'oreille trop sensible aux criailleries de la femme.

Puisqu'il est reconnu que la paix entre époux ne peut résulter que des infirmités indiquées, ils ne sauraient mieux faire que d'acheter à ce prix un si grand bien. Il n'est pas nécessaire, après tout, qu'ils soient réellement affectés de ces infirmités, mais qu'ils se montrent comme s'ils l'étaient, que l'un s'étoupe les oreilles et que l'autre se mette un bandeau sur les yeux ; en d'autres termes, qu'ils soient pleins d'indulgence pour les défauts qu'ils ont à se reprocher. « Il n'y a de bon ménage, écrivait La Fontaine à sa femme, que celui où les conjoints se souffrent mutuellement leurs sottises. »

Mariage et pénitence ne font qu'un.

Ce dicton a donné lieu à l'épigramme suivante, dont il forme la pointe :

> Malgré Rome et ses adhérents,
> Ne comptons que six sacrements ;
> Croire qu'il en est davantage
> C'est n'avoir pas le sens commun,
> Car chacun sait que *mariage*
> *Et pénitence ne font qu'un.*

Millevoye a reproduit cette vieille plaisanterie dans ce petit dialogue qui lui donne une forme un peu plus piquante :

> Damon disait à son épouse Hortense :
> « Les sacrements sont objets d'importance ;
> Sais-tu leur nombre ? — Oui, sept. — C'est trop commun,
> Six. — Depuis quand ? — — Depuis que *pénitence*
> *Et mariage*, hélas ! *ne font plus qu'un.* »

Tout traité de mariage porte son testament.

Il y a presque toujours dans les contrats de mariage des clauses qui sont stipulées dans la prévision où l'un des deux époux viendrait à mourir, et qui règlent, comme des dispositions testamentaires, les droits du survivant sur la succession. De là ce proverbe qui, détourné de son vrai sens, s'emploie dans un sens critique contre le mariage, dont on prétend faire un funèbre épouvantail.

On lit dans la *Veuve*, comédie de Pierre de Larivey, cette phrase qui paraît avoir été proverbiale : « Fais ton compte que *la messe des épousailles t'est une extrême-onction.* » (Acte I, sc. III.)

La même idée railleuse se retrouve dans plusieurs locutions, par exemple dans celles-ci, qu'on applique à un nouveau marié : *C'est un homme perdu, — un homme mort, — un homme enterré.*

Ces locutions figurées, qu'on pourrait croire d'un tour moderne, sont peut-être renouvelées des Grecs. Elles ont du moins beaucoup d'analogie avec cette saillie piquante d'Antiphane le Comique, rapportée par Athénée : « Marié, lui !... Moi qui l'avais laissé si bien portant ! »

Il n'y a si bon mariage que la corde ne rompe.

Proverbe fondé sur une disposition de notre vieille jurisprudence, qui condamnait au supplice de la corde l'homme convaincu d'avoir séduit une fille, bien qu'il eût ensuite réparé sa faute en se mariant avec elle, du consentement de la famille à laquelle il l'avait ravie; car la réparation ne désarmait pas toujours la loi. Ce proverbe n'est point tombé en désuétude, malgré l'abrogation d'une loi si rigoureuse : les mauvais plaisants l'ont conservé, en lui donnant une acceptation nouvelle. Ils l'emploient quelquefois pour signifier que le meilleur mariage est fort sujet à tourner à mal, et que la joie dont les nouveaux époux s'enivrent finit par se changer en un violent désespoir qui les porte à se pendre.

Le mariage est comme le figuier de Bagnolet, dont les premières figues sont bonnes, mais dont les tardives ne valent rien.

Cette comparaison proverbiale a deux significations : la première, généralement adoptée comme la plus naturelle, est que le mariage commence bien et finit mal ; la seconde est qu'il peut donner quelques jours de bonheur aux jeunes gens, mais qu'il ne saurait produire que des malheurs pour les vieillards. C'est ce que me paraît indiquer le passage suivant de la comédie de la *Veuve*, par Pierre de Larivey, où Ambroise, qui veut se marier, malgré son âge un peu avancé, dit : « J'ai toujours vécu seul, sans compagnie, et par ainsi gardé mon suc en moi-même. » A quoi Léonard répond : « Ce suc sera comme celui du *figuier de Bagnolet, dont les premières figues sont bonnes, mais les tardives ne valent rien.* » (Act. I, sc. III.)

En mariage trompe qui peut.

C'est-à-dire que les personnes qui peuvent tromper le font avec impunité, car il n'y a pas de recours légal contre les tromperies et les fraudes au moyen desquelles le mariage a été conclu. Ce proverbe est rapporté dans les *Institutes coutumières* de Loisel, dont les éditeurs l'expliquent en ces termes : « Le dol commis à l'égard des biens, de l'âge, de la qualité, de la profession ou de la dignité de ceux qui se marient, n'annule pas l'union. »

Ainsi notre formule proverbiale est l'expression d'une loi qui donne raison aux plus habiles dans ce grand combat de ruses entre les prétendus et les prétendues qui cherchent à faire ensemble, aux dépens de l'un et de l'autre, un de ces traités de mariage *dont la dissimulation est le lien et l'intérêt le fondement.* Elle peut être regardée comme une sorte de *væ victis* prononcé contre les dupes. Nous recommandons à ceux qui se marient de s'en souvenir, et à ceux qui sont mariés de l'oublier.

Le mariage est comme une forteresse assiégée, ceux qui sont dehors veulent y entrer, ceux qui sont dedans veulent en sortir.

Proverbe emprunté aux Arabes. Dufresny, dans une de ses comédies, en a donné cette variante : « Le pays du mariage a cela de particulier, que les étrangers ont envie de l'habiter, et que les naturels voudraient en être exilés. »

Socrate disait : « Les jeunes gens cherchant à se marier ressemblent aux poissons qui se jouent de la nasse du pêcheur. Tous se pressent pour y entrer, tandis que les malheureux qui sont retenus font tous leurs efforts pour en sortir. »

Montaigne fait une plaisanterie de cette sorte dans un endroit même de ses *Essais*, où il cherche à rendre au mariage l'honneur qu'il mérite. « Ce qu'il s'en veoid si peu de bons, dit-il, est signe de son prix et de sa valeur. A le bien façonner et à le bien prendre, il n'est point de plus belle piece en nostre société : nous ne nous en pouvons passer et l'allons avilissant. Il en advient ce qui se veoid aux cages : les oyseaux qui en sont dehors desesperent d'y entrer ; et d'un pareil soing en sortir, ceux qui sont au dedans. » (Liv. III, chap. v.)

Il y a beaucoup d'autres comparaisons dans lesquelles le mariage est tourné en plaisanterie. Je ne citerai que la suivante : « Le mariage est comme une armée composée d'une avant-garde, d'un corps de bataille et d'une arrière-garde. A l'avant-garde se trouvent les amours, enfants perdus qui périssent au premier choc ; au corps de bataille est le sacrement, dont la force résiste à toutes les attaques et tient bon jusqu'à la fin ; à l'arrière-garde sont les regrets et les dégoûts, qui semblent se multiplier et devenir plus terribles, tant que l'action reste engagée. »

Les quinze joies de mariage.

Cette expression ironique, par laquelle on désigne les contrariétés inhérentes à l'état de mariage, sert de titre à un ouvrage anonyme qui date du milieu du quinzième siècle, et qui est attribué à Antoine la Sale, ingénieux écrivain à qui nous devons le *Petit Jehan de Saintré*. Le livre des *Quinze Joyes de mariage*, ainsi nommé par une railleuse antiphrase, offre l'analyse de toutes les déceptions et de toutes les douleurs irrémédiables que peut produire l'union conjugale : la préface en avertit en ces termes : « Celles *quinze joyes de mariage* sont les plus graves malheuretés qui soient sur terre, auxquelles nulles autres peines, sans incision de membres, ne sont pareilles à continuer. »

Le mariage est le tombeau de l'amour.

« Au bout d'un certain temps, la beauté des femmes perd toute sa force à l'égard de leur mari, telle étant la nature des choses qu'elles ne touchent plus quand on y est accoutumé... Si la beauté fait les conquêtes, ce n'est pas elle qui les conserve. Un mari, qui n'était devenu amoureux que parce que sa maîtresse était belle, ne continue point à être amoureux parce que sa femme continue à être belle. La coutume le rend dur contre cette espèce de charme ; il s'avance peu à peu vers l'insensibilité. Les uns y arrivent plus tôt, les autres plus tard ; mais enfin on y arrive, et la tendresse qu'on peut conserver, et que l'on conserve en effet assez souvent, se trouve fondée, non sur la beauté, mais sur d'autres qualités. L'expérience fait voir que les maris dont l'amitié est la plus longue et la plus ferme ne sont pas pour l'ordinaire ceux qui ont de belles femmes. » (Bayle, art. *Junon*.)

On a dit que l'amour pouvait aller au delà du tombeau, mais on n'a jamais dit qu'il pût aller au delà du mariage.

Euripide a dit, dans une de ses tragédies : « Le lit nuptial est funeste à l'homme et à la femme. » Ce lit, en effet, est comme un bûcher funèbre où leur amour se réduit bientôt en cendres.

On connaît ce distique proverbial :

> De l'amour à l'hymen telle est la différence
> Que le premier finit quand le second commence ;

et cette pensée ingénieuse de Chamfort : « L'hymen vient après l'amour comme la fumée après la flamme. »

Lord Byron a dit plus ingénieusement encore : « L'amour et le mariage peuvent rarement se combiner, quoiqu'ils soient nés tous deux sous le même climat ; le mariage, de l'amour comme le vinaigre du vin, triste, acide et froid breuvage que le temps aigrit, et dont il abaisse l'arome à la saveur vulgaire d'une boisson de ménage. »

Le mariage est un enfer où le sacrement nous mène sans péché mortel.

C'est dire assez spirituellement que l'union conjugale est la tribulation des justes mêmes.

« Un homme déclamait l'autre jour contre le mariage, et s'écriait : Voyez ce que c'est que le mariage ; songez que le bon Dieu a été obligé d'en ôter le péché mortel. Il a donc mis en équilibre dans la balance l'enfer et le mariage ; encore l'enfer a paru plus léger. » (L'abbé Galiani.)

Cette comparaison entre l'enfer et le mariage a beaucoup plu aux écrivains de la fin du moyen âge, qui se sont ingéniés à le reproduire sous des formes diverses dans une foule d'épigrammes plus ou moins plaisantes. En voici une d'Owen fondée sur ce que, en latin, le mot *uxor* (épouse), où la lettre *x* est, comme on sait, l'équivalent des lettres *c* et *s*, offre l'anagramme du mot *orcus* (enfer).

Quisquis in uxorem cecidit descendit in Orcum ;
Rite inversa sonant ucsor et orcus idem.

Ce qui signifie, en rendant le sens et non l'expression, qui est intraduisible en français : « Quiconque est tombé dans le piége conjugal est tombé dans l'enfer, car épouse et enfer sont la même chose. »

C'est bien là certainement un de ces traits qui constituent ce que les Romains appelaient *nugæ difficiles* ; et, quand on considère l'exercice laborieux, le grand effort d'imaginative auquel a dû se livrer l'épigrammatiste pour produire un résultat si saugrenu, on est tenté de lui adresser cette apostrophe originale du fin railleur maître François : « O Jupiter, vous en suâtes d'ahan, et de votre sueur tombant en terre naquirent les choux cabus. »

Il n'y a point de mariage dans le paradis.

Allusion à divers passages de plusieurs Pères de l'Église, qui regardaient le mariage comme moins propre que le célibat à la sanctification, et disaient que, si « noces remplissent la terre, la virginité remplit le ciel. » *Nuptiæ replent terram, virginitas replet paradisum.* (S. Hieronim., lib. I., *in Jovinien.*) Ce qui a donné lieu à Pascal de placer le mariage dans les *basses conditions du christianisme.*

Owen a tiré du mot de saint Jérôme ce distique épigrammatique :

Plurimus in cœlis amor est, connubia nulla;
Conjugia in terris plurima, nullus amor.

Il y a dans le ciel beaucoup d'amour et point de mariage ; sur la terre il y a beaucoup de mariages et point d'amour.

On demandait au poëte anglais Prior pourquoi il n'y avait point de mariage dans le paradis. « C'est, répondit-il, parce qu'il n'y a point de paradis dans le mariage. »

Le mariage n'empêche pas d'aimer ailleurs.

Proverbe pris du premier article du *Code d'amour :* « *Causa conjugii ab amore non est excusatio recta.* Le mariage n'est pas une excuse légitime contre l'amour. » C'est-à-dire, si je ne me trompe, qu'on ne peut se dispenser d'avoir une maîtresse ou un amant, sous prétexte qu'on a une épouse ou un mari. C'est l'expression des mœurs qui régnaient à l'époque des troubadours. Ces poëtes avaient érigé l'amour en devoir : ils le proclamaient comme plus obligatoire que le mariage et comme ne pouvant exister que hors du mariage. Cet amour, purement platonique dans le principe, cessa bientôt de l'être et donna lieu à un usage immoral assez répandu chez les hauts personnages, d'avoir à la fois une épouse et une concubine, l'une pour la souche et l'autre pour la couche.

André le Chapelain nous a conservé la décision curieuse d'une cour d'amour présidée par la comtesse de Champagne, sur la question qui lui avait été soumise : « *Utrum inter conjugatos amor possit habere locum?* L'amour peut-il exister entre personnes mariées ? » Voici cette décision : « Nous disons et assurons par la teneur des présentes que l'amour ne peut étendre ses droits sur deux personnes mariées. En effet, les amants s'accordent tout mutuellement et gratuitement sans être contraints par aucun motif de nécessité ; tandis que les époux sont tenus par devoir de subir réciproquement leurs volontés, et de ne se refuser rien les uns aux autres... Que ce jugement que nous avons rendu avec une extrême prudence (*cum nimia moderatione prolatum*) et d'après l'avis d'un grand nombre de dames, soit pour vous d'une vérité constante et irréfragable. Ainsi jugé, l'an 1174, le 3 des calendes de mai. »

**Jeune fille avec jeune fieu
C'est mariage du bon Dieu.**

Mariage assorti comme celui par lequel Dieu unit Adam et Eve dans le paradis terrestre. On sait que *fieu* est un vieux mot qui veut dire fils ou garçon.

Homme vieux avec jeune femme
Mariage de Notre-Dame.

Mariage semblable à celui de la Sainte Vierge avec saint Joseph, qui était, à ce qu'on croit, d'un âge avancé. Ce proverbe s'adresse à une jeune innocente soit pour lui conseiller, soit pour la consoler de s'unir à un vieux mari.

Vieille femme et jeune garçon
C'est mariage du démon.

Mariage où le démon seul peut trouver son compte. Il n'est pas besoin de faire observer que c'est la vieille femme qui, dans ce proverbe, est signalée comme le démon lui-même.

Mariage d'épervier, la femelle vaut mieux que le mâle.

Ce proverbe, où la glose est jointe au texte, a tiré son origine de la fauconnerie. Il s'emploie en parlant d'un couple conjugal dans lequel la femme est supérieure au mari, parce que la femelle de l'épervier l'emporte sur le mâle en force et en grosseur. Ce phénomène existe généralement chez les oiseaux de proie.

Les Anglais ont ce proverbe qu'ils emploient dans le même sens : « *The grey mare is the better horse.* La jument grise est le meilleur cheval. »

Mariage de Jean des vignes ; tant tenu, tant payé.

Conjonction matrimoniale qui, n'étant sanctionnée ni par la loi civile, ni par la loi religieuse, est sujette à se rompre aussitôt qu'elle est formée. *Jean des Vignes* est une altération de *Gens des Vignes*, et l'expression rappelle ces unions illicites qui se font entre les vendangeurs et les vendangeuses de diverses localités, et qui ne durent que le temps de la vendange.

C'est à peu près ce qu'on a nommé *mariage du treizième arrondissement*, mariage fait sans M. le maire et sans M. le curé, personnages inconnus dans ce treizième arrondissement ajouté fictivement, comme on sait, aux douze dont se composait la ville de Paris avant l'annexion des communes suburbaines.

Il faut rapprocher de ces deux expressions proverbiales la vieille maxime de droit coutumier :

Boire, manger, coucher ensemble,
C'est mariage, ce me semble.

Le savant auteur de la *Symbolique du droit*, M. Chassan, rapportant cette maxime, l'explique ainsi : « Il ne faut pas la prendre à la lettre, en ce sens qu'il suffirait à une femme de passer la nuit avec un homme pour se dire mariée. Elle est relative à l'exécution du mariage qui couvre les irrégularités de la célébration. Aussi Loisel a-t-il eu soin d'ajouter : *Mais il faut que l'Église y passe* (*Inst.*, liv. I, tit. II, règle 6). Ainsi entendue, la maxime peut encore aujourd'hui recevoir son application. »

Mariage de bohêmes.

C'est encore une variété matrimoniale plus curieuse que celles dont il est question dans l'article précédent. Voici en quoi elle consiste : lorsque les bohêmes, c'est-à-dire ces aventuriers basanés qui courent le pays en volant les poules et disant la bonne aventure, veulent marier un garçon et une fille de leur caste, ils les conduisent dans un vallon retiré qu'ils nomment le *vallon des fiançailles*, et là, pour toute cérémonie, les deux futurs prennent entre leurs mains un pot de grès qu'ils jettent contre terre, après avoir déclaré qu'ils consentent à vivre comme mari et femme autant d'années que la fracture du pot produira de morceaux ; ensuite ils ramassent les tessons, dont ils constatent le nombre, et dès lors les voilà complétement unis jusqu'au dernier jour de ce mariage temporaire. Ce terme expiré, ils sont libres de se séparer, de convoler ailleurs ou de renouveler leur premier engagement. Mais on assure qu'il y en a très-peu qui prennent ce dernier parti, et qu'en le prenant ils s'arrangent de manière à ne pas être obligés trop longtemps de *payer les pots cassés*.

Un bon mariage est difficile à faire, même en peinture.

C'est ce que dit un jour un plaisant qui regardait les *Sept Sacrements* de Nicolas Poussin, quand il en vint à examiner le tableau du *Mariage*, plus faible que les autres, et le mot passa en proverbe.

Mais pourquoi un bon mariage est-il si difficile à faire? — Il faudrait, pour le dire, exposer tant de raisons, rappeler tant de faits, entrer dans tant de détails, que je serais obligé d'ajouter un second tome à ce petit livre, ce qui serait fort déplaisant pour les lecteurs qui auraient été tentés d'y jeter un coup d'œil par curiosité, dans leurs moments perdus. Qu'on me permette donc de ne pas traiter la question. Si l'on désire en avoir au long la réponse, qu'on interroge certains mal-mariés, qui sont assez disposés à faire le récit de leurs infortunes, ou bien qu'on examine avec quelle légèreté, quelle irréflexion, quelle imprévoyance, se forment les unions conjugales, surtout en France, où l'on se marie plus vite qu'en tout autre pays, soit par le désir de terminer sans retard cette affaire de pure spéculation, soit par l'effet de l'impatience qui compose en quelque sorte le fond du caractère français. Cet examen suffira pour faire comprendre combien il est difficile que les parties contractantes, qui s'accordent sans se connaître, ne soient pas en désaccord dès qu'elles se connaissent, et qu'après s'être prises pour ce qu'elles ne sont pas, elles n'en viennent point à se quitter pour ce qu'elles sont.

La spéculation matrimoniale est la principale source d'où découlent les malheurs des conjoints. Je citerai sur ce sujet quelques phrases détachées d'un article plein de bon sens et d'esprit publié dans le journal *le Siècle*, n° du 11 décembre 1859, par M. Edmond Texier, et les lecteurs m'en sauront gré.

« Les pères de famille, dit cet ingénieux écrivain, ont parlé à leurs enfants le langage de la raison. Ils leur ont dit que l'amour est un enfantillage, le sentiment une faiblesse, et ils ont inventé cette magnifique spéculation qui s'appelle le *mariage d'argent*. Le mariage d'argent a tellement réussi qu'on n'en voit point d'autre aujourd'hui. On n'épouse plus ni un cœur, ni un esprit, ni une femme. On se marie avec une dot, et c'est l'union des dots qui a créé le demi-monde. Ce monde-là a eu sa raison d'être le jour où le prêtre a béni les serments de deux coffres-forts. La beauté, la grâce, l'éducation, la vertu même, tout cela ne pèse pas une demi-once dans le plateau de la balance conjugale. Le mariage, tel qu'on le traite de nos jours, est le principal pourvoyeur de ces dames (les courtisanes). Le demi-monde pousse à l'ombre du mariage d'argent, comme la mousse à l'ombre des grands arbres. Ceci a engendré cela. C'est sur le fumier du mariage d'argent qu'a poussé le champignon du demi-monde. C'est là, et non ailleurs, qu'il faut aller déterrer la comédie d'aujourd'hui. »

Un bon mariage répare tout.

« Le mariage, dit Bayle, fait rentrer au port de l'honneur, il y répare les vieilles brèches, il donne la qualité de légitimes à des enfants qui ne la possédaient pas. Je ne dis rien du voile épais dont il peut couvrir les nouvelles brèches, les fautes courantes et le péché quotidien. »

Ce proverbe s'applique particulièrement aux hommes et aux femmes que le résultat qu'il énonce vient absoudre des galanteries et des désordres de leur vie antérieure. Il sert quelquefois de devise aux dissipateurs qui continuent à faire des dettes en se flattant d'épouser quelque riche héritière dont la dot comblera leur déficit.

On dit aussi : *Le mariage est une planche après le naufrage*, pour exprimer les mêmes idées. Mais on a remarqué avec esprit et raison que s'il fait trouver un port dans la tempête, il peut également faire trouver une tempête dans le port.

La même année vit naître le mariage d'inclination et le repentir.

Les mariages d'inclination, surtout ceux qui se font entre des personnes de condition inégale et contre le gré des parents, offrent peu de chances d'être heureux. Ils peuvent bien aller pendant quelques jours, c'est-à-dire dans le temps fort court où la passion aveugle sous laquelle ils ont été contractés conserve toute sa force ; mais à mesure qu'elle s'affaiblit, les écailles tombent des yeux des époux, et chacun aperçoit de tristes réalités, au lieu des séduisantes idéalités qu'il s'était formées ; la femme gémit de n'être pas reçue chez les parents de son mari, et d'être privée par suite de la considération et de l'estime qu'elle se croit en droit d'exiger d'eux ; le mari se trouve déplacé dans la famille de sa femme, et il lui reproche son peu de distinction. Le mari supporte difficilement les observations d'une belle-mère acariâtre et d'un beau-père intéressé ; puis les défauts des conjoints, que la passion avait voilés, apparaissent dans leur désolante nudité. Les récriminations commencent de part et d'autre et deviennent plus amères par la contradiction. Ils se font des reproches mutuels ; les parents de la femme prennent parti pour elle. Pour peu que l'aisance vienne à disparaître du ménage la discorde est à son comble. On pourrait, en présence de tous ces inconvénients, dire que rien n'est terrible dans le mariage comme le paupérisme et le *beaupérisme*.

Les meilleurs mariages se font entre pareils.

Cette maxime est attribuée par les anciens tantôt à Pittacus, tantôt à Cléobule, qui recommandaient tous deux de se marier selon sa condition. Le dernier disait pour raison : « Si vous épousez une femme d'une naissance plus relevée que la vôtre, vous aurez autant de maîtres qu'elle aura de parents ; » vérité dont la démonstration a été donnée dans le *Dolopatos*, dans plusieurs fabliaux de nos trouvères, dans deux contes de Boccace, et dans le *Georges Dandin* de Molière.

Le poëte Eschyle admirait ce proverbe. Voici l'éloge qu'il en a fait dans son *Prométhée enchaîné*, scène VI : « Qu'il était sage, qu'il était sage, celui qui le premier conçut dans sa pensée, qui le premier fit entendre cette maxime au monde : *C'est entre égaux qu'il faut s'allier !* C'est là qu'est le bonheur. Jamais d'hymen entre le riche fastueux, entre le noble fier de sa race et le pauvre artisan... L'hymen entre égaux n'offre point de péril, et n'a rien qui m'épouvante. »

Les Hébreux disent qu'*il faut descendre un degré pour prendre une femme, et en monter un pour faire un ami*, afin que celui-ci nous protége et que l'autre nous obéisse.

Les mariages sont écrits dans le ciel.

Ce proverbe, dont la signification est que les mariages sont souvent imprévus et semblent dépendre de la destinée plutôt que des calculs humains, figurait dans notre vieux droit coutumier en ces termes rapportés par Loisel : *Les mariages se font au ciel et se consomment sur la terre.* Il avait été primitivement consigné dans un de ces formulaires de pratique mis en rimes latines dans le huitième et le neuvième siècle. C'est de là probablement qu'il est passé chez les Allemands, les Italiens, les Espagnols et les Anglais, etc. Ces derniers y ont fait une variante qui associe le nœud conjugal à celui qui serre le cou d'un pendu : « *Marriage and hanging go by destiny.* Mariage et pendaison vont au gré de la destinée. »

Je ne sais s'il est vrai que les mariages soient écrits dans le ciel, mais il est sûr qu'il y en a beaucoup sur lesquels le diable a de bonnes hypothèques.

On connaît ce mot d'une donzelle dépitée de voir les épouseurs échapper à ses galanteries : « Vous verrez que si les mariages sont écrits dans le ciel, le mien se trouvera au dernier feuillet. » Une autre, après la mort de son père, qui avait toujours refusé de la marier, quoiqu'elle en eût grande envie, s'écriait : « Dieu veuille que mon père ne voie point là-haut le registre où mon mariage est inscrit ! il serait capable de déchirer la page. »

Année de noisettes, année de mariages.

Ou bien *année d'enfants.* Voici l'explication que j'ai donnée dans mes *Études historiques, littéraires et morales sur les proverbes français et sur le langage proverbial.* — Le fruit que la noisette renferme sous une double enveloppe a été regardé comme l'image de l'enfant dans le sein de sa mère, et l'on a conclu de cette similitude que les années abondantes en noisettes devaient l'être aussi en mariages ou en enfants. C'est de ce préjugé fort ancien, et non, comme on pourrait le croire, des rendez-vous donnés sous la *coudrette* ou la coudraie, qu'est né le dicton usité parmi les gens de la campagne et rappelé par A.-A. Monteil dans la phrase suivante de l'*Histoire des Français des divers États* (seizième siècle) : « Vous savez que c'est l'année des noisettes : tout le monde se marie ; sans plus attendre, mademoiselle, marions-nous. »

Il faut attribuer à la même cause l'usage antique de répandre des noix aux cérémonies nuptiales, usage qui n'avait pas pour but de marquer, ainsi qu'on l'a prétendu, que l'époux renonçait aux amusements futiles et ne songeait plus qu'aux graves devoirs de son nouvel état, mais d'exprimer un vœu pour la fécondité de l'épouse, car la noix présentait le même symbole que la noisette. C'est ce que dit formellement Pline le naturaliste, liv. XXV, chap. XXIV. Festus assure également, au mot *Nuces*, que les noix étaient jetées, pendant les noces, en signe de bon présage pour la mariée : *Ut novæ nuptæ intranti domum novi mariti auspicium fiat secundum et solistimum.*

Cela avait lieu au moyen âge comme dans l'antiquité. De plus, on déposait alors auprès du lit nuptial une corbeille pleine de noisettes qu'on avait fait bénir par un prêtre.

Il est resté quelque chose d'un tel usage dans ce qui se pratique aux noces villageoises, où l'on a soin de placer sur la table en face des mariés un plat de dragées, lesquelles ne sont, comme on sait, que des noisettes ou des amandes dont l'enveloppe a été remplacée par une couche de sucre glacé. C'est d'après une analogie du même genre qu'à l'occasion du baptême des enfants on distribue des boîtes de dragées aux amies, et qu'on jette des poignées de dragées à la foule des curieux. Il est évident que ces dragées marquent dans le mariage un souhait pour qu'il soit fécond, et, dans le baptême, une manifestation de la joie inspirée par l'heureux accomplissement de ce souhait.

On jetait aussi, au moyen âge, des grains de blé,

comme on le voit dans plusieurs relations de cette époque, notamment dans le *Romancero* du Cid, dont la quatorzième romance décrit les réjouissances qui eurent lieu aux noces du héros castillan. Voici de quelle manière naïve cette romance s'exprime : « Tant il en est jeté par les fenêtres et les grilles, que le roi en porte sur son bonnet qui est large des bords une grande poignée. La modeste Chimène en reçoit mille grains dans sa gorgerette, et le roi les retire à mesure. »

Plusieurs peuples de notre temps répandent encore des noix, des noisettes, des amandes, des fruits à noyau et des grains, pendant la cérémonie du mariage, comme emblèmes de la fécondité qui doit en résulter. Le fait a lieu assez souvent en Russie et en Valachie, il est également fréquent dans quelques villages de la Corse. Il se produit chez les Israélites de plusieurs endroits de la France et de l'Allemagne avec une circonstance digne de remarque : c'est que, dans le moment où ils font pleuvoir du froment sur le couple conjugal, ils ne manquent pas de prononcer en hébreu les paroles bibliques *croissez et multipliez*, qui ne permettent pas de garder le moindre doute sur le sens qu'on doit attacher à cette coutume symbolique.

Ma mère, qu'est-ce que se marier ? — Ma fille, c'est filer, enfanter et pleurer.

Ce proverbe dialogué, qui se trouve sous la même formule en Espagne et en d'autres pays, nous est venu des Provençaux, à qui l'on peut, d'après de grandes probabilités, en attribuer l'invention. Il exprime très-bien les trois principaux résultats du mariage pour les pauvres femmes du peuple; car ce sont elles surtout qui ont à souffrir les tribulations de cet état. Voyez avec quelle dureté elles sont traitées dans toutes les parties du monde.

Don Ulloa dit dans son *Mémoire sur la découverte de l'Amérique* : « Les peuples de ce continent ont été peu attachés à leurs femmes, qu'ils traitent encore comme des esclaves. Aussi ne le sentent-elles que trop. Il y a même des nations chez lesquelles deux vieilles femmes accompagnent la future épouse, le jour de son mariage, en pleurant réellement, se lamentant et lui criant sans cesse : « Que vas-tu faire? tu vas te précipiter dans le plus grand malheur; » c'est cet état insupportable qui les décide souvent à étouffer leurs filles en naissant pour les préserver d'être aussi malheureuses qu'elles. La fatigue que les jeunes femmes ont à essuyer, grosses ou non, pour suivre leurs maris à la chasse, à la pêche, préparer le manger et le boire, avoir soin des enfants dont les pères ne s'occupent guère, et diverses autres malheureuses circonstances font du mariage chez la plupart de ces nations un supplice affreux. »

Leur sort n'est pas meilleur en Asie et en Afrique, où règne la loi de Mahomet, qui est si dure pour elles. On sait à quelle triste captivité elles y sont réduites sous le régime de la polygamie, et avec quelle dureté elles sont traitées par leurs seigneurs et maîtres, pour lesquels elles ne sont, en quelque sorte, que des animaux domestiques.

Ce n'est guère que dans l'Europe chrétienne qu'elles jouissent de la liberté, et qu'elles sont regardées comme les compagnes de l'homme : encore les priviléges que ce titre leur donne n'existent-ils réellement que pour celles d'un certain rang.

Les trois situations que je viens d'indiquer ont été fort bien résumées par Senac de Meilhan dans cette phrase remarquable : « La femme, chez les sauvages, est une bête de somme; en Orient, un meuble; en Europe, un enfant gâté. »

Il est trop tôt pour se marier quand on est jeune, et trop tard quand on est vieux.

Proverbe pris de la réponse que fit Thalès à sa mère Cléobuline qui le pressait d'accepter un parti avantageux : « Ma mère, quand on est jeune, il n'est pas temps de se marier; quand on est vieux, il est trop tard; et un homme entre deux âges n'a pas assez de loisir pour se choisir une épouse. »

Ce mot considéré comme plaisanterie est assez bon, mais pris au sérieux il ne saurait être approuvé. Le célibat qu'il conseille produit des résultats plus déplorables que le mariage. Si celui-ci a des contrariétés et des ennuis, l'autre n'en manque pas, et de plus il est livré à une foule de vices qui blessent les lois de la morale et minent les fondements de la société. « A Dieu ne plaise, dit Montesquieu à ce sujet, que je parle contre le célibat qu'a adopté la religion ! Mais qui pourrait se taire contre celui qu'a formé le libertinage, celui où les deux sexes, se corrompant par les sentiments naturels mêmes, fuient une union qui doit les rendre meilleurs pour vivre dans celle qui les rend toujours pires?

« C'est une règle tirée de la nature que plus on diminue le nombre des mariages qui pourraient se faire, plus on corrompt ceux qui sont faits ; moins il y a de gens mariés, moins il y a de fidélité dans les mariages, comme lorsqu'il y a plus de voleurs il y a plus de vols. » (*Esprit des lois*, liv. XXIII, ch. XXI, à la fin.)

Ajoutons qu'il est fort rare de rencontrer un célibataire devenu vieux qui ne gémisse de son état. Il n'y a point pour lui de famille ; il achève ses tristes jours dans une sorte de séquestration, sous la garde incommode de quelque collatéral avide ou de quelque servante-maîtresse dont l'unique pensée est d'accaparer son héritage.

Le proverbe est très-bien réfuté par les observations qu'on vient de lire. Il l'est de même par cette phrase du chancelier Bacon qui présente une belle triade proverbiale : « A tout âge on a des raisons de se marier, car *les femmes sont nos maîtresses dans la jeunesse, nos compagnes dans l'âge mûr, et nos nourrices dans la vieillesse.* »

Il ne faut se marier ni trop tôt ni trop tard.

Je citerai à propos de ce proverbe un passage curieux extrait du commentaire plein d'érudition et d'élégance sur les œuvres de Coquillart par M. Charles d'Héricault : « *Trop tost marié* et *Trop tard marié* étaient deux types des maris malheureux. Leurs infortunes furent soigneusement racontées dans ce cycle de poésies contre la femme, qui compose presque toute la littérature des derniers temps du moyen âge. Il existe une pièce sur *Trop tost marié*, Gringoire a fait la complainte de *Trop tard marié*, et l'on peut voir la résolution de *Ny trop tost ny tard marié* dans les *Anciens poëtes françoys*, tome III, page 129. »

Cette *résolution* est une pièce de vers dans laquelle son auteur anonyme énumère les malheurs des sots qui se sont trop pressés ou ont trop différé de s'enrôler dans la grande confrérie matrimoniale, et décrit les délices dont il s'enivre avec sa jeune compagne, qu'il a eu l'esprit de prendre en temps opportun. Mais il ne dit point précisément à quel âge il a contracté cette union. C'est probablement entre la trentième et la trente-cinquième année, conformément à l'usage assez généralement observé vers la fin du quatorzième siècle.

Platon, au livre VI de la *République*, avait prescrit de se marier dans cet intervalle, qui se conciliait fort bien avec le précepte d'Hésiode : « L'âge de trente ans convient pour l'union conjugale. » (*Jours et Œuvres*, chap. II.) Mais Aristote, dans sa *Politique*, VII, XVI, conseillait d'attendre jusqu'à trente-sept ans.

J.-J. Rousseau, dans son *Projet de constitution pour la Corse*, prive du droit de cité tout homme qui n'est point marié à l'âge de quarante ans révolus.

On trouve dans les *Conseils et Maximes* de Panard, ce sixain qui revient à notre proverbe :

> L'époux, pour être gracieux,
> Doit n'être trop vert ni trop vieux.
> Belles, que tente l'hyménée,
> Apprenez ces deux vers par cœur :
> *Bois vert se consume en fumée,*
> *Bois vieux ne fait plus de chaleur.*

> Qui va loin se marier
> Sera trompé ou veut tromper.

La moralité à tirer de ce proverbe, dont la raison s'offre d'elle-même, c'est qu'il est bon de se marier dans son pays avec une personne que l'on connaisse bien. Si cela ne met pas tout à fait à l'abri des mauvaises chances que présente le mariage, cela du moins peut les diminuer beaucoup.

La recommandation de ne pas se marier loin remonte à une haute antiquité. Elle se trouve rappelée par Hésiode dans le poëme des *Jours et des Œuvres*.

> Avant de te marier,
> Aie maison pour habiter.

C'est-à-dire : Ne cherche pas à fonder une famille, si tu ne possèdes point ce qui est nécessaire pour la loger et la nourrir.

Tel est le sens littéral de ce proverbe, qui contient en germe la doctrine que Malthus et ses disciples ont développée dans un odieux système, où ils ne tiennent pas le moindre compte de l'action providentielle du bon Dieu, qui, certainement, n'a pas dit aux créatures humaines : *Croissez et multipliez*, pour qu'elles fussent réduites à mourir de faim par suite de leur multiplication.

S'il ne fallait se marier que lorsqu'on a pignon sur rue, la plupart des hommes seraient obligés de vivre dans le célibat, et qui sait ce que deviendrait la société avec de pareils citoyens?... Mais consultons l'esprit plutôt que la lettre du proverbe, et nous y verrons un assez bon conseil, dont l'expression a été probablement exagérée à dessein pour faire mieux comprendre aux indigents qui aspirent à se mettre en ménage combien le travail et l'économie leur sont indispensables. Il serait déraisonnable et immoral s'il les engageait à renoncer au mariage, qui leur convient encore mieux qu'aux riches. Cet état est dans les vues de Dieu, dont la parole ne peut les tromper comme le calcul hasardé des économistes, et ils ne doivent plus craindre de s'y engager, s'ils ont la ferme résolution de remplir les obligations qu'il leur impose. Ils ont droit, en ce cas, d'espérer, de compter même, qu'avec l'aide de la Providence et une conduite sage et laborieuse ils ne manqueront pas des moyens d'entretenir leur famille, si nombreuse qu'elle soit. *Celui qui envoie les bouches envoie aussi les vivres,* dit un proverbe qu'on voit presque toujours se vérifier par une bénédiction spéciale du ciel. Les enfants sont la richesse du pauvre qui vit honnêtement; ils attirent sur lui l'intérêt général, et, suivant une sainte maxime, ils lui sont donnés comme un héritage du Seigneur et comme une récompense : *Ecce hæreditas Domini, filii; merces, fructus ventris.* (Psalm. cxxvi. 3.)

Il ne faut pas se marier si l'homme n'a de quoi dîner et la femme de quoi souper.

C'est absolument l'idée du proverbe précédent que celui-ci reproduit sous une forme différente. Ainsi les réflexions qui ont été faites sur l'un sont tout à fait applicables à l'autre, et nous ne croyons pas qu'il soit nécessaire d'y en ajouter de nouvelles pour démontrer que le second ne doit pas plus que le premier être interprété conformément à cette détestable doctrine malthusienne, qui voudrait interdire le mariage aux pauvres afin d'en étouffer la race, et qui semble ne faire consister le bien-être qu'elle promet que dans le résultat d'une action dénaturée, c'est-à-dire dans l'augmentation des subsistances par la diminution de l'espèce humaine.

Nous remarquerons seulement, sur le dernier proverbe que, s'il était pris à la lettre, il placerait dans une fâcheuse alternative deux personnes qui n'auraient aucun bien et qui s'aimeraient ; car elles seraient condamnées à la misère en se mariant, et au malheur en ne se mariant pas.

Il faut se marier en face de l'église.

Il faut que le mariage soit consacré par la religion. C'est une maxime dans le développement de laquelle je n'ai pas l'intention d'entrer ; je veux seulement examiner quelle a été l'origine de l'expression *en face l'église*, qui semble un peu étrange aujourd'hui, et démontrer qu'elle est une de celles dont on ne saurait trouver la juste explication que dans les usages de nos pères. On a prétendu à tort qu'elle désignait par le mot *église* l'autorité ecclésiastique. Elle n'emploie pas ce mot dans un sens figuré, mais dans un sens matériel ; elle prend l'église pour le bâtiment sacré où les fidèles se rassemblent, et elle fait allusion à l'ancienne coutume de célébrer devant la porte de ce bâtiment la cérémonie du mariage qui se fait maintenant dans l'intérieur. C'est de là très-certainement qu'elle est née, et elle date d'une époque fort reculée.

On la trouve au XXVI° chapitre du III° livre de Guillaume de Newbrige, savant anglais qui écrivait en latin, il y a plus de six cents ans. Voici le passage où cet auteur l'a consignée, en faisant mention du mariage de Henri II, Plantagenet, avec Éléonore d'Aquitaine, épouse divorcée du roi de France Louis VII, dit le Jeune : *Solutamque a lege prioris viri in facie ecclesiæ, quadam illicita licentia, ille mox suo accepit conjugio.*

Dans un missel de 1555, à l'usage de l'église de Salisbury, on lit cette recommandation : « *Statuantur vir et mulier ante ostium ecclesiæ, sive in faciem ecclesiæ, coram Deo et sacerdote et populo.* Que l'homme et la femme soient placés devant la porte de l'église ou EN FACE DE L'ÉGLISE, en présence de Dieu, du prêtre et du peuple. »

On sait que le mariage de Henri de Béarn, depuis Henri IV, avec Marguerite de Valois, sœur de Charles IX, eut lieu, le 18 avril 1572, par le ministère du cardinal de Bourbon sur un brillant échafaud dressé à la porte de l'église de Notre-Dame de Paris.

Ces faits et beaucoup d'autres semblables que je pourrais y joindre prouvent qu'en France et en Angleterre on se mariait encore devant la façade de l'église vers la fin du seizième siècle. Cependant il faut observer que, dans la mauvaise saison et dans les jours pluvieux, on faisait la cérémonie sous le porche, d'où l'on ne tarda pas à passer dans la chapelle. Mais quels étaient donc les motifs qui avaient pu faire adopter le mariage en plein air ? Quelques auteurs pensent que cet usage était un reste des mœurs païennes. Ils disent que plusieurs peuples de l'antiquité, particulièrement les Étrusques, se mariaient dans la rue devant la porte de la maison, où l'on entrait pour la conclusion de la cérémonie.

A cette raison Selden en ajoute une autre dans son *Uxor hebraica* (operar., t. III, pag. 680) : c'est que la dot ne pouvait être légalement assignée qu'en face de l'église.

Il ne faut pas se marier pour la première nuit de ses noces.

Il faut consulter la raison, les convenances et l'intérêt dans le choix d'une épouse, et ne pas se marier uniquement pour satisfaire un fol amour. Celui qui ne prend femme que dans la vue si spirituellement indiquée par le proverbe se mécompte presque toujours, car l'amour passe et la femme reste, sans conserver pour le mari cette beauté qui avait exercé sur lui une irrésistible fascination.

Tout est fini ou bien près de finir pour l'amour sitôt que l'union de deux cœurs devient celle de deux corps, et les charmantes illusions qu'il faisait naître cèdent la place à de tristes réalités. C'est un mirage fantastique après lequel on ne voit plus que les sables arides du désert.

Bailler ou donner le chapelet à une fille.

C'est la marier. Le chapelet ou petit chapeau, auquel a succédé la guirlande de fleurs d'oranger, était une couronne de romarin ou de myrte qu'on mettait autrefois sur le front des jeunes filles dans la cérémonie nuptiale, à l'imitation de la couronne de marjolaine que prenaient les nouvelles mariées chez les Romains, comme on le voit dans ces deux vers de l'épithalame de Julie et de Manlius par Catulle :

Cinge tempora floribus
Suaveolentis amarari.

Ceins tes tempes des fleurs de l'odorante marjolaine.

Il y avait sans doute en cela une allégorie qui recommandait aux épousées de conserver soigneusement l'honneur conjugal dont cette couronne présentait l'emblème.

Prendre le collier de misère.

C'est se marier. Les nombreux éléments dont se compose cette misère étant exposés en assez grand détail dans les proverbes qui précèdent ou qui suivent, je me bornerai à joindre à celui-ci une anecdote orientale propre à lui servir de commentaire.

Bahalul, que les saillies de son esprit firent surnommer Al-Mégoun, c'est-à-dire le Fou, plaisait beaucoup au calife Haroun al-Raschid par son humeur enjouée, ses reparties ingénieuses et ses traits vifs et facétieux. Ce calife lui dit un jour : « Bahalul, pourquoi ne te maries-tu pas ? je veux te donner une épouse jeune, bien faite et riche. Elle te procurera toutes les douceurs de la vie. » Bahalul, cédant à ces raisons et plus encore à la volonté de son maître, consentit au mariage, et, les noces s'étant faites, il entra avec sa femme dans la couche nuptiale. Mais à peine y fut-il, qu'il entendit ou feignit d'entendre un grand bruit dans le sein de sa compagne. Effrayé, il s'élance aussitôt du lit et s'enfuit bien loin hors de la ville. Le calife, instruit de son escapade, ordonne de le chercher : on le trouve et on le lui amène. Le monarque le réprimande d'abord, et lui demande ensuite où est le mot pour rire dans cette affaire. « Sublime commandeur des croyants, répond Bahalul, vous m'aviez promis que je goûterais avec ma femme toutes les douceurs de la vie. Cependant, à peine étais-je couché auprès d'elle, que toutes mes espérances furent trompées. J'entendis un bruit alarmant qui sortait de ses entrailles, il était formé d'une foule de voix qui tour à tour me demandaient une chemise, un habit, un turban, des souliers, du pain, du riz, de la viande, etc. Il y avait, en outre, des cris, des pleurs, des rires de plusieurs enfants qui allaient, venaient, folâtraient, se battaient, se plaignaient ou s'égayaient à qui mieux mieux. Je fus si épouvanté de ce vacarme, que je laissai là ma femme pour échapper aux malheurs dont sa fécondité me menaçait. Je n'aurais pu rester avec elle sans devenir encore plus fou que je ne suis. »

Allumer la chandelle à quatre cornes.

Vieille expression proverbiale dont on se sert quelquefois encore en certaines provinces et même à Paris, pour marquer le contentement d'un père et d'une mère qui marient la dernière de leurs filles, après avoir marié toutes les autres. Elle rappelle la coutume anciennement observée, en pareil cas, de faire une espèce d'illumination de joie en allumant toutes les mèches d'une grande lampe de famille, qui avait ordinairement quatre cornes ou becs. Cette coutume était un reste des antiques formalités du mariage, où l'on employait le feu comme élément symbolique. Le recueil manuscrit des anciens statuts de Marseille (*Statuta Massiliensia*, année 1274) nous apprend que, le jour des noces, on avait soin d'entretenir des luminaires dans l'intérieur des maisons. On peut voir, à ce sujet, l'*Histoire de Marseille* par Fabre (II, 204).

Il y a une remarque grammaticale à faire sur le mot *chandelle*, qui pourrait paraître avoir été improprement introduit dans l'expression que je viens d'expliquer ; c'est qu'autrefois *chandelle* était un terme générique, désignant à la fois et la substance qui éclairait et l'ustensile où cette substance était placée. D'autres en ont fait la remarque avant moi.

Qui se marie à la hâte se repent à loisir.

Un mariage contracté trop vite devient une source intarissable de regrets, parce qu'il est rarement fondé sur le rapport des caractères sans lequel la bonne intelligence ne saurait guère exister entre les époux. Les Allemands disent : *Mariage prompt, regret long.*

> *Heirath in Eil'*
> *Bereut man mit Weil.*

« En général les mariages conclus après une longue fréquentation, pendant laquelle on a appris des deux parts à se connaître, sont ceux dans lesquels on trouve plus d'amour et de constance. Il faut que l'amour ait jeté de profondes racines et se soit bien fortifié avant d'y enter le mariage. Une longue suite d'espérances et d'attentes nous fixe l'idée dans l'esprit et nous accoutume à sentir une véritable tendresse pour la personne dont on a fait choix. » (Addison, *Spectateur*.)

En effet, une longue fréquentation, où l'on apprend

à se connaître, à s'estimer mutuellement, doit produire une tendre amitié, et cette amitié est le plus heureux commencement ainsi que la meilleure garantie de l'amour conjugal. Malfilâtre a développé une idée semblable en vers élégants dans le premier chant de son poëme intitulé *Narcisse dans l'île de Vénus*. Je vais les citer, pour donner de la variété et de l'agrément à cet article :

> Vénus voulut, avant l'âge où l'on aime,
> Voir ses sujets, voir ces couples charmants,
> Couples! leurs, déjà s'unir d'eux-mêmes
> Par le rapport des goûts, des sentiments.
> Elle voulut que ces enfants aimables,
> Pour rendre un jour leurs chaînes plus durables,
> Fussent amis avant que d'être amants ;
> Qu'en attendant les amoureuses flammes,
> D'avance un sexe à l'autre fût lié ;
> Qu'enfin l'amour, prêt d'entrer dans leurs âmes,
> En arrivant, y trouvât l'amitié ;
> Car l'amitié, la confiance intime
> Nourrit l'amour, le soutient, le ranime,
> Et rend ses feux plus touchants de moitié.
> De leur concours, de leur souffle unanime,
> Naît ce plaisir pur, délicat, sublime,
> Plaisir cherché par nos vœux superflus,
> Plaisir moqué des mortels corrompus.
> Mais quoi ? l'amour n'est point connu du crime,
> Puisque l'amour sans l'amitié n'est plus,
> Que l'amitié se fonde sur l'estime,
> Et que l'estime est fille des vertus.

On se marie pour soi.

C'est la réponse que fait le jeune homme écervelé qui refuse de se laisser guider dans le choix d'une épouse par ses parents ou ses amis, et qui, poussé par un désir aveugle, s'obstine à s'unir à celle dont les appas seuls l'ont séduit, sacrifiant toutes les convenances à sa folle passion, et bravant tous les effets malheureux que ne peut manquer de produire cette union disproportionnée ou mal assortie. Le mariage est un état trop important et trop sérieux pour s'y engager avec étourderie et par caprice. Suivant Montaigne, « l'alliance, les moyens y poisent (doivent y entrer en compte) par raison, autant ou plus que les grâces et la beauté. On ne se marie pas pour soy, quoy qu'on en die; on se marie autant ou plus pour sa postérité, pour sa famille; l'usage et l'intérest du mariage touche notre race, bien loing par delà nous. » (*Essais*, liv. III, chap. v.)

Cervantes pensait que les parents devaient décider du mariage de leurs enfants et ne pas les laisser libres de le conclure eux-mêmes par fantaisie ou par amour. Voici les réflexions qu'il a mises dans la bouche de don Quichotte sur ce sujet : « Si tous ceux qui s'aiment pouvaient ainsi se marier, ce serait enlever aux parents le droit de choisir pour leurs enfants et de les marier quand ils le jugent convenable ; et si le choix des maris était abandonné à la volonté des filles, telle se trouverait qui prendrait le valet de son père, et telle autre le premier venu qu'elle aurait vu passer dans la rue fier et pimpant, ne fût-il qu'un débauché et un spadassin. L'amour aveugle aisément les yeux et l'esprit, si nécessaires pour le choix d'un état ; et, en fait de mariage surtout, rien de plus facile que de se tromper : il faut un grand tact et une faveur particulière du ciel pour rencontrer juste. Quelqu'un veut-il entreprendre un long voyage, s'il est sage, avant de se mettre en route, il cherchera un compagnon sûr et agréable. Pourquoi donc ne ferait-il pas de même celui qui doit cheminer tout le cours de la vie jusqu'au terme final, la mort; surtout si son compagnon de route doit le suivre au lit, à la table, partout, comme fait la femme pour son mari ? » (Partie II, ch. XIX.)

Il n'y a pas de législation qui n'ait jugé nécessaire le consentement des pères au mariage des enfants. « Cette nécessité, dit Montesquieu dans l'*Esprit des lois* (liv. XXIII, ch. VII), est fondée sur leur puissance, c'est-à-dire sur leur droit de propriété. Elle est aussi fondée sur leur amour, sur leur raison et sur l'incertitude de celle de leurs enfants, que l'âge tient dans l'état d'ignorance, et les passions dans l'état d'ivresse. »

Le jour où l'on se marie est le lendemain du bon temps.

Dès ce jour-là tout devient sérieux dans la vie; les jeux et les divertissements cessent d'être de saison, et les préoccupations de l'avenir doivent commencer. Il faut pourvoir aux besoins du ménage, travailler sans relâche pour l'entretien de la femme qu'on a prise et des enfants qu'on aura, enfin se dévouer tout entier à l'accomplissement des graves obligations qu'impose le nouvel état où l'on vient d'entrer.

Bacon a dit dans un style noblement figuré : « Quiconque a épousé une femme et mis des enfants au jour a donné des otages à la fortune. »

Il en a donné aussi à la morale, dont les lois ont alors sur lui plus d'autorité et l'attachent à ses devoirs par des liens plus forts et plus sacrés. Le mariage est essentiellement moralisateur ; il éloigne du vice et mène à l'honnêteté. « Plus vous aurez d'hommes mariés, dit Voltaire, moins il y aura de crimes. Voyez les registres affreux de vos greffes criminels ; vous y trouverez cent garçons de pendus, ou de roués, contre un père de famille.

« Le mariage rend l'homme plus vertueux et plus sage. Le père de famille ne veut pas rougir devant ses enfants ; il craint de leur laisser l'opprobre pour héritage. » (*Dictionnaire philosophique*, art. *Mariage*.)

Joignons à cela un morceau remarquable extrait de la charmante mosaïque composée par M. L. Veuillot, sous le titre modeste de *Çà et Là* : « Je suis éperdu d'admiration — hélas ! et d'épouvante — quand je songe à la grandeur morale où quelque petit individu de ma sorte, par exemple, peut et doit s'élever, sans avoir cependant ni puissance, ni richesse, ni génie, par cette seule raison qu'il est homme et chef de famille. Voilà autour de cet homme un monde à protéger, à aimer, à servir, à édifier, à réjouir même. Il faut que l'on vive de ses labeurs, que l'on se fortifie de ses exemples, que l'on s'honore de ses œuvres, que l'on soit heureux par lui. »

Qui se marie fait bien, et qui ne se marie pas fait encore mieux.

Ce proverbe, dans lequel se trouve une sorte d'approbation ou plutôt de tolérance pour le mariage, est dérivé d'un passage de la première épître de saint Paul aux Corinthiens. Cet apôtre, après avoir dit qu'il est avantageux de ne pas se marier, afin que le soin des choses du monde ne détourne pas du soin des choses du Seigneur, reconnaît cependant ce qui doit être accordé au besoin de la nature humaine, et conclut en ces termes : « *Qui matrimonio jungit virginem suam bene facit, et qui non jungit melius facit* (cap. VII, 38). Celui qui marie sa fille fait bien, et celui qui ne la marie pas fait mieux. »

Un père, qui avait ses raisons pour ne pas vanter devant la sienne les avantages de l'état conjugal, lui répétait les paroles de saint Paul, elle lui dit : « Mon père, faisons bien, fera mieux qui pourra. »

Qu'on se marie ou non, l'on a toujours à s'en repentir.

C'est ce que Socrate répondit à un jeune Athénien qui, hésitant à prendre femme, lui demandait s'il valait mieux se marier ou ne pas se marier. Sa réponse devint un proverbe dont on se sert encore aujourd'hui et dont l'idée a été reproduite dans plusieurs variantes vulgaires ; je me borne à signaler celle-ci : *Femme est marchandise trompeuse : qui n'en a point s'en plaint, qui en prend s'en repent.*

La réponse du philosophe n'était pas conforme à la demande. Il n'avait pas à dire si celui qui se mariait et celui qui ne se mariait point s'exposaient également au repentir, mais bien auquel des deux ce repentir devait être plus amer. Il jugea à propos d'éluder la question et de la laisser indécise. Qu'on se garde pourtant de conclure de là qu'il n'appréciait pas mieux le mariage que le célibat. C'est à tort qu'on a prétendu que les contrariétés que lui suscitait l'humeur fort difficile de sa femme Xantippe le lui avaient rendu antipathique, il ne cessa jamais de le regarder comme l'institution la plus utile qui a produit la famille, fondement de la société. Il en parla dans une nombreuse assemblée en termes si honorables et si persuasifs, il on exposa les avantages sous un si beau jour, que les célibataires, dont son auditoire était en grande partie composé, se marièrent tous dans l'année. C'était prendre le bon parti, car le mariage, malgré ses désagréments et ses chagrins, est bien préférable au célibat, je ne parle pas du célibat des hommes voués à la religion ou à la science et capables d'acquitter leur dette envers la société par des vertus ou des talents, je parle de celui des vils égoïstes et des lâches voluptueux, qui sacrifient tous leurs devoirs pour satisfaire leurs vices.

On ferait bien mieux de ridiculiser les célibataires que les gens mal mariés. C'est ce que faisaient les peuples antiques, et quelques-uns même de ces peuples les traitaient plus sévèrement. On sait que, chez les Spartiates, les femmes avaient le droit de les fouetter tous les ans, au pied de la statue de Junon qui présidait aux mariages.

Je ne prétends pas assurément qu'il faille renouveler contre eux une pareille punition. Je pense qu'ils ne sont que trop punis par les vices qu'ils contractent dans la vie qu'ils mènent et par l'abandon où ils sont réduits dans leurs dernières années.

Quant aux plaisanteries sur le mariage, il faut bien les tolérer, et j'aurais mauvaise grâce à vouloir les proscrire. Tout ce que je demande, c'est qu'elles ne soient pas sérieuses, et qu'au lieu de porter sur l'institution elle-même, elles tombent sur ce qui tend à fausser cette institution, qui est la plus respectable du monde puisqu'elle est le fondement de la famille, sur laquelle est fondée la société.

Laissons donc les railleurs s'égayer sur ce sujet, pourvu qu'ils ne dépassent pas les justes limites que la vérité, la décence et le bon goût imposent. Nos aïeux, grands amateurs de la gaudriole, sont allés trop souvent au delà. Cependant ils ne négligeaient pas de se marier, et ils avaient soin de donner à la société un grand nombre d'enfants légitimes. C'est sur ce dernier point qu'il faut les imiter. Que les malthusiens en disent ce qu'ils voudront, je pense qu'il est bon que chacun fasse comme ses père et mère. Ainsi soit-il.

> Qui se marie par amours
> A bonnes nuits et mauvais jours.

Une femme d'esprit et de sens, Mme de Flahaut, disait à son fils, pour le dissuader de faire un mariage d'amour, qui est ordinairement un mariage pauvre : « Souvenez-vous, mon fils, qu'il n'y a qu'une chose qui revienne chaque jour dans le ménage, c'est le dîner. »

Voici comment Molière a développé la pensée proverbiale dans l'*Étourdi*, acte IV, scène IV :

> Quand on ne prend en dot que la seule beauté,
> Le remords est bien près de la solennité,
> Et la plus belle femme a bien peu de défense
> Contre cette tiédeur qui suit la jouissance.
> Je vous le dis encor, ces bouillants mouvements,
> Ces ardeurs de jeunesse et ces emportements
> Nous font trouver d'abord quelques nuits agréables.
> Mais ces félicités ne sont guère durables,
> Et notre passion, alentissant son cours,
> Après de bonnes nuits donne de mauvais jours.
> De là viennent les soins, les soucis, les misères.
> Les fils déshérités par le courroux des pères.

Thomas Corneille a dit sur le même sujet, mais d'un style moins vigoureux :

> L'abondance des biens
> Pour l'amour conjugal a de puissants liens.
> La beauté, les attraits, l'esprit, la bonne mine,
> Échauffent bien le cœur, mais non pas la cuisine;
> Et l'hymen qui succède à ces folles amours,
> Après quelques douceurs a bien de mauvais jours.

Qui se marie se met la corde au cou.

C'est-à-dire se rend esclave. Ce proverbe est une traduction vulgaire des paroles d'Hippothoüs, citées parmi les *Sentences choisies des trésors des Grecs*, par Stobée : « *Astrictus nuptiis non amplius liber est.* Celui qui est lié par le mariage n'est plus libre. »

> Cette chaîne qui dure autant que notre vie,
> Et qui devrait donner plus de peur que d'envie,
> Si l'on n'y prend bien garde, attache assez souvent
> Le contraire au contraire et le mort au vivant.

Ces vers de Corneille assimilent le mariage au supplice que Mézence infligeait à ses victimes. Ce tyran, dit Virgile, unissait des corps vivants à des cadavres. (*Énéide*, VIII, 485.)

> *Mortua quin etiam jungebat corpora vivis.*

Qui se marie s'achemine à faire pénitence.

Il n'y a rien qui ait besoin d'explication dans ce proverbe, et je me bornerai à y joindre une historiette vraie ou fausse, dont on l'assaisonne ordinairement, quand on le cite. La voici telle qu'elle a été mise en vers par Pons de Verdun, le plus fécond de nos rimeurs anecdotiers :

> La veille de son mariage,
> Thomas au père Hilarion
> Fut demander, selon l'usage,

Un billet de confession.
Le pénitent, gai comme un prince,
Bien confessé, billet en main,
S'en allait: un remords le pince,
Et vite il rebrousse chemin.
« Sans doute c'est par oubliance,
Va-t-il dire au père étonné,
Que vous ne m'avez pas donné
Le moindre mot de pénitence.
— Allez, répond le franciscain,
Allez, vous n'en avez que faire :
Ne m'avez-vous pas dit, mon frère,
Que vous vous mariiez demain ?

Marie ton fils quand tu voudras, et ta fille quand tu pourras.

On peut différer sans inconvénient le mariage d'un fils, qui ordinairement n'est point à charge à la famille ; mais il n'en saurait être de même de celui d'une fille, car elle donne bien de l'embarras et exige une surveillance continuelle. Il importe beaucoup de lui chercher un époux, et si l'on en trouve un qui soit convenable, il faut le lui donner sans retard. *Marie ta fille, et tu auras fait une grande affaire*, dit un autre proverbe traduit de ces paroles de l'*Ecclésiastique* : *Trade filiam, et grande opus feceris* (VII, 27).

Cette *grande affaire* n'était pas aussi importante dans l'antiquité qu'elle l'est dans notre temps, où le mariage est devenu extrêmement difficile. Alors, pour parler comme Dante, « la fille en naissant ne faisait pas encore peur à son père, car l'heure de la marier et la dot n'avaient pas toutes deux dépassé toute mesure. »

Non faceva nascendo ancor paura
La figlia al padre, che il tempo e la dote
Non fuggian quinci et' quindi la misura.

La diminution des mariages, produite d'un côté par le libertinage des hommes, et de l'autre par le luxe des femmes, est telle aujourd'hui qu'elle fait la désolation des familles et préoccupe les politiques et les moralistes, effrayés des calculs de la statistique qui démontre que, depuis vingt-cinq ans, le mariage ne cesse de décroître ou de rester stationnaire.

Marie ta fille quand elle en a envie, et ton fils quand l'occasion s'en présente.

Il ne faut pas refuser un mari à sa fille lorsqu'elle éprouve le désir et le besoin d'en avoir un ; car ce refus pourrait entraîner de graves inconvénients pour elle et pour la famille. Il ne faut pas non plus négliger de marier son fils quand on en trouve l'occasion, quoiqu'il n'y ait pas urgence de le faire. Ce proverbe, dont la dernière partie contredit un peu la première du précédent, est littéralement traduit du basque :

Alaba escont esac nahi-denean.
Semea ordu-denean.

Marie ton fils à Paris.

Ce proverbe, peu significatif et peut-être peu sage aujourd'hui, était autrefois un bon conseil pour les parents qui tenaient à marier leur fils richement, parce que la Coutume de Paris avantageait les filles au détriment des garçons.

Marie ta fille en Normandie.

L'ancienne Coutume de Normandie contenait, à l'égard des filles, des dispositions contraires à celles de la Coutume de Paris; elle les désavantageait pour avantager les fils, qui devenaient par là de riches partis. Les fils dont il est ici question étaient les aînés; car les autres n'avaient guère plus de droit que les filles à l'héritage paternel, et l'on disait : *C'est un cadet de Normandie*, pour désigner un individu mal partagé sous le rapport de la fortune.

On sait que Boileau, qui estimait trop peu le talent de Th. Corneille, lui appliquait cette dénomination : « Ses vers, comparés à ceux de son aîné, disait-il, montrent bien qu'il n'est qu'*un cadet de Normandie.* »

Nul ne se marie qui ne s'en repente.

Proverbe qui se trouve textuellement dans la *Châtelaine de Saint-Gilles*, poëme manuscrit de la Bibliothèque nationale, n° 7,218. *Nus ne se marie qui ne s'en repente.* Et pourquoi ce repentir presque universel du mariage? Fénelon va nous l'apprendre : « Ce joug perpétuel, dit-il, est difficile à porter pour la plupart des hommes légers, inquiets et remplis de défauts. Chacune des deux personnes a ses imperfections : les naturels sont opposés, les humeurs sont presque incompatibles; à la longue, la complaisance s'use, on se lasse les uns des autres dans cette misérable nécessité d'être presque toujours ensemble et d'agir en toutes choses de concert. Il faut une grande grâce et une grande fidélité à la grâce reçue pour porter patiemment ce joug. Quiconque l'acceptera par l'espérance de s'y contenter grossièrement y sera bientôt mécompté. Il sera malheureux et rendra sa compagne malheureuse. C'est un état de tribulation et d'assujettissement très-pénible auquel il faut se préparer en esprit de pénitence. »

Fénelon dit encore dans un autre endroit de ses *Lettres spirituelles :* « Demandez, voyez, écoutez ; que trouvez-vous dans toutes les familles, dans les mariages mêmes qu'on croit les mieux assortis et les plus heureux, sinon des peines, des contradictions, des angoisses ? Les voilà ces tribulations dont parle l'Apôtre, lorsqu'il dit : *Ceux qui entrent dans les liens du mariage souffrent les tribulations de la chair, et je voudrais vous les épargner.* Il n'en a point parlé en vain ; le monde en parle encore plus que lui ; toute la nature est en souffrance. Laissons là tant de mariages pleins de dissensions scandaleuses ; encore une fois, prenons les meilleurs. Il n'y paraît rien de malheureux ; mais, pour empêcher que rien n'éclate, combien faut-il que le mari et la femme souffrent l'un de l'autre ! Ils sont tous deux également raisonnables, si vous le voulez (chose très-rare et qu'il n'est guère permis d'espérer) ; mais chacun a ses humeurs, ses préventions, ses habitudes, ses liaisons. Quelque convenance qu'il y ait entre eux, les naturels sont toujours assez opposés pour causer une contrariété fréquente, dans une société si longue, où l'on se voit de si près, si souvent, avec ses défauts de part et d'autre, dans les occasions les plus naturelles et les plus imprévues, où l'on ne peut être préparé. On se lasse, le goût s'use, l'imperfection toujours attachée à l'humanité se fait sentir de plus en plus. Il faut à toute heure prendre sur soi et ne pas montrer tout ce qu'on y prend ; il faut à son tour prendre sur son prochain, et s'apercevoir de sa répugnance. La complaisance diminue, le cœur se dessèche, on se devient une croix l'un à l'autre. Souvent on ne tient plus l'un à l'autre que par devoir tout au plus, ou par une certaine estime sèche, ou par une amitié altérée et sans goût qui ne se réveille que dans les fortes occasions. Le commerce journalier n'a presque rien de doux ; le cœur ne s'y repose guère : c'est plutôt une conformité d'intérêt, un lien d'honneur, un attachement fidèle, qu'une amitié sensible et cordiale. »

Saint Nicolas marie les filles avec les gaz [1].

Saint Nicolas, évêque de Myre, se distingua, durant tout son épiscopat, par sa charité évangélique et par son zèle éclairé pour le maintien des bonnes mœurs. Ayant appris un jour qu'un gentilhomme, père de trois filles qu'il ne trouvait pas à marier, faute de pouvoir les doter, se disposait à leur faire contracter des unions illégitimes, il alla de nuit se poster devant la maison de cet homme, et, profitant d'un moment où la fenêtre de sa chambre était ouverte, il y jeta une bourse remplie d'or pour qu'elle servît de dot à l'aînée des trois sœurs. Puis il renouvela, en temps opportun, le même acte de générosité en faveur de chacune des deux autres, qui devinrent, grâce à lui, de pieuses mères de famille au lieu d'être de malheureuses courtisanes.

De là est venue la croyance que saint Nicolas, dans

---

[1] *Gaz* ou *gars* signifie garçon. Ce mot a un féminin qui aujourd'hui fait frémir la pudeur, et qui autrefois figurait dans le proverbe à la place du mot *filles*, sans offenser les plus chastes oreilles, puisque le bon Saint François de Sales l'a fréquemment employé dans ses écrits religieux, au commencement du dix-septième siècle. C'est le cas de dire avec Voltaire que la pudeur se réfugie sur les lèvres quand elle n'est plus dans le cœur.

le ciel, prend plaisir à continuer le beau rôle qu'il a rempli sur la terre. Il est le patron des pauvres filles à marier, et son nom est invoqué dans les *litanies des amoureux*, où elles s'écrient :

> Patron des filles, saint Nicolas,
> Mariez-nous, ne tardez pas.

J. Delille a consacré à ce saint, dans la première édition du poëme de la *Pitié*, les quatre vers suivants, qui ont été supprimés dans les autres éditions :

> Le grand saint Nicolas dont l'oreille discrète
> Écoute des amants la prière secrète,
> Qui, des sexes divers le confident chéri,
> Donne à l'homme une épouse, à la femme un mari.

Saint Nicolas est aussi le patron des garçons et le patron des mariniers, pour des raisons tirées de deux faits consignés dans sa légende, et inutiles à rapporter ici.

Celui qui se marie trop tard se marie pour ses voisins.

C'est ce que disait un vieillard de l'antiquité, le jour même de son mariage. Ce joli mot, passé en proverbe, est rapporté par Plutarque. — Nous avons encore ce vieux dicton, qui exprime la même idée par une antithèse assez plaisante : *Qui recule trop à se marier, il s'avance d'être sot.*

Il résulte de là qu'il faut se marier dans la jeunesse, et qu'il vaut mieux renoncer tout à fait au mariage que de le remettre à la grande année climatérique.

Un sage et spirituel sexagénaire, qui mérite, en ce cas, d'être proposé comme modèle, répondait aux conseils qu'on lui donnait de se marier : « Je m'en garderai bien, car je n'ai aucun goût pour les vieilles femmes, et je suis sûr que les jeunes, par la même raison, n'en auraient aucun pour moi. »

Les fiançailles chevauchent en selle, et les repentirs en croupe.

Post equitem sedet atra cura.
(Horat., lib. III, od. 1.)

Il n'y a qu'une remarque à faire sur ce proverbe maintenant peu usité ; c'est qu'à l'époque où il fut introduit, les fiancés, du moins ceux d'une condition au-dessus de l'ordinaire, se rendaient à cheval à l'église, n'ayant pas, comme aujourd'hui, des voitures pour y être transportés.

Tel fiancé qui n'épouse pas.

Proverbe qu'on emploie au figuré pour faire entendre qu'une espérance qui est très-bien fondée, qui est même en voie de réalisation, peut être frustrée tout à coup.

On lit dans les *Institutes* de Loisel : *Fille fiancée n'est ni prise ni laissée* (liv. I, tit. II, reg. 4), et dans les *Maximes du droit français* de L'Hommeau : *Fille fiancée n'est pas mariée* (liv. III, max. 44).

Les fiançailles ne sont qu'une promesse qui peut être rompue, sauf l'action en dommages et intérêts.

Chateaubriand dit que l'intention de la coutume des fiançailles est de laisser aux deux époux le temps de se connaître avant de s'unir. « Saint Augustin, ajoute-t-il, en rapporte une raison aimable : *Constitutum est ut jam pactæ sponsæ non statim tradantur, ne vilem habeat maritus datam quam non suspiraverit sponsus dilatam.* »

Boire tanquam sponsus, ou boire comme un fiancé.

Cette expression proverbiale, qui signifie boire copieusement, se trouve dans le cinquième chapitre de *Gargantua*. Un commentateur croit qu'elle a dû son origine à un mauvais jeu de mots sur *sponsus* et *spongia* (éponge), ce qui est tant soit peu ridicule. Fleury de Bellingen la fait venir des noces de Cana, où la provision de vin fut épuisée; sur quoi l'abbé Tuet fait la remarque suivante : « Le texte sacré dit bien qu'à ces noces le vin manqua, mais non pas que l'on y but beaucoup, encore moins que l'époux donna l'exemple de l'intempérance. J'aimerais mieux tirer le proverbe des amants de Pénélope, qui passaient le temps à boire, à causer, etc. Horace appelle *sponsos Penelopes* les personnes livrées à la débauche. »

Aucune de ces explications ne me paraît admissible. En voici une nouvelle que je propose, et dont la vérité me paraît incontestable. Autrefois, en France, on était dans l'usage de *boire le vin des fiançailles*. Dans cette circonstance, le fiancé devait souvent vider son verre pour faire raison aux convives qui lui portaient des brindes ou des santés, et de là vient qu'on dit: *Boire tanquam sponsus*, ou *boire comme un fiancé*.

Don Martène cite un missel de Paris du quinzième siècle, où il est dit en latin : « Quand les époux, au sortir de la messe, arrivent à la porte de leur maison, ils y trouvent le pain et le vin. Le prêtre bénit le pain et le présente à l'époux ainsi qu'à l'épouse, pour qu'ils y mordent. Le prêtre bénit aussi le vin, et leur en donne à boire ; ensuite il les introduit lui-même dans le domicile conjugal. »

Aujourd'hui encore, dans plusieurs localités, on offre aux époux qui reviennent de l'église une soupière de vin chaud et sucré.

En Angleterre, on faisait boire autrefois aux nouveaux mariés du vin sucré dans des coupes qu'on gardait à la sacristie parmi les vases sacrés, et on leur donnait à manger des oublies ou des gaufres qu'ils trempaient dans ce vin. De vieux missels attestent cette coutume, qui fut observée aux noces de la reine Marie et de Philippe II, roi d'Espagne. Shakespeare y a fait allusion dans sa comédie intitulée *la Méchante Femme mise à la raison*, où il est dit de Pétruchio épousant Catherine : « Il a avalé des rasades de vin muscat, et il en a jeté les rôties à la face du sacristain. » (Acte III, sc. II.)

Selden (*De Uxore hebraica*) a signalé parmi les rites de l'Église grecque une semblable coutume, qu'il regarde comme un reste de la confarréation des anciens.

J.-O. Stiernhook (*De Jure Suevorum et Gothorum vetusto*, p. 163, édit. de 1672) rapporte une scène charmante qui avait lieu aux fiançailles, chez les Suèves et les Goths. « Le fiancé, entrant dans la maison où devait se faire la cérémonie, prenait la coupe dite maritale, et, après avoir écouté quelques paroles du paranymphe sur son changement de vie, il vidait cette coupe, en témoignage de constance, de force et de protection, à la santé de sa fiancée, à qui il promettait ensuite la morgennatique (*morgennaticam*[1]), c'est-à-dire

---

[1] Ce mot de basse latinité, et le mot français *morganatique*, viennent de l'Allemand *Morgen Gabe* (présent du matin), et désignent proprement la dot que la mariée, le lendemain des noces, recevait du mari, comme dit Stiernhook, pour prix de sa virginité. De là vient aussi le nom de *mariage morganatique* ou *à la morganatique*, qu'on donne à l'union contractée entre un prince et une femme

une dot pour prix de la virginité. La fiancée témoignait sa reconnaissance, puis elle se retirait pour quelques instants, et, ayant déposé son voile, elle reparaissait sous le costume de l'épouse, effleurait de ses lèvres la coupe qui lui était présentée, et jurait amour, fidélité, diligence et soumission. »

Les idylles de Théocrite et les églogues de Virgile n'offrent pas de tableau plus gracieux.

> Deux bons jours à l'homme sur terre :
> Quand il prend femme et qu'il l'enterre.

Ce proverbe, littéralement traduit du provençal, a inspiré à Saint-Évremont ces deux vers fameux :

> L'hymen avec l'amour a tant d'antipathie
> Qu'il n'a que deux bons jours : l'entrée et la sortie.

Les vers et le proverbe sont tout à fait identiques à cette pensée que Stobée attribue à Hipponax, poëte comique grec : « Une femme donne à son mari deux jours de bonheur : celui où il l'épouse, et celui où il l'enterre. »

Les femmes provençales, qui maigrissent dans les soucis du ménage, ont plusieurs proverbes opposés à cette plaisanterie renouvelée des Grecs. En voici deux d'une originalité piquante : « *Sé uno marlusso vénié véouso, sérié grasso.* Si une merluche devenait veuve, elle serait grasse. *Sé uno sardino vénié véouso, sérié*

---

d'un rang inférieur, entre un noble et une roturière, sous cette clause expresse que l'épouse doit avoir en toute propriété les biens qui lui sont assignés par l'époux, sans aucun droit au reste de la fortune et aux titres qu'il possède. Ce mariage, où les enfants sont soumis aux mêmes conditions que la mère, s'appelle encore *mariage de la main gauche*. Il est particulièrement en usage chez les princes souverains d'Allemagne.

grasso coumo un thoun. Si une sardine devenait veuve, elle serait grasse comme un thon. »

C'est pain de noces.

Se dit d'une chose très-agréable dont on se promet où dont on reçoit un grand plaisir ; on prétend que cette façon de parler est venue par altération de *paix de noces*, baiser qu'on donne aux nouveaux mariés en Languedoc, et qu'on appelle *pa de nobis* ou *novis* dans l'idiome de ce pays ; mais une telle origine ne me paraît pas admissible. Voici la véritable : dans le mariage par confarréation chez les Romains, les deux époux mangeaient, en signe d'union, un pain ou gâteau fait de la farine du froment nommé *far* en latin (le froment rouge, à ce qu'on croit généralement). L'usage de ce gâteau s'était conservé dans les noces chrétiennes au moyen âge, et de là vient l'expression *pain de noces*. Nous disons aussi de deux époux qui conservent longtemps l'un pour l'autre des procédés galants et tendres : *Ils font durer le pain de noces.*

Le pain de noces coûte cher à qui le mange.

Les Espagnols disent : « *Pan de boda carne de buitrera.* Pain de noces, chair de piége à vautour. » Cette métaphore proverbiale est d'une effrayante énergie. En transformant le mariage en une sorte de guet-apens où ceux qui se laissent prendre sont assimilés aux vautours, elle met pour ainsi dire sous les yeux, par cette image terrible, toute la fureur de la guerre intestine qu'ils auront à soutenir. Elle a été évidemment inspirée par le génie de la haine contre le joug conjugal.

Noces de mai, noces mortelles.

Les Romains avaient soin de ne pas se marier pendant le mois de mai. Ils croyaient que le mariage contracté en ce temps, qui, chez eux, était consacré au culte des tombeaux, devait tourner à mal et entraîner la mort de l'épouse, ainsi que l'attestent ces vers du chant V des *Fastes* d'Ovide :

> Nec viduæ tædis eadem nec virginis apta
> Tempora : quæ nupsit non diuturna fuit.
> Hac quoque de causa si te proverbia tangunt,
> Mense malas maio nubere vulgus ait.

« Ce temps n'est pas favorable pour allumer les flambeaux de l'hymen d'une veuve ni d'une vierge. Celle qui s'est mariée alors a peu vécu, et si les proverbes peuvent être ici de quelque poids, je rappellerai le dicton populaire : *Ce sont des malheureuses qui se marient au mois de mai*[1].

Plutarque, dans la quatre-vingt-sixième de ses *Demandes des choses romaines*, a recherché les causes de cette superstition, et voici ce qu'il en a dit : « Pourquoi les Romains ne se marient pas au mois de mai ? Est-ce parce qu'il est entre avril et juin, dont l'un est consacré à Vénus et l'autre à Junon, déesses qui ont toutes deux la cure et la surintendance des noces, au moyen de quoi ils (les Romains) avancent ou retardent

---

[1]. C'est ainsi que se dit en français ce proverbe dans lequel le mot *malheureuses* répond mieux que le mot *méchantes*, employé par tous les traducteurs, au sens qui ressort de tout le passage d'Ovide. L'idée d'infortune est aussi bien impliquée dans le latin *malas*, que celle de méchanceté, et toutes deux se trouvent dans le français *malheureuses*. — Il en est de même du mot *infelix* que Properce a mis pour *scelestus* dans ce vers de l'élégie 23 du livre II.

> *Infelix hodie vir mihi rure venit.*

« Mon scélérat de mari m'arrive, ce soir, de la campagne. »

un peu? ou est-ce parce que, ce mois-là, ils font la cérémonie de la plus grande purgation?... En ce temps-là, la prêtresse de Junon, ou la Flaminea, vit toujours triste, comme en deuil, sans se laver ni se parer. Ou bien est-ce parce que plusieurs des peuples latins font oblation aux trépassés en ce mois? et c'est pourquoi ils adorent Mercure, en ce même mois, joint qu'il porte le nom de Maia, mère de Mercure. » (Trad. d'Amyot.)

La superstition qui a donné lieu au proverbe est, comme on vient de le voir, tout à fait païenne, et, quoique les motifs qui l'avaient introduite n'existent plus, elle se maintient encore en plusieurs pays, notamment en Provence. On a prétendu même la justifier par des exemples célèbres, parmi lesquels se trouvent les trois suivants :

Marie Stuart épousa Bothwell le 15 mai 1567, et, le lendemain, le dernier des quatre vers latins cités plus haut fut placardé sur la porte de son palais comme un sanglant reproche de cette indigne union avec l'assassin de son mari, et comme une prophétique menace des malheurs qui devaient la suivre.

Henriette de France, fille de Henri IV, fut mariée, le 11 mai 1625, avec Charles Ier, roi d'Angleterre, qui périt sur l'échafaud, et la vie de cette reine fut un long enchaînement de douleurs.

Les noces de Marie-Antoinette d'Autriche et du duc de Berry, depuis Louis XVI, furent célébrées à Paris le 16 mai 1770, et l'on sait à quelles infortunes la Révolution française vint livrer ces augustes époux.

Noces réchauffées.

Cette expression par laquelle on désigne les secondes noces est traduite de celle du moyen âge *maritagia recalefacta*, qui s'employait dans le même sens.

Ces secondes noces étaient décriées même chez les païens. Valère Maxime (liv. II, ch. xi) dit que les femmes qui les contractaient ne pouvaient toucher la statue de la chasteté ou de la fortune féminine, et n'étaient pas conduites en cérémonie chez les maris.

On connaît ce vers de Martial (Épigr. vi, 7) :

Quæ nubit toties, non nubit, adultera lege est.

Se marier si souvent ce n'est point se marier; c'est être légalement adultère.

La décence voulait qu'une femme veuve ne se remariât point. C'est ce que fit Cornélie, mère des Gracques. Plutarque nous apprend que, recherchée en mariage par le roi Ptolémée, elle préféra le titre de veuve au titre de reine.

Tertullien appelait les secondes noces *adultera speciosa*, « des adultères déguisés. » Les pères de l'Église les qualifiaient à peu près de même, et dans le moyen âge on inventa le charivari pour les bafouer.

Les Italiens ont ce proverbe : « *La prima donna è matrimonio, la seconda è compagnia, la terza è heresia.* La première épouse est mariage, la seconde est compagnie, et la troisième est hérésie. »

Il ne s'est jamais trouvé à pareilles noces.

Il n'a jamais éprouvé un pareil traitement. Si je rapporte ici cette locution, c'est qu'elle est fondée sur un usage bon à connaître, pratiqué jadis en Poitou, après les repas d'épousailles. Les convives, en sortant de table, n'avaient rien de plus pressé que de mettre leurs mitaines et de se donner les uns aux autres des coups de poing qui faisaient plus de bruit que de mal. C'était un exercice mnémonique institué par la joie pour rendre plus durable le souvenir de la fête dont on venait de jouir. Mais il dégénéra dans la suite au point de rappeler le combat des Centaures et des Lapithes aux noces de Pirithoüs, *rixa debellata super mero :* ce qui en nécessita l'abolition. Rabelais n'a pas oublié cette singulière coutume dans la description qu'il a faite des noces du seigneur de Basché (liv. IV, ch. XIV). « Pendant qu'on apportoit vin et espices, coupz de poing commencearent trotter. Chicquanous en donna nombre au prestre Oudart. Soubz son suppeliz avoit Oudart son guantelet caché, il s'en chausse comme d'une mitaine, et de daulber Chicquanous, et de drapper Chicquanous ; et coupz de jeunes guanteletz de tous coustez pleuvoir sur Chicquanous. Des nopces, disoyent-ilz, des nopces, des nopces : vous en soubvienne. Il feut si bien accoustré que le sang lui sortoit par la bouche, par le nez, par les aureilles, par les œilz. Au demourant courbatu, espaultré et froissé, teste, nucque, dours (dos), poictrine, bras, et tout. Croyez qu'en Avignon, on (en) temps de carnaval, les bacheliers onegues ne jouarent à la raphe (ou raffe, jeu de mains) plus melodieusement que feut joué sur Chicquanous. »

Notons que l'usage décrit par Rabelais existait du temps de Villon, qui en a parlé dans la double ballade du Grand Testament, stance v.

Aujourd'hui marié, demain marri.

Ou bien : *Aujourd'hui mari, demain marri;* c'est-à-dire : aujourd'hui dans la joie du mariage, et demain dans le regret. *Marri* est un vieux mot dérivé du latin barbare *marritio*, que Vossius explique par chagrin, ressentiment d'un malheur éprouvé, d'une offense reçue. Ce jeu de mots proverbial a des analogues dans les langues étrangères. Les Espagnols disent : « *Casar y mal dia todo en un dia.* Mariage et malheur, tout en un jour, » et les Turcs : *Avant le mariage tu criais* io, *et après tu cries* iahu. Ces deux interjections sont usitées chez eux, la première pour marquer la joie, et la seconde pour marquer la douleur.

Il sera marié cette année.

Ce dicton s'applique par plaisanterie à une personne qui jette au plancher certaines choses qui s'y attachent. Il fait allusion à une pratique superstitieuse usitée à Rome parmi les amoureux, et rappelée par Horace dans la troisième satire du livre II. Ils lançaient avec le pouce et l'index des pepins de pomme au plafond, persuadés que, s'ils l'atteignaient, les vœux que leur cœur avait formés seraient accomplis. Cela se faisait aussi au moyen âge, et le succès du jet était regardé comme un oracle du ciel. Il existe encore aujourd'hui une foule de superstitions analogues chez la plupart des peuples beaucoup plus enclins à consulter le sort que la raison. Les Chinois, pour connaître ce qu'ils ont à espérer ou à craindre dans les choses qui les intéressent, jettent en l'air une poignée de petits bâtons, et la manière dont ces bâtons s'arrangent en tombant est pour eux un présage heureux ou funeste.

L'homme marié est un oiseau en cage.

Cette métaphore proverbiale, qui n'a pas besoin d'explication, est à l'usage des célibataires ou des libertins qui tiennent à conserver leur liberté entière pour se livrer à de folles amours, où ils la perdent assez souvent d'une manière bien plus sotte que dans le mariage. Cette autre maxime, *jamais maris, toujours amants*, par laquelle ils prétendent autoriser leur antipathie conjugale, est aussi contraire à la vérité qu'aux bonnes mœurs, et les personnes sensées ne seront pas de l'avis de Mlle de Scudéri, qui la propose comme une *leçon du sage*, dans un apologue qui trouve ici naturellement sa place.

<pre>
    Qu'il est doux d'être dans la cage !
        Disait au dehors un pinson,
Y voyant un serin qui, de son doux ramage,
        Faisait retentir sa prison.
        Il a nourriture à foison,
            Bon grain et gentille femelle,
            Et peut, quand il veut, avec elle,
Rire, boire, manger et dire la chanson :
C'est ainsi que, voyant une jeune pucelle,
Damis croit qu'il serait au comble des plaisirs
S'il pouvait se lier d'une chaîne éternelle
Avec ce doux objet de ses tendres désirs ;
        Mais la cage et le mariage
Ne font sentir les maux que quand on est dedans.
Pour devise prenez cette leçon du sage :
        Jamais maris, toujours amants.
</pre>

Les mariés auront la vigne de l'abbé.

Avoir la vigne de l'abbé était autrefois une locution fort usitée en parlant de deux époux qui passaient la première année de leur union dans le plus parfait accord. On disait aussi : *se promettre la vigne de l'abbé,* pour se promettre un plein contentement en mariage. Le conte de La Fontaine, intitulé *les Aveux indiscrets,* en offre un exemple. L'une et l'autre expression rappellent une vieille histoire, d'après laquelle un abbé aurait fait publier qu'il donnerait une belle vigne au couple conjugal qui prouverait que pendant un an, à dater du jour de ses noces, il n'avait pas eu la moindre altercation.

Dénouer la jarretière de la mariée.

D'après un usage observé dans les repas de noces, chez les gens du peuple et les bourgeois, un enfant, qui est au nombre des convives, se glisse sous la table et détache ou fait semblant de détacher de la jambe de la mariée une touffe de petits rubans de diverses couleurs dont on suppose qu'elle avait fait sa jarretière. Puis il les montre aux assistants, qui applaudissent, et, après les avoir coupés en morceaux, il les distribue à la ronde, afin que les femmes en parent le corsage de leur robe et les hommes la boutonnière de leur habit.

On pense qu'il y a dans cet usage, qui est fort ancien, quelque réminiscence, sous forme de parodie, de ce que, dans les mœurs chevaleresques, on appelait *donner le gage d'amour sans fin :* une belle faisait cadeau au chevalier qu'elle devait épouser d'une de ses jarretières sur laquelle elle avait brodé son nom avec la devise : *amour sans fin.*

« La jarretière de la mariée, dit M. V. Hugo, est la cousine de la ceinture de Vénus. »

Dans l'antiquité, la future épouse donnait sa ceinture à l'époux, symbole encore plus caractéristique.

La mariée n'a pour dot qu'un chapeau de roses.

Cette expression, jadis très-usitée en parlant d'une jeune fille qui n'apportait rien ou presque rien en mariage, s'emploie encore dans le même sens. Le *Glossaire du droit français* par Laurière (tome II, page 226) la cite comme dérivée d'une maxime de la vieille jurisprudence coutumière. Elle est fondée, en effet, sur la coutume qui permettait, en certaines localités, aux parents de ne donner pour dot à leurs filles qu'un simple *chapel de roses*. « Ce chapel, dit M. Chassan, était une allégorie chargée d'enseigner à la femme que les grâces et la beauté, apanage de son sexe, sont une dot suffisante pour compenser ce qu'il y a de plus odieux dans l'exclusion de l'héritage paternel prononcée contre la femme par la loi politique. Cette fiction a peut-être aussi pour objet de représenter l'idéal du mariage. La femme, en passant entre les mains de l'homme sans autre dot que son simple *chapel de roses*, n'a pu être recherchée et ornée que pour elle-même. » (*Essai sur la symbolique du droit*, p. 24.)

Voilà le symbole du chapeau de roses expliqué avec toute sa grâce et sa poésie; mais le peuple n'en a saisi que le côté littéral et prosaïque; c'est la pauvreté des jeunes filles qu'il a désignée par cette coiffure à laquelle il a même supposé un effet analogue à celui qui est attribué à la coiffure de sainte Catherine, car on a dit *garder son chapel de fleurs*, à peu près de même qu'on dit *coiffer sainte Catherine* pour : ne pas se marier, témoin ce vers de la *Châtelaine de Saint-Gilles*, poëme compris dans le manuscrit 7,218 de la Bibliothèque nationale :

J'aim' mieu chapel de fleurs que mauves mariage.

Il n'y a pas de femme en couches qui se plaigne d'avoir été mariée trop tard.

Manière originale et facétieuse de faire entendre à une personne livrée aux plaisirs des sens avec trop d'ardeur, qu'elle maudira un jour ces plaisirs, qui ne peuvent manquer de devenir, par l'abus qu'elle en fait, des sources de regrets et d'amertumes.

Cette maxime proverbiale se prend aussi dans une acception généralisée pour signifier que la douleur, qui suit toujours l'excès des voluptés, ramène forcément ceux qu'elle frappe à de meilleures pensées, et leur fait admettre la raison, dont ils se moquaient dans de folles orgies, comme le remède le plus propre à calmer les maux qu'ils ont à souffrir.

Un mari est toujours le dernier instruit de la conduite de sa femme.

Cette observation proverbiale est de tous les temps et de tous les lieux, car toujours et partout les femmes ont eu l'art d'épaissir la membrane de l'œil des maris, pour ne pas leur laisser voir ce qu'elles jugent à propos de leur cacher.

Que d'autres leur reprochent l'usage ou l'abus de cet art, qu'ils en recueillent et racontent les traits plus ou moins perfides, afin d'amuser la malicieuse curiosité du public : je me garderai de les imiter. Je hais la manie trop commune de ne considérer l'esprit des femmes que par ses mauvais côtés, et de détourner la vue des bons côtés qu'il peut offrir, même dans ses artifices. Eh ! pourquoi ne pas reconnaître que, si elles ont le tort de faire de leurs maris de véritables sots, elle y joignent, par compensation, le mérite de les empêcher d'apercevoir qu'ils le sont, et de les entretenir dans une flatteuse illusion tout à fait propre à les rendre heureux ? En vérité, ces messieurs sont bien ridicules de blâmer l'adresse qu'elles mettent à les tromper. C'est une excellente chose qu'ils devraient mieux apprécier : leur intérêt les y engage. Malheur à ceux qui sont trop clairvoyants pour les tromperies féminines. Il ne leur en revient que des désagréments, des ennuis, des tribulations, qui ne font qu'ajouter à leur infortune, tandis que ceux qui acceptent leur sort sans y regarder, persuadés qu'il y a plus de sagesse à l'ignorer qu'à chercher à le connaître, vivent en parfait accord avec leurs infidèles, toujours plus attentives, plus douces, plus affectueuses, plus complaisantes pour eux, en raison de la débonnaireté qu'ils ont pour elles.

C'est un des points fondamentaux de la philosophie conjugale qu'il n'y a point de salut pour les maris sans la foi. Je ne prétends pas que cette foi si nécessaire les mette à l'abri de fâcheux accidents : celui qui l'a et celui qui ne l'a pas y sont exposés de même, et sont également sujets à figurer au rang des sots. Mais je soutiens qu'il vaut cent fois mieux être un sot crédule qu'un sot incrédule : l'un trouve le paradis dans son ménage, l'autre y trouve l'enfer.

Je n'ai pas besoin de dire lequel des deux rôles est préférable. Je remarquerai seulement que beaucoup de maris de notre siècle aiment mieux jouer le premier. Ils évitent soigneusement de porter un regard indiscret sur la conduite de leurs femmes. Ils n'attendent pas d'être aveuglés par elles; ils s'aveuglent eux-mêmes à plaisir, et, suivant un proverbe espagnol, ils font comme *l'escargot, qui, pour se délivrer d'inquiétude, échangea ses yeux contre des cornes.*

> El caracol, por quitar de enojos,
> Por los cuernos troco los ojos.

Ce proverbe fort original, usité aussi dans le midi de la France, est fondé sur une tradition populaire qui nous apprend que l'escargot, qu'on suppose aveugle, avait été créé avec de bons yeux, mais qu'étant sans cesse exposé à les avoir blessés en rampant sur la terre ou sur les buissons, il pria Dieu de les lui ôter et de les remplacer par des cornes, dont il espérait retirer plus d'avantage, ce qui lui fut octroyé.

J'ai entendu chanter dans un village de l'Aveyron une vieille chanson patoise qui rappelle cette tradition, et qui est peut être un fragment de quelque sirvente troubadouresque. Elle se termine par un couplet piquant dont je vais reproduire l'idée, à défaut des paroles, que j'ai oubliées.

> Celui que le guignon fit naître
> Sous le signe ingrat du bélier,
> Se tourmente pour mieux connaître
> Ce qu'il ferait bien oublier.
> Eh ! qu'espère-t-il ? que souffrance
> D'une ombrageuse vigilance
> Qui doit lui prouver qu'il est sot.
> Veut-il fuir des chagrins sans borne

> Qu'il change ses yeux pour des cornes,
> A l'exemple de l'escargot !

Un mari doit se faire annoncer quand il rentre chez lui.

C'est ce que faisaient autrefois, à Rome, les maris qui se piquaient de savoir vivre, et voici l'explication que Plutarque a donnée de leur conduite dans la ɪxᵉ de ses *Demandes des Choses romaines* : « Pourquoi est-ce que, quand ils retournent d'un voyage loingtain au pays ou seulement des champs à la ville, s'ils ont leurs femmes à la maison, ils envoient devant pour faire savoir leur arrivée ? est-ce point pour leur donner asseurance qu'ils ne veulent rien faire finement ni malicieusement envers elles, car arriver soudainement à l'improuveu est une manière d'aguet et de surprise : ou bien parce qu'ils se hastent de leur envoyer donner une bonne nouvelle de leur venue comme se tenans pour asseurés qu'elles les attendent et les désirent : ou plutost pourceque eux-mêmes désirent savoir de leurs nouvelles, si ils les trouveront saines et attendant à grand dévotion leur retour : ou pourceque les femmes ont plusieurs petits négoces ou besongnes à la maison, pendant que leurs maris n'y sont pas, et bien souvent de petites hargnes et querelles à l'encontre de leurs domestiques servans ou servantes, afin doncques qu'ostant toutes ces petites fascheries là elles fassent un recueil gracieux et paisible à leurs maris, ils leur envoient devant faire tel avertissement. » (Traduction d'Amyot.)

De là est venu très-probablement notre proverbe ; mais il a bien changé sur la route, car l'application qu'on en fait aujourd'hui ne s'accorde plus avec aucune des honnêtes raisons données par Plutarque. Il s'emploie pour faire entendre à quel inconvénient s'expose le mari absent qui revient au logis sans avoir pris la précaution indiquée. Le vieux poëte Coquillard (*Droitz nouveaux*, ch. VII, *de Injuriis*) conseillait à ce benêt de mari de faire du bruit en rentrant, de crier : *Quel est céans?* de ne point se fâcher *s'il trouvait sa femme sur le fait*, et de se contenter de lui dire :

> Au moins deviez-vous l'huys serrer.
> S'il fust venu des aultres gens!

La LXXIe des *Cent Nouvelles nouvelles* fait tenir le même langage par un époux débonnaire dans la même situation.

On attribue un trait tout à fait pareil à un grand seigneur du temps de la Régence. Ce personnage étant entré indiscrètement dans la chambre de sa femme pendant qu'elle était *en conversation criminelle*, comme disent les Anglais par euphémisme, se retira en s'écriant : « Eh! madame, que ne fermiez-vous la porte? Tout autre que moi aurait pu vous surprendre. »

> Sers ton mari comme ton maître,
> Et t'en garde comme d'un traître.

Ce distique proverbial, à l'usage des épouses mécontentes, qui le proposent comme principe de leur tactique conjugale, a été cité par Montaigne dans un passage de ses *Essais*, liv. III, ch. V, où il reproche aux hommes comme aux femmes de ne pas tenir assez de compte des devoirs du mariage. Voici les principaux traits de ce passage : « Il n'est plus temps de regimber, quand on s'est laissé entraver : il fault prudemment mesnager sa liberté ; mais depuis qu'on s'est soubmis à l'obligation, il s'y fault tenir soubz les loix du debvoir commun, au moins s'en efforcer. Ceulx qui entreprennent ce marché, pour s'y porter avecques hayne et mespris, font injustement et incommodement : et cette belle regle, que je veois passer de main en main entre elles, comme un saint oracle,

> Sers ton mary comme ton maistre,
> Et t'en garde comme d'un traistre.

qui est à dire : — Porte-toy envers luy d'une reverence contraincte, ennemie et desfiante, — cry de guerre et de desfi, est pareillement injurieuse et difficile. »

Mieux vaut un mari sans amour qu'un mari jaloux.

« Les femmes, disait Mme de Coulanges, ne veulent de la jalousie que de ceux dont elles pourraient être jalouses. » Par conséquent, elles ne doivent pas vouloir de celle de leurs maris, qu'elles n'aiment guère et qui le leur rendent bien, car, s'ils sont jaloux, c'est ordinairement sans amour. La jalousie de ces messieurs leur est antipathique au suprême degré, parce qu'elle leur fait sentir qu'ils se défient d'elles et veulent les tenir sous leur dépendance : deux attentats odieux dont elles sont cruellement blessées. Mais la jalousie de leurs amants ne saurait leur déplaire ; elles la regardent comme un témoignage de l'amour qu'elles leur inspirent, et si elle devient quelquefois désagréable, elles la leur pardonnent aisément. Eh ! comment persisteraient-elles à trouver mauvais un effet provenu d'une cause si bonne et si belle !

Mieux vaut un vieux mari que point de mari.

C'est ce qu'on dit aux demoiselles qui, dépitées de ne pas trouver un épouseur jeune, refusent d'en prendre un vieux, et c'est ce qu'elles disent elles-mêmes lorsque l'expérience est venue leur démontrer qu'il est beaucoup plus triste de vieillir fille que d'être la femme d'un vieillard, beaucoup meilleur de devenir la femme d'un homme âgé que de vieillir fille. En effet, si l'on établit un parallèle entre la vieille fille et la femme mariée, on voit combien la situation de cette dernière est plus avantageuse. Elle jouit d'abord dans la société d'une certaine considération dont la vieille fille est privée; elle a les caresses de ses enfants lorsqu'ils sont jeunes, et elle trouve encore en eux une grande source de satisfaction lorsqu'ils sont vieux. Enfin, arrivée dans un âge plus avancé, elle a pour la servir ces mêmes enfants qui lui fermeront les yeux. Non-seulement la vieille fille s'est privée de tous ces avantages; mais elle s'est condamnée à une solitude qui, sans cesser jamais d'être pénible, lui fera passer ses derniers jours dans l'amertume et les regrets.

Un homme riche n'est jamais trop vieux pour être le mari d'une jeune fille.

S'il n'a pas assez de jeunesse ou de beauté pour plaire, il a assez d'or pour se faire épouser, et ce que sa figure a de disgracieux s'efface et s'embellit même sous les reflets du plus précieux des métaux, car, ainsi que Boileau l'a dit très-élégamment dans sa satire VII·

L'or même à la laideur donne un teint de beauté.

Par conséquent, il ne faut pas s'étonner qu'un vieux

ou un laid qui se présente comme épouseur sous les auspices de la déesse qu'Homère appelle *Vénus dorée*, soit favorablement accueilli par une jeune et jolie fille. Celle-ci pense moins aux inconvénients de son union avec lui qu'aux avantages qu'elle espère en retirer. Elle va être affranchie de la sujétion où ses parents la tiennent, et devenir maîtresse de maison ; elle disposera d'une grande fortune, elle aura de superbes équipages, des écrins garnis de perles et de saphirs, des cachemires et des robes magnifiques, enfin tout le splendide attirail de toilette que les Latins appelaient *mundus muliebris,* « le monde féminin », sans doute en raison de la quantité et de l'importance des objets qu'il comprend. L'idée qu'elle se fait de sa nouvelle position l'enivre et l'éblouit; elle se voit déjà la reine de la mode, et se flatte de trouver dans l'homme cousu d'or, de qui elle est adorée, un trésorier inépuisable, toujours prêt à payer les frais du luxe royal de ses atours.

Est-il possible qu'elle refuse un mariage qui lui ouvre un avenir si merveilleux. Quelque innocente se rencontrerait peut-être capable de résister aux séductions de l'opulence et de rester fidèle à un amant pauvre que ses parents voulaient la forcer d'oublier ; mais elle qui n'aspire qu'à briller dans le monde, elle se gardera bien de cette magnanimité de roman. Elle a étudié la question sous toutes les faces. L'affaire lui paraît excellente, et elle n'a rien de plus pressé que de la conclure. Peu lui importe qu'on la blâme de sacrifier les intérêts du cœur à ceux de la vanité, en épousant un homme qu'elle ne saurait aimer. Elle tient ce reproche pour une niaiserie sentimentale dont elle rit ; elle sait que *le mariage n'empêche pas d'aimer ailleurs*, et elle est disposée à imiter le plus décemment possible la conduite de certaines dames qui se prêtent à un mari et se donnent à un amant. C'est là malheureusement ce qui se passe dans une société immorale, en la plupart des cas où une jeune et jolie fille est unie à un vieux et laid magot. Eh ! pourrait-elle avoir, non-seulement le courage, mais le désir de rester fidèle à un tel mari, lorsqu'elle est sans cesse poursuivie par des adorateurs d'autant plus empressés qu'ils pensent que si elle s'est laissée aimer par celui-là, elle se laissera bien aimer par d'autres.

Un mari doit faire carême-prenant avec sa femme, et Pâques avec son curé.

Ce vieux proverbe, qui recommande d'être bon mari et bon chrétien, n'a pas besoin d'être expliqué ; mais il a besoin d'être rappelé au souvenir des maris, car bien que ces messieurs n'ignorent pas ce qu'il signifie, presque tous oublient ce qu'il les invite à faire *à tout le moins une fois l'an*.

Le bon mari fait la bonne femme, et la bonne femme fait le bon mari.

Quand le mariage est l'association de deux personnes raisonnables, qui s'aiment par inclination autant que par devoir, elles ont naturellement l'une pour l'autre des égards, des attentions et des prévenances dont l'effet est d'entretenir et d'accroître chez elles la confiance et l'affection. Cet échange de soins quotidiens, cette fusion de pensées et de sentiments, améliorent leur caractère individuel en le dégageant des volontés égoïstes, et leur communiquent un nouveau caractère commun à toutes deux, qui leur fait goûter les plus doux charmes de la sympathie. Si le sort leur est contraire, elles n'éprouvent que la moitié des peines ; s'il leur est favorable, elles ont le double des plaisirs.

Voilà les vrais modèles des époux, toujours tranquilles et satisfaits parce que chacun d'eux fait consister sa tranquillité et sa satisfaction dans celles de son associé. Si les autres les imitaient, s'ils travaillaient à se rendre mutuellement contents, on n'entendrait plus tant de plaintes contre le mariage. Cet état est bon en soi, le malheur vient de ceux qui le gâtent, et ils doivent s'en prendre à eux-mêmes s'ils y trouvent une infinité de maux.

« Observez cette barque conduite par deux matelots : s'ils rament ensemble, ils voguent doucement sur les flots agités ; mais s'ils ne sont pas d'accord, chaque vague produit une secousse, et tel coup d'aviron donné à contre-sens pourrait faire chavirer leur frêle esquif.

« Le bateau est le mariage, les rameurs sont les deux époux ; ils naviguent sur le fleuve de la vie, et ce n'est qu'en unissant leurs efforts qu'ils adoucissent les contrariétés du voyage. »

(Le duc de Lévis.)

Les anciens mauvais sujets font souvent les meilleurs maris.

Quelle peut être la cause de leur changement ? Serait-ce qu'un sentiment vrai, qu'ils n'avaient pas éprouvé jusqu'alors, viendrait les saisir, et que le mariage, qui refroidit tant de cœurs, agirait sur le leur en sens inverse? ou bien se feraient-ils un point d'honneur d'effacer par une conduite exemplaire les désordres de leur vie passée? Du reste, quel que soit le motif qui les détermine, on ne saurait nier qu'ils deviennent assez souvent des maris indulgents, soigneux et fidèles. Il semble qu'après avoir épuisé tous les vices d'une jeunesse galante et dissipée, ils veuillent en donner la contre-partie dans leur âge mûr, et se signaler par la pratique des vertus domestiques. On peut les comparer à ces vins généreux dont les meilleurs sont ceux qui ont beaucoup fermenté.

Malgré cela, je ne conseillerai jamais à une mère qui désire le bonheur de sa fille de la donner en mariage à un ancien mauvais sujet.

Tous les maris contents danseraient sur le dos d'une assiette.

Et sans doute aussi toutes les épouses contentes, car il n'est point de raison qui nécessite pour elles une plus grande salle de bal. Cette hyperbole proverbiale a son analogue chez les Languedociens, qui disent : « *Toutés lous maris qè sou countens dansarien su lou cuou d'un veïre.* Tous les maris qui sont contents danseraient sur le cul d'un verre. »

Tous les maris ont besoin d'aller à Saint-Raboni.

Dicton à l'usage des femmes qui trouvent que les maris n'ont jamais pour elles assez de bonté.

Saint Raboni, à qui l'on attribue une vertu analogue au nom qu'il porte, c'est-à-dire la vertu de rabonnir le caractère marital, a été jadis l'objet d'un culte fervent, quoiqu'il ne soit au paradis qu'un véritable intrus, car il n'y figure que par un titre d'invention populaire que la légende authentique ne reconnaît point. Mais n'importe; il n'en est pas moins devenu le protecteur des épouses malheureuses, et c'est un article de foi qu'il peut à son gré adoucir le naturel barbare de leurs *tyrans domestiques* ou les faire mourir au bout de l'année. On sait l'histoire plaisante de celle qui s'était bornée à le prier d'amender le sien, n'osant laisser aller son vœu plus loin. Comme elle vit mourir ce mauvais garnement peu de temps après, elle s'écria en pleurant... de joie : « Oh ! le bon saint ! le bon saint ! il accorde plus qu'on ne lui demande. »

Ce dicton, dont l'application, par une singularité notable, devient de plus en plus rare, en raison inverse du fait de plus en plus multiplié qui le réclame, a été rappelé dans une phrase du petit livre intitulé *les Écosseuses, ou Œufs de Pâques*, publié à Troyes, chez la veuve Oudot, en 1744. Voici cette phrase curieuse : « J'espère bien que mon drôle *ira à Saint-Rabony* ; qu'il ne donnera plus tant dans l'eau-de-vie et dans la créature, et qu'il aura un peu plus de sacristie, etc. »

Les boiteux sont de bons maris.

Ou, comme on dit plus ordinairement, *de bons mâles*. C'est ce que répondirent les Amazones aux Scythes, qui les engageaient à former avec eux des liaisons matrimoniales, ajoutant qu'ils valaient beaucoup mieux que les maris boiteux ou estropiés qu'elles prenaient car ces femmes guerrières, ayant usurpé le gouvernement sur les hommes et tenant à le conserver, ne voulaient plus avoir dans leur pays que des hommes plus faibles qu'elles, et incapables de leur résister. En conséquence elles tordaient les jambes aux garçons qu'elles mettaient au jour, les habituaient à se soumettre aux filles, les mariaient avec elles, et ne leur imposaient d'autre service que celui du lit conjugal, service dont ils s'acquittaient fort bien du reste, comme le prouve cette réponse passée en proverbe chez les Grecs et chez les Latins.

Cependant leur célébrité en ce genre n'était pas fondée seulement sur le fait cité, qui n'est après tout qu'une nouvelle forme de la tradition mythologique d'après laquelle le boiteux Vulcain devint l'époux de Vénus parce que les boiteux ont toujours été considérés, depuis les temps primitifs, comme éminemment propres aux exploits amoureux. Elle est fondée aussi sur des raisons physiques expliquées par Aristote dans le vingt-sixième de ses problèmes, section x. Érasme a reproduit ces raisons en commentant le proverbe *claudus optime virum agit*, et Montaigne les a rappelées en son livre III, au chapitre XI, intitulé *des Boiteux*, où il cite un proverbe italien qui attribue la même propriété aux boiteuses, et les déclare préférables sous ce rapport à toutes les autres femmes. Voyez les auteurs indiqués.

Les maris et les amants voient souvent la lune à gauche.

J'emprunterai encore l'explication de ce dicton, moins quelques lignes, à mes *Études sur le langage proverbial.*

Les astronomes de l'antiquité ont déterminé la droite et la gauche du monde par la droite et la gauche d'une personne qui a le visage tourné vers le midi. L'orient, dit Pline le naturaliste, est à la gauche du monde.

D'après cela, *voir la lune à gauche*, c'est, au propre, la voir quand elle est dans son décours, phase où elle montre les cornes, et, au figuré, c'est éprouver certaine infortune dont les cornes sont le symbole. Tel est le sens métaphorique que Mme de Sévigné paraît avoir attaché à cette locution dans la phrase suivante : « Montgobert m'a conté plaisamment les manœuvres de la belle Iris et les jalousies de M. le comte ; je crois qu'*il verra la lune à gauche* avec cette belle. » (Lettre 601 de l'édition de Grouvelle.)

Il n'est pas nécessaire de dire pourquoi il s'agit ici de la gauche, car personne n'ignore que les phénomènes qui se présentent de ce côté ont été presque toujours réputés de mauvais augure. Mais il est à propos d'observer que cette superstition a été, dans les temps les plus reculés, le fondement de la doctrine astrologique qui attribue au décours de la lune, ou au quatrième quartier de la lune, des influences funestes sur les naissances, et qui a donné lieu à la locution proverbiale : *être né à la quatrième lune*, que les Grecs et les Latins appliquaient à un homme malheureux et qu'ont employée plusieurs de nos vieux écrivains, entre autres Yver dans la phrase que voici : « Voyant tous ses efforts succéder si à rebours qu'il semblait *né à la quatrième lune*. » (*Le Printemps d'Yver*, hist. III).

Érasme n'a pas donné la véritable origine de cette locution en la rapportant aux épreuves et aux malheurs qu'eut à subir Hercule, qui était né à la quatrième lune. Il a pris l'effet pour la cause, car il est certain que la naissance de ce héros fabuleux n'a été placée au quatrième ou dernier quartier de la lune qu'en raison de l'opinion astrologique dont j'ai parlé.

La lune de miel.

On appelle ainsi le premier mois du mariage, où l'on suppose que tout est douceur pour les époux.

Cette expression est prise du proverbe arabe : *La première lune après le mariage est de miel, et celles qui la suivent sont d'absinthe.* Ces dernières, Honoré de Balzac, dans sa *Physiologie du mariage*, les nomme des *lunes rousses*, et il ajoute qu'elles sont terminées par une révolution qui les change en un croissant.

C'est le cas de s'écrier avec Dante :

> *O buon principio*
> *A che vil fine convien che tu caschi.*
> (*Parad.*, cant. XXVII.)

O bon commencement, à quelle ignoble fin faut-il que tu tombes.

Les époux qui s'aiment se disent mille choses sans se parler.

On pense que ce proverbe a besoin d'errata, et qu'il faut y mettre les amants à la place des époux qui s'aiment, attendu qu'il ne saurait être appliqué à ces derniers, disparus entièrement de ce monde depuis de longues années. Mais pourquoi est-il resté en usage dans des conjonctures où il n'avait plus aucune raison d'être ; aurait-on eu l'intention de le conserver pour faire croire aux béatitudes conjugales du temps jadis ? C'est une opinion qui a ses partisans, mais qui est contredite par une autre, d'après laquelle l'hommage posthume rendu aux époux qui s'aiment aurait été l'œuvre de quelques époux qui ne s'aimaient point ; ceux-ci ont voulu, dit-on, faire prendre le change sur l'habitude qu'ils ont de ne se rien dire en s'ennuyant de compagnie, et ils ont cherché à faire accroire les uns aux autres que cette habitude n'était que l'effet d'un recueillement de tendresse ; et voilà comment le mutisme de l'ennui est parvenu à passer pour cette disposition tendre et rêveuse qu'on peut nommer avec saint Jérôme : *Silentium loquens* (un silence parlant) ; ou avec Montaigne : Un taire parlier. — Si ce n'est vrai, c'est du moins bien trouvé : *Se non è vero, è bene trovato.*

Une jeune épouse veut être choyée comme la femme d'un prêtre russe.

La religion russe a fait du mariage une condition indispensable du sacerdoce ; elle oblige les séminaristes, ordonnés popes ou prêtres, de se marier avant d'exercer leur ministère ; et, s'ils deviennent veufs, elle leur défend de se remarier. Il faut alors qu'ils résignent leur cure et qu'ils se retirent dans un couvent où ils achèvent leur triste vie séparés de leurs enfants, abandonnés peut-être à la charité publique : tel est le malheureux sort auquel le veuvage livre ces pauvres desservants des paroisses de campagne. Comme ils savent tout ce qu'ils auraient à souffrir s'ils perdaient leur femme, chacun d'eux veille à la conservation de la sienne avec une attention extrême. Il lui passe toutes ses fantaisies, tous ses caprices, de peur de la rendre malade en la contrariant. Il la distrait de ses ennuis, la console de ses peines, prévient les désirs qu'elle peut former, l'entoure des soins les plus empressés, les plus assidus, les plus affectueux.

C'est ainsi qu'à force de tendresse il fait, de cette humble femme, un être privilégié, objet de l'envie de plus d'une grande dame de son pays qui voudrait posséder comme elle l'heureux don d'inspirer un si grand amour à son époux et d'exercer sur lui un si grand empire. Mais, hélas! ce ne sont point les épouses qui peuvent plier les époux à des habitudes de popes et se faire choyer par eux comme des popesses. Elles n'obtiennent point ces avantages, qu'elles désirent si ardemment, et c'est vraiment dommage; car il serait bien curieux de voir comment elles s'y prendraient pour ne pas en abuser.

La comparaison proverbiale dont je viens de donner l'origine et l'explication est en usage en Russie depuis plusieurs siècles; elle n'a été importée en France qu'à l'époque de la Restauration, où quelque bel esprit du temps l'a enchâssée dans la formule inscrite en tête de cet article.

J'ajouterai, pour le lecteur curieux de savoir ce que devient la popesse qui survit à son mari, que le veuvage lui est funeste: elle est forcée de quitter le presbytère et le petit domaine qui l'environne; il n'y a plus pour elle que misères et que douleurs, et le seul espoir qui lui reste est de trouver quelque séminariste qui, pressé d'entrer dans les fonctions sacerdotales, ne dédaigne pas de l'épouser.

Les époux trop ardents sont comme deux tisons qui se consument vite l'un l'autre, quand ils sont rapprochés.

Cette comparaison pittoresquement triviale s'emploie pour faire entendre aux époux qu'ils doivent mettre une certaine modération dans les jouissances des sens, qui s'useraient bientôt par leurs excès et produiraient des résultats fâcheux qu'il leur importe de prévenir.

« C'est une religieuse liaison et dévote que le mariage, dit Montaigne : voylà pourquoy le plaisir qu'on en tire, ce doibt estre un plaisir retenu, sérieux et meslé à quelque severité ; ce doibt estre une volupté aulcunement prudente et consciencieuse. » (*Essais*, liv. I. chap. XXIX.)

L'état conjugal est de sa nature grave et raisonnable ; néanmoins il faut qu'il intéresse le cœur. Mais ce n'est pas dans une passion ardente et passagère qu'il fait consister l'intérêt du cœur ; c'est dans un sentiment calme et durable, et ce sentiment est un amour d'une espèce particulière, non l'amour proprement dit.

> Non cet amour que le caprice allume,
> Ce fol amour qui par un doux poison
> Enivre l'âme et trouble la raison,
> Et dont le miel est suivi d'amertume ;
> Mais ce penchant par l'estime épuré,
> Qui ne connaît ni transports ni délire,
> Qui sur le cœur exerce un juste empire,
> Et donne seul un bonheur assuré.
> (Parny, *le Réveil d'une mère*.)

Je n'examine point quel mauvais calcul fait un mari qui commence par prodiguer à sa femme les témoignages d'une passion dont l'ardeur se refroidit si promptement, ni quels sont les inconvénients de ce rôle qu'il lui est impossible de soutenir. Je remarquerai seulement que l'amour proprement dit, qui s'éteint dans la jouissance, est incompatible avec le mariage, et je citerai encore un passage de Montaigne sur ce sujet : « Le mariage a pour sa part l'utilité, la justice, l'honneur et la constance ; un plaisir plat mais plus universel : l'amour se fonde au seul plaisir et l'a, de vray, plus chastouilleux, plus vif et plus aigu; un plaisir attizé par la difficulté; il y fault de la picqueure et de la cuisson: ce n'est plus amour s'il est sans flèches et sans feu. La libéralité des dames est trop profuse (prodigue) au mariage, et esmousse la pointe de l'affection et du desir. Pour fuyr à cet inconvénient, voyez la peine qu'y prennent en leurs loix Lycurgue et Platon. » (*Essais*, liv. III, chap v.)

Rester pour coiffer sainte Catherine

C'était autrefois l'usage, en plusieurs provinces, le jour où une jeune fille se mariait, de confier à une de ses amies, qui désirait faire bientôt comme elle, le soin d'arranger la coiffure nuptiale, dans l'idée superstitieuse que, cet emploi portant toujours bonheur, celle qui le remplissait ne pouvait manquer d'avoir, à son tour, un époux avant la fin de l'année. Et l'on trouve encore au village plus d'une jouvencelle qui, sous l'influence de cette superstition toujours existante, prend secrètement ses mesures afin d'attacher la première une épingle au bonnet d'une fiancée. Or, comme un tel usage n'a jamais pu être observé à l'égard d'aucune des saintes connues sous le nom de Catherine, puisque, d'après la remarque des légendaires, toutes sont mortes vierges, on a pris de là occasion de dire qu'une vieille fille *reste pour coiffer sainte Catherine;* ce qui signifie, en développement, qu'il n'y a chance pour elle d'entrer en ménage qu'autant qu'elle aura fait la toilette de noces de cette sainte, condition impossible à remplir.

Cette explication, qui m'a été communiquée, m'a

paru bonne à rapporter, à cause des faits assez curieux qu'elle rappelle; mais elle est un peu trop compliquée, et je ne crois pas qu'elle doive être admise. En voici une autre plus simple, fondée sur l'ancienne coutume d'habiller et de coiffer les statues des saintes dans les églises. Comme on ne choisissait que des vierges pour coiffer sainte Catherine, la patronne des vierges, il fut tout naturel de considérer ce ministère comme perpétuellement assigné à celles qui vieillissaient sans espoir de mariage, après avoir vu toutes les autres se marier.

Les Anglais disent dans le même sens : « *To carry a weeping willow branch*. Porter la branche du saule pleureur, » parce que le saule, emblème de la mélancolie, est particulièrement regardé, en Angleterre, comme l'arbre de l'amour malheureux, opinion confirmée par la vieille romance du *Saule*, dans laquelle gémit une amante abandonnée.

Ils disent aussi : *Conduire des singes en enfer*, pour signifier vieillir fille. Cette expression singulière, employée par Shakespeare dans la *Méchante Femme mise à la raison* (acte II, scène I), et dans *Beaucoup de bruit pour rien* (acte II, scène I), est prise de leur vieux proverbe : *Les vieilles filles conduisent les singes en enfer*. Ce qui vient peut-être de la supposition très-impertinente que les vieilles filles ne peuvent tenter que des singes.

FIN.

TABLE ALPHABÉTIQUE

DES PROVERBES

EXPLIQUÉS DANS CE VOLUME.

N.-B. — L'astérisque * marque les proverbes français ou étrangers qui n'ont pas de commentaire particulier.

ABSENCE.

Un peu d'absence fait grand bien...................................	201
*L'absence est un moyen de se rapprocher.....................	202
*L'absence est à l'amour ce qu'est au feu le vent............	203
L'absence est l'ennemie de l'amour...............................	204
L'absence est pire que la mort..	204

AFFECTION.

L'affection aveugle la raison...	187
On voit toujours par les yeux de son affection................	188

AIMER.

Aime comme si tu devais un jour haïr.............................	110
On ne s'aime bien que quand on n'a plus besoin de se le dire..	119
Qui aime bien châtie bien...	120
Qui m'aime me suive...	121

Quand on n'a pas ce qu'on aime, il faut aimer ce qu'on a......	122
Qui s'aime trop n'est aimé de personne......................	123
*Qui s'aime trop s'aime sans rival.........................	123
Aime-moi un peu, mais continue...........................	124
Qui aime Bertrand aime son chien..........................	124
*Les blessures faites par celui qui aime valent mieux que les baisers trompeurs de celui qui hait......................	131
Qui bien aime tard oublie.................................	198
Il fait bon voir vaches noires en bois brûlé, quand on aime....	198
Qui aime vilement s'avilit................................	199
Un cheveu de ce qu'on aime tire plus que quatre bœufs.......	200
*Qui n'est point jaloux n'aime point.......................	232
*Peu aime qui ne fait dépenses............................	210
*Peu aime qui n'est pas sujet à la tristesse	223
*Qui est aimé d'une belle femme est à l'abri des coups du sort..	200
Il faut connaître avant d'aimer...........................	117
*S'aimer peu à la fois afin de s'aimer longtemps.............	124
Il faut aimer pour être aimé.............................	189
C'est trop aimer quand on en meurt.......................	188
Feindre d'aimer est pire qu'être faux monnayeur............	191
Mieux vaut aimer bergères que princesses...................	191
Aimer à la franche marguerite	192
S'aimer comme deux tourterelles..........................	193
S'aimer comme Robin et Marion...........................	195
On ne peut aimer et être sage tout ensemble.................	195
Aimer n'est pas sans amer................................	196
Qui ne sait pas céler ne sait pas aimer.....................	196
Aimer mieux de loin que de près..........................	197
*Aimer jusqu'aux taches et aux verrues de sa belle...........	285

AMANT.

*Tout amant est fou.....................................	196
L'âme d'un amant vit dans un corps étranger...............	207
L'amant se transforme en l'objet aimé.....................	207
L'amant écoute du cœur les prières de sa belle..............	208
La bourse d'un amant est liée avec des feuilles de poireau.....	208

Querelles d'amants, renouvellement d'amour................. 210
Les amants qui se disputent s'adorent..................... 211
Le mouvement des yeux est le langage des amants........... 212
C'est tous les jours la fête du regard pour les amants......... 212
Il est un dieu pour les amants............................ 214
Grands, vignes et amants trompent dans leurs serments...... 214

AMI.

Au besoin on connaît l'ami............................... 125
Le faux ami ressemble à l'ombre du cadran................. 126
Rien de plus commun que le nom d'ami, rien de plus rare que la chose.. 127
Qui cesse d'être ami ne l'a jamais été...................... 129
Un bon ami vaut mieux que cent parents................... 129
Le frère est ami de nature, mais son amitié n'est pas sûre..... 130
On peut vivre sans frère, mais non sans ami................ 130
Un ami est un autre nous-même........................... 131
Un ami fidèle est la médecine de la vie..................... 132
*L'arbre se dessèche quand il n'est revêtu ni d'écorce ni de feuillage : ainsi est l'homme sans ami........................ 133
*Pourquoi Dieu a-t-il donné une ombre au corps ? C'est pour qu'en traversant le désert ses yeux se reposent sur elle, etc.. 133
Il faut être fringant à l'ami.............................. 133
Un ami pour l'autre veille................................ 133
Il n'est si bon conseil que d'ami........................... 134
*Conseil d'ami, conseil de Dieu............................ 134
Si ton ami te frappe baise sa main........................ 134
*Coups d'ami, coups chéris............................... 134
Un vieil ami est une seconde conscience.................... 135
n'y a pas de plus fidèle miroir qu'un vieil ami............... 135
On ne peut dire ami celui avec qui on n'a pas mangé un minot de sel... 135
Qui est ami de tous ne l'est de personne................... 136
A nul n'est vrai ami, qui de soi-même est ennemi............ 136
Un ami en amène un autre............................... 137
*L'ami de mon ami est le bienvenu........................ 137

Un ami n'est pas sitôt fait que perdu.	137
Ami jusqu'aux autels.	138
Qui n'est pas grand ennemi, n'est pas grand ami.	138
A l'ami soigne le figuier, à l'ennemi soigne le pêcher.	140
*A l'ami on pèle la figue, à l'ennemi la pêche.	141
Ce qui tombe en poche d'ami n'est pas perdu pour nous.	142
Il vaut mieux perdre un bon mot qu'un ami.	143
*Fi de l'ami qui couvre des ailes et déchire du bec.	144
Ami de Platon, mais plus ami de la vérité.	144
Il n'est meilleur ami ni parent que soi-même.	144
A l'ami qui demande on ne dit pas : Demain.	145
*Si ton ami est de miel, ne le mange pas tout entier.	184
Il faut se défier d'un ami réconcilié.	145
*Ami réconcilié, ennemi redoublé.	145
*Ami rompu peut être soudé, mais il n'est jamais sain.	183
Ami au prêter, ennemi au rendre.	146
*Qui prête à son ami perd au double.	146
*Le moyen de perdre un ami, c'est de lui prêter de l'argent.	146
Sage ami et sotte amie.	147
Jamais honteux n'eut belle amie.	148
Mieux vaut donner à un ennemi qu'emprunter à un ami.	149
Qui veut garder son ami n'ait aucune affaire avec lui.	149
*Bois et mange avec ton ami, mais n'aie jamais d'affaire avec lui.	150
N'accorde point ta confiance à un ami dissimulé.	150
*Un trésor n'est pas un ami, mais un ami est un trésor.	161
*Un frère est un ami qui nous est donné par la nature.	170
*Un parent est une partie de notre corps, un ami est une partie de notre âme.	171
*Flatter un ami c'est lui verser du poison dans une coupe d'or.	177
*L'homme qui tient à son ami un langage flatteur et déguisé tend un filet à ses pieds.	177
*L'ami fidèle est une forte protection.	184
*Vieil ami, chose toujours nouvelle.	177
*Mieux vaut manquer d'argent que d'ami.	161
*Ne fais pas des amis trop promptement.	118
*Le moyen de faire des amis qu'on puisse garder longtemps, c'est d'être longtemps à les faire.	118

* On connaît les bonnes sources dans la sécheresse, et les bons amis dans l'adversité.. 126
* Les amis ont le naturel du melon, etc........................ 127
* Beaucoup de parents et peu d'amis............................ 129
* Le sort fait les parents, le choix fait les amis............. 129
* Pluralité d'amis, nullité d'amis............................. 136
* Avant de se faire des amis, il faut commencer à devenir le sien. 137
Vieux amis et comptes nouveaux................................. 150
Les bons comptes font les bons amis............................ 150
* Comptes clairs, amis chers................................... 151
Il ne faut pas compter avec ses amis........................... 151
Entre amis tout doit être commun............................... 152
Qui vit sans amis ne sera pas longtemps sage................... 152
Qui choisit mal ses amis ne sera pas longtemps sage............ 153
Le pire de tous les pays est celui où l'on n'a pas d'amis...... 153
Qui te conseille d'ôter la confiance à tes amis veut te tromper sans témoins... 154
Il faut aimer ses amis avec leurs défauts...................... 155
Bien servir fait amis, et vrai dire ennemis.................... 155
On ne peut vivre sans amis..................................... 156
Il faut louer tout bas ses amis................................ 157
Il faut dire la vérité à ses amis.............................. 158
Vieux amis, vieux écus... 159
On ne saurait avoir trop d'amis................................ 160
Les amis de nos amis sont nos amis............................. 160
* Mille amis c'est peu, un ennemi c'est beaucoup............... 160
Mieux vaut amis en voie que deniers en courroie................ 161
Il est bon d'avoir des amis partout............................ 162
* Avoir des amis en paradis et en enfer....................... 162
Les gens riches ont beaucoup d'amis............................ 163
* Les pauvres n'ont point d'amis............................... 163
Les amis par intérêt sont des hirondelles sur les toits........ 163
Un homme mort n'a ni parents ni amis........................... 163
On ne doit pas servir ses amis à plats couverts................ 164
On ne doit pas se gêner avec ses amis.......................... 165
Dieu me garde de mes amis, je me garderai de mes ennemis....... 166
Les amis sont les trésors des rois............................. 167

Il faut qu'un roi ait beaucoup d'amis et peu de confidents...... 167
Il faut se dire beaucoup d'amis et s'en croire peu............. 168
Il ne faut pas mettre ses amis à tous les jours............... 168
Il faut éprouver les amis aux petites occasions, et les employer aux grandes... 169
Il faut choisir ses amis dans sa famille..................... 169
Les amis sont du choix de l'homme, les parents sont du choix de Dieu... 173
*La table fait les amis..................................... 178

AMITIÉ.

*Le malheur est la pierre de touche de l'amitié............... 126
*Compte et calcul entretiennent l'amitié..................... 151
*L'amitié compte par tonneaux, et le commerce par grains..... 151
*Il ne faut pas rincer avec du vinaigre la coupe de l'amitié.. 156
*L'amitié est plus nécessaire que le feu et l'eau............ 156
*La sincérité est le sacrement de l'amitié................... 159
Bonne amitié est une autre parenté.......................... 170
*La véritable amitié ressemble à la parenté la plus rapprochée. 170
Bonne amitié vaut mieux que parenté......................... 171
Les couteaux coupent l'amitié............................... 173
Ne te fie pas à l'amitié d'un bouffon....................... 174
L'amitié est un pacte de sel................................ 175
Il faut que l'amitié nous trouve ou nous fasse égaux........ 176
*L'amitié est la sympathie de deux âmes égales.............. 176
*L'amitié disparaît où l'égalité cesse...................... 176
La flatterie est le poison de l'amitié...................... 176
Le plus bel âge de l'amitié est sa vieillesse............... 177
*L'amitié est un plaisir qui s'accroît à mesure qu'il vieillit. 177
Les petits présents entretiennent l'amitié.................. 178
La table est l'entremetteuse de l'amitié.................... 178
Il ne faut pas laisser croître l'herbe sur le chemin de l'amitié... 179
*Visite rare accroît l'amitié............................... 180
*Des visites trop fréquentes useraient l'amitié............. 180
L'amitié fait plus de bons ménages que l'amour.............. 181

L'amitié qui naît de l'amour vaut mieux que l'amour même.... 181
L'amitié confie son secret, mais il échappe à l'amour........ 182
L'amitié rompue n'est jamais bien soudée................ 183
*L'amitié rompue ne se renoue pas sans que le nœud paraisse ou se sente... 183
Le respect et la déférence sont les liens de l'amitié......... 183
Bonne amitié vaut mieux que tour fortifiée............... 183
L'amitié doit se contracter à frais communs............... 184
Il faut découdre et non déchirer l'amitié................. 185
Amitié de gendre...................................... 185
*Amitié de gendre, soleil d'hiver......................... 185
*Amitié de brus et de gendres, lessives sans cendres........ 185
Les amitiés devraient être immortelles, et mortelles les inimitiés. 186

AMOUR.

*L'amour et la haine mettent un voile devant les yeux....... 187
*Mort d'amour et d'une fluxion de poitrine................ 199
*L'amour après la colère est plus agréable................ 210
L'amour vient sans qu'on y pense........................ 216
Amour et mort, rien n'est plus fort...................... 217
L'amour fait perdre le repos et le repas.................. 217
*Qui a l'amour au cœur a l'éperon aux flancs.............. 218
L'amour le plus parfait est le plus malheureux............ 218
En amours les apprentis en savent autant que les maîtres.... 219
L'amour naît à la première vue.......................... 219
*L'amour naît du regard................................. 219
Le coup de foudre en amour............................. 220
L'amour est une fièvre au rebours....................... 220
Il faut être fou en amour............................... 221
Louange engendre amour................................ 221
L'amour est la seule maladie dont on n'aime pas à guérir.... 222
Beaux pleurs d'amour valent mieux que ses ris............ 223
L'amour est la clef du mérite et un étang de prouesses...... 224
L'homme sans amour ne vaut pas mieux que l'épi sans grain.. 225
L'amour excite aux grandes prouesses.................... 225

*L'amour fait les héros....................................	225
L'amour est le revenu de la beauté.......................	226
Courtoisie fait amour durer..............................	227
En amour mieux vaut espérer que tenir...................	227
L'amour ne peut rien refuser à l'amour...................	228
L'amour égalise toutes les conditions....................	228
L'amour rapproche les distances.........................	229
L'amour et la crainte ne mangent pas à la même écuelle..	229
Amour et seigneurie ne souffrent compagnie..............	230
*L'amour et l'ambition ne souffrent point de compagnon...	230
Il ne faut pas jouer avec le feu ni avec l'amour..........	231
Il n'y a point d'amour sans jalousie......................	232
*La vraie jalousie fait toujours croître l'amour...........	232
*La jalousie est la sœur de l'amour.......................	232
*La jalousie naît de l'amour, comme la cendre du feu, pour l'étouffer.	232
Il n'y a pas d'amour sans espérance......................	233
Plus l'amour vient tard, plus il ard......................	234
*L'amour est comme la petite vérole, qui fait d'autant plus de mal qu'elle vient plus tard...........................	235
Rien ne se rallume si vite que l'amour...................	235
En amour, un blessé guérit l'autre.......................	236
L'amour est comme la lance d'Achille, qui blesse et guérit...	236
La petite oie de l'amour.................................	237
L'amour est un grand maître.............................	238
*L'amour est inventif....................................	238
L'amour fait porter selle et bride aux plus grands clercs..	239
L'amour ôte le deuil.....................................	243
En amour, trop n'est pas assez...........................	244
Plus l'amour est nu, moins il a froid.....................	245
*Qui se prend avec amour, se quitte avec rage............	283
Faire l'amour en toute saison est ce qui distingue l'homme des bêtes...	246
L'amour et la pauvreté font mauvais ménage ensemble......	247
*Quand la pauvreté entre par la porte, l'amour s'envole par la fenêtre...	247
Les lunettes sont des quittances d'amour.................	248
L'amour ne loge point sous le toit de l'avarice...........	250

La faim fait oublier l'amour...	250
Sans pain ni vin, l'amour est vain...............................	251
*Vive l'amour, mais que je dîne.................................	251
*Vive l'amour après dîner...	251
Après l'amour le repentir...	251
On fait l'amour, et, quand l'amour est fait, c'est une autre paire de manches...	252
Vieil amour, vieille prison...	253
L'amour meurt rarement de mort subite....................	254
Il n'y a qu'un pas de l'amour à la dévotion................	255
Quand l'amour s'en va, c'est pour ne plus revenir......	256
*Le temps et non la volonté met fin à l'amour............	255
Un nouvel amour en remplace un ancien, comme un clou chasse l'autre..	256
L'amour fait passer le temps, et le temps fait passer l'amour..	258
Le succès trop facile rend l'amour méprisable............	259
L'amour apprend les ânes à danser............................	259
L'amour porte avec soi la musique............................	260
*L'amour enseigne la musique...................................	260
*Amour engendre poésie...	260
L'amour est comme un flambeau, plus il est agité, plus il brûle.	260
L'amour et la gale ne se peuvent cacher....................	263
*L'amour et la toux ne se peuvent celer.....................	263
*L'amour et le musc ne peuvent rester ignorés............	263
*La pauvreté et l'amour sont difficiles à cacher..........	263
L'amour divulgué est rarement de durée...................	264
Le secret est la garde la plus assurée de l'amour........	264
*Secret, vin et amour ne valent rien, quand ils sont éventés....	264
L'amour est le frère de la guerre................................	265
L'amour est le frère de la haine.................................	266
A battre faut l'amour..	267
Heureux au jeu, malheureux en amour......................	269
*Malheureux au jeu, heureux en amour......................	270
Filer le parfait amour...	270
L'amour se paye par l'amour.....................................	270
Plus il y a paroles en amour et moins y sied..............	271
L'amour s'introduit sous le nom de l'amitié...............	271

Un sot va plus vite et plus loin en amour qu'un homme d'esprit.	273
L'amour est de tous les âges.................................	274
L'amour fait les vieilles trotter.............................	274
L'amour est roi des jeunes gens et tyran des vieillards.......	275
L'amour sied bien aux jeunes gens, et déshonore les vieillards.	275
Lorsqu'un vieux fait l'amour, la mort court à l'entour........	277
Vieillard qui fait l'amour, est un agonisant en chemise de noces.	277
Amour se nourrit de jeune chair...............................	277
L'amour n'a point de règle....................................	278
Le plaisir est le tombeau de l'amour..........................	279
*Le plaisir est fils de l'amour, mais c'est un fils ingrat qui fait mourir son père.......................................	279
*Ce n'est pas la nature qui rend la femme belle, c'est l'amour...	284
L'amour des parents descend, et ne remonte pas................	279
Le cœur d'une mère est le miracle de l'amour..................	280
Tendresse maternelle toujours se renouvelle...................	282
*Amour de mère est toujours nouveau...........................	283
*Donner le gage d'amour sans fin..............................	368
*Les plus parfaites amours réussissent le moins...............	218
*Vieilles amours et vieux tisons s'allument en toutes saisons....	235
*Les amours s'en vont, et les douleurs demeurent..............	251
Froides mains, chaudes amours.................................	283
*Chaudes mains, froides amours................................	283
Amours qui commencent par anneaux finissent souvent par couteaux...	283
Il n'y a point de laides amours...............................	284
Il n'y a point de belle prison ni de laides amours............	286
Il n'y a point d'éternelles amours ni de félicité parfaite....	286
On revient toujours à ses premières amours....................	286
Que la nuit me prenne là où sont mes amours !.................	287
D'oiseaux, de chiens, d'armes, d'amours, pour un plaisir mille douleurs..	288
L'amour et le médecin...	305

AMOURETTE.

*La manche est signal d'amourette.............................	253
Sont aussi bien amourettes, sous bureaux comme sous brunettes.	289

AMOUREUX.

Un amoureux est toujours craintif.................................... 289
Amoureux transi.. 290
Amoureux des onze mille vierges..................................... 291
Le riche s'attriste pendant que l'amoureux danse.................... 293
Les tisons relevés chassent les amoureux............................ 293

ANE.

*Quand il n'y a pas de foin au râtelier, les ânes se battent....... 248

ARISTOTE.

Faire le cheval d'Aristote... 242

BEAU.

*L'objet qu'on aime est toujours beau.............................. 284
*N'est pas beau ce qui est beau, mais est beau ce qui agrée........ 284

BELLE.

Les belles ne sont pas pour les beaux.............................. 215
Ce ne sont pas les plus belles qui font les grandes passions....... 215

BOIS.

*Le bois sec brûle mieux que le bois vert.......................... 235
Bois vert se consume en fumée, bois vieux ne fait plus de chaleur.. 334

CATHERINE.

Rester pour coiffer sainte Catherine............................... 388

CÉLADON.

C'est un Céladon.. 205

CHANDELLE.

*De nuit, à la chandelle, l'ânesse paraît demoiselle à marier.... 61
*Belle à la chandelle.. 61
Allumer la chandelle à quatre cornes............................ 341

CHAT.

La nuit, tous les chats sont gris................................ 61

CŒUR.

Cœur oublie ce qu'œil ne voit.................................... 205
Loin des yeux et loin du cœur.................................... 205
Les yeux sont messagers du cœur.................................. 205
Le cœur ne vieillit pas... 206
Le cœur n'a point de rides....................................... 206
*Le cœur d'un père est dans son fils, le cœur d'un fils est dans la pierre.. 280

COUVADE.

Faire la couvade.. 50

ÉPOUSAILLES.

*La messe des épousailles est une extrême-onction............... 313

ÉPOUX.

Les époux qui s'aiment se disent mille choses sans se parler.... 384
Une jeune épouse veut être choyée comme la femme d'un prêtre russe.............. 385
Les époux trop ardents sont comme deux tisons qui se consument vite l'un l'autre, quand ils sont rapprochés............ 386

ESCARGOT.

* L'escargot, pour se délivrer d'inquiétude, échangea ses yeux contre des cornes........................... 372

FEMME.

Il faut trente qualités à une femme pour être parfaitement belle. 1
Il faut choisir une femme avec les oreilles plutôt qu'avec les yeux. 2
* La femme sage et pudique a une grâce au-dessus de toute grâce. 3
Maison faite et femme à faire................ 3
* Cheval fait et femme à faire................ 3
Il faut être le compagnon et non le maître de sa femme...... 3
* La nature a soumis la femme à l'homme, mais la nature ne connaît point d'esclaves...................... 4
Rien n'est meilleur qu'une bonne femme............ 5
* Une bonne femme est le plus grand bienfait de la Providence.. 5
* Qui a trouvé une bonne femme a trouvé le bien par excellence.
* Heureux le mari d'une bonne femme, car le nombre de ses années est doublé.............................
* La femme est un mets digne des dieux, quand le diable ne l'assaisonne pas.............................. 6
Qui de femme honnête est séparé, d'un don divin est privé..... 6
* La bonne conduite de la femme est un don de Dieu.......... 6
La femme fait la maison...................... 7
La femme fait ou défait la maison................ 7
La plus honnête femme est celle dont on parle le moins........ 7

* La femme la mieux louée est celle dont on ne parle pas........ 8
* Cette femme fait parler d'elle.............................. 8
La bonne femme n'est jamais oisive........................... 9
* Le phénix est une femme oisive et sage à la fois............ 9
Prends le premier conseil d'une femme, et non le second...... 11
* Si la raison de l'homme vient de la vie et de la science, celle de la femme vient de Dieu................................ 11
Ce que femme veut, Dieu le veut.............................. 12
Il n'est plus fort lien que de femme......................... 13
La plus belle femme ne peut donner que ce qu'elle a.......... 13
Il n'est attention que de vieille femme...................... 14
La femme est toujours femme.................................. 15
La femme est un oiseau qu'on ne tient que par le bout de l'aile. 16
Foi de femme est plume sur l'eau............................. 16
* Ne vous fiez pas aux promesses de la femme, car son cœur a été fait tel que la roue qui tourne............................. 17
* Amitié des grands, soleil d'hiver et serments d'une femme, sont trois choses qui n'ont pas de durée....................... 17
* Qui prend l'anguille par la queue et la femme par la parole peut dire qu'il ne tient rien.................................. 17
L'amour d'une femme est un sable mouvant sur lequel on ne peut bâtir que des châteaux en Espagne....................... 18
Il ne faut pas se fier à femme morte......................... 18
Si la femme était aussi petite qu'elle est bonne, il suffirait d'une feuille de persil pour lui faire un habillement complet et une couronne.. 19
Femme rit quand elle peut et pleure quand elle veut.......... 19
Larmes de femme, assaisonnement de malice.................... 19
Caresses de femme, caresses de chatte........................ 20
* Rien de plus dangereux qu'une femme qui emploie les caresses. 20
La femme sait un art avant le diable......................... 21
* Jamais femme n'a gâté sa cause par son silence.............. 21
L'homme est de feu, la femme d'étoupe, le diable vient qui souffle. 21
Ce que diable ne peut, femme le fait......................... 22
Le renard en sait beaucoup, mais une femme amoureuse en sait davantage... 23
La femme est une araignée.................................... 23

L'œil de la femme est une araignée..................................... 24
Prends femme, Jean, et dors tant que tu voudras, car elle saura
    bien te réveiller... 24
*Que celui qui ne sait se donner d'occupation prenne femme.... 24
Fou est le jaloux qui tente de garder sa femme..................... 24
Une bonne femme est une mauvaise bête............................. 26
Bonne femme, mauvaise tête; bonne mule, mauvaise bête...... 26
*Bonne femme et bonne mule, deux mauvaises bêtes............. 26
La femme ne doit pas apporter de tête dans le ménage.......... 27
La femme ne doit pas avoir une tête à elle........................... 27
*Heureux ménage quand la femme est sans volonté, etc........ 28
La bonne femme est celle qui n'a point de tête..................... 28
Le cerveau de la femme est fait de crème de singe et de fromage
    de renard... 29
Corps de femme et tête de diable...................................... 30
La femme et la poule se perdent pour trop courir................. 31
*La femme doit être sédentaire... 31
Temps pommelé et femme fardée ne sont pas de longue durée. 32
Soleil qui luisarne au matin, enfant qui est nourri de vin et
    femme qui parle latin, ne viennent pas à bonne fin............ 33
Jamais habile femme ne mourut sans héritier...................... 35
Qui femme a, noise a.. 36
*Un mari ne connaît pas assez sa femme pour en parler, une
    femme connaît trop bien son mari pour s'en taire.............. 36
La femme querelleuse est pire que le diable........................ 37
On ne peut avoir en même temps femme et bénéfice............. 37
Rien n'est pire qu'une méchante femme.............................. 38
Il faut craindre sa femme et le tonnerre.............................. 39
*Il n'y a pas de colère qui surpasse la colère de la femme...... 39
La femme est un mal nécessaire.. 39
Femme barbue, de loin la salue, un bâton à la main.............. 40
Femme qui prend se vend, femme qui donne s'abandonne..... 41
Une femme ne cèle que ce qu'elle ne sait pas...................... 42
*Si ta femme est mauvaise, méfie-toi d'elle; si elle est bonne,
    ne lui confie rien.. 42
A qui Dieu veut aider, sa femme lui meurt.......................... 42
*A qui perd sa femme et un denier, c'est grand dommage de
    l'argent... 43

TABLE ALPHABÉTIQUE

Deuil de femme morte dure jusqu'à la porte...........................	43
Ci-gît ma femme; ah! qu'elle est bien, pour son repos et pour le mien...	43
La chandelle se brûle, et cette femme ne meurt point...............	44
Ce n'est rien, c'est une femme qui se noie...........................	44
Il est permis de battre sa femme, mais il ne faut pas l'assommer.	45
Battre sa femme ne lui ôte folle pensée.............................	48
*Celui qui frappe sa femme est comme celui qui frappe un sac de farine, le bon s'en va et le mauvais reste............................	48
Il faut toujours que la femme commande.............................	48
Femme veut en toute saison être maîtresse en sa maison........	49
La femme veut porter la culotte..	51
Être sous la pantoufle de sa femme....................................	54
Pour faire mentir une femme à coup sûr, il n'y a qu'à lui demander son âge...	57
Servez monsieur Godard! sa femme est en couches................	59
La nuit, il n'y a point de femme laide.................................	61
Jeter le mouchoir à une femme...	62
La femme de César ne doit pas même être soupçonnée...........	63
Il ne faut prêter ni son épée, ni son chien, ni sa femme..........	64
Il ne faut montrer ni sa bourse ni sa femme........................	65
La femme est la moitié de l'homme...................................	65
Dame qui moult se mire, peu file......................................	67
* Plus la femme mire sa mine, plus sa maison elle mine........	67
La femme perd l'homme...	68
* L'homme perd la femme...	70
Une maîtresse est reine, une femme est esclave....................	73
Une femme et un almanach ne valent que pour une année.....	73
Qui sa femme n'honore, lui-même se déshonore...................	75
On peut compter sur la fidélité de son chien jusqu'au dernier moment, sur celle de sa femme jusqu'à la première occasion..	75
La femme a été faite pour l'homme, non l'homme pour la femme.	77
La femme est un être qui s'habille, babille et se déshabille......	79
Femme est mère de tout dommage, tout mal en vient et toute rage.	79
Une femme est comme votre ombre : suivez-la, elle fuit; fuyez-la, elle suit...	81
Il n'y a de femme chaste que celle qui ne trouve pas d'amant..	81

Il n'y a pas de femme en couches qui se plaigne d'avoir été mariée trop tard. 370

Dites une fois à une femme qu'elle est jolie, le diable le lui répétera dix fois par jour.. 83

Chacun cuide (pense) avoir la meilleure femme............. 84

L'esprit d'une femme est de vif-argent, et son cœur de cire..... 84

Quand une femme prend congé de la compagnie, sa visite n'est encore faite qu'à moitié.. 85

La femme est le savon de l'homme.......................... 85

* La femme est une savonnette à vilain..................... 86

* Qui croit sa femme se trompe, qui ne la croit pas est trompé.... 109

* A femme trépassée, il faut tuer la langue en particulier........ 108

* On tire plus de choses avec un cheveu de femme qu'avec six chevaux bien vigoureux....................................... 200

* Il faut descendre un degré pour prendre une femme, et en monter un pour faire un ami....................................... 327

Deux bons jours à l'homme sur terre : quand il prend femme, et qu'il l'enterre.. 360

Il faut faire carême prenant avec sa femme, et Pâques avec son curé... 378

Sans les femmes, les hommes seraient des ours mal léchés...... 87

Les femmes font les hommes................................. 87

Sans les femmes, les deux extrémités de la vie seraient sans secours et le milieu sans plaisir................................. 89

Les femmes ont l'œil américain.............................. 90

Les hommes font les lois, les femmes font les mœurs.......... 91

Que les femmes fassent les femmes, et non les capitaines...... 92

Femmes et chevaux, il n'y en a point sans défauts............ 94

Les femmes sont trop douces, il faut les saler................ 94

Paris est l'enfer des chevaux, le purgatoire des hommes, et le paradis des femmes... 95

Les femmes ont des souris à la bouche et des rats dans la tête.. 96

Les premiers conseils des femmes sont les meilleurs, et leurs dernières résolutions les plus dangereuses..................... 14

* Le diable assoupit rarement les mensonges des femmes dans la fosse... 18

* Deux sortes de larmes dans les yeux des femmes, etc........... 20

*Les femmes sont semblables au crocodile, etc.	20
*Les bonnes femmes sont toutes au cimetière.	26
*Les chiens ont sept espèces de rage, les femmes en ont mille.	38
Il faut prendre les hommes tels qu'ils sont, et les femmes telles qu'elles veulent être.	97
L'amour des femmes tue le courage des plus braves.	98
*L'amour des femmes tue la sagesse.	98
Les femmes sont toutes fausses comme des jetons.	99
Les femmes ne mentent jamais plus finement que lorsqu'elles disent la vérité à ceux qui ne les croient pas.	99
La vieillesse est l'enfer des femmes.	100
Les femmes sont comme les énigmes, qui ne plaisent plus quand on les a devinées.	101
Les femmes sont comme les paons, dont les plumes deviennent plus belles en vieillissant.	101
Les femmes sont des paons dans les promenades, des pies-grièches dans leur domestique, des colombes dans le tête-à-tête.	102
Les femmes qui sont anges à l'église sont diables à la maison.	103
Vides chambres font femmes folles.	103
*Femmes folles de leur corps.	103
Les dames à la grand'gorge.	103
Trois femmes font un marché.	105
*Trois femmes et une oie font un marché.	105
*Deux femmes font un plaid, trois un grand caquet, quatre un plein marché.	105
*Femmes sont faites de langue comme renards de queue.	105
*La langue des femmes croit de tout ce qu'elles ôtent à leurs pieds.	106
Les femmes ont des langues de la Pentecôte.	106
La langue des femmes est leur épée, et elles ne la laissent pas rouiller.	106
*Les femmes portent l'épée dans la bouche; c'est pourquoi il faut frapper sur la gaîne.	107
La langue des femmes ne se tait pas, même lorsqu'elle est coupée.	108
Femmes ne sont pas gens.	109
De ce qu'on dit des femmes il ne faut croire que la moitié.	110
Si les femmes étaient d'argent, elles ne vaudraient rien à faire monnaie.	111

Les femmes qui ont donné leur farine veulent vendre leur son.. 112
Il y a peu d'honnêtes femmes qui ne soient lasses de leur métier.. 113
Les femmes demandent si un homme est discret, comme les hommes si une femme est belle............................. 114
Les femmes n'ont que l'âge qu'elles paraissent avoir.......... 115
On ne saurait dire des femmes ce qui en est.................. 115
* Les femmes se laissent prendre à la louange comme les alouettes au miroir.. 221
* Les femmes sont nos maîtresses dans la jeunesse, nos compagnes dans l'âge mûr, et nos nourrices dans la vieillesse....... 333

FEU.

* Qui n'est pas en feu n'enflamme point...................... 189

FIANÇAILLES.

Fiançailles chevauchent en selle, et repentirs en croupe........ 357
* Boire le vin des fiançailles................................ 358

FIANCÉ.

Boire comme un fiancé..................................... 358

FIANCER.

Tel fiance qui n'épouse pas................................. 35

FILLE.

Fille honnête et morigénée est assez riche et bien dotée........ 3
* Une fille est assez noble et assez riche si elle est chaste, modeste et vertueuse.. 3

La plus belle fille ne peut donner que ce qu'elle a............ 13
Jeune fille avec jeune fieu, c'est mariage du bon Dieu........ 320
Bailler ou donner le chapelet à une fille.................... 339
*Fille, pour son honneur garder, ne doit ni prendre ni donner... 41
*Mieux vaudrait tenir un panier de souris qu'une fille de vingt ans, 25
*Fille fiancée n'est ni prise ni laissée..................... 357
*Fille fiancée n'est pas mariée............................. 357
Un homme riche n'est jamais trop vieux pour être le mari d'une jeune fille.. 376
*Les vieilles filles conduisent les singes en enfer............ 389

FLEURETTES.

Conter fleurettes... 208

GENDRE.

*Qui trouve un bon gendre gagne un fils, qui en trouve un mauvais perd une fille.. 186

LUNE.

*Décrocher la lune.. 209
La lune de miel... 384
*Être né à la quatrième lune............................... 383

MAIN.

*Ne touche pas à plusieurs dans la main.................... 136
*Princes et pastourelles, princesses et pastoureaux, vont de pair en se donnant la main...................................... 229

MALADIE.

Il n'y a pas de maladie plus cruelle que de n'être pas content de son sort... 122

MARI.

*Ce n'est rien ; c'est mon mari que l'on tue........................ 44
*Pour faire un bon ménage, il faut que le mari soit sourd et la femme aveugle.. 314
*Aujourd'hui mari, demain marri.................................. 366
Un mari est toujours le dernier instruit, etc..................... 370
Un mari doit se faire annoncer quand il rentre chez lui......... 373
Sers ton mari comme ton maître, et t'en garde comme d'un traître. 374
Mieux vaut un mari sans amour qu'un mari jaloux............. 375
Mieux vaut un vieux mari que point de mari................... 376
Le bon mari fait la bonne femme, et la bonne femme fait le bon mari.. 378
*Jamais maris, toujours amants.................................. 367
Les anciens mauvais sujets font les meilleurs maris............. 379
Tous les maris contents danseraient sur le dos d'une assiette.. 380
*Tous les maris contents danseraient sur le cul d'un verre...... 380
Tous les maris ont besoin d'aller à Saint-Raboni............... 380
Les boiteux sont de bons maris................................. 381
Les maris et les amants voient souvent la lune à gauche...... 382

MARIAGE.

Le mariage est une loterie...................................... 307
Le mariage est le plus grand des biens et des maux........... 309
En mariage il y a fort lien..................................... 310
Un bon mariage se fait d'un mari sourd et d'une femme aveugle. 311
Mariage et pénitence ne font qu'un............................. 342
Tout traité de mariage porte son testament..................... 312
Il n'y a si bon mariage que la corde ne rompe................. 313
Le mariage est comme le figuier de Bagnolet, etc.............. 314

En mariage, trompe qui peut..	314
Le mariage est comme une forteresse assiégée, etc.............	313
Les quinze joies de mariage...	316
Le mariage est le tombeau de l'amour...............................	316
Le mariage est un enfer où le sacrement nous mène sans péché mortel...	318
Il n'y a point de mariage dans le paradis...........................	319
*Il y a dans le séjour des bienheureux beaucoup d'amour et point de mariage...	319
Le mariage n'empêche point d'aimer ailleurs......................	319
Homme vieux avec jeune femme, mariage de Notre-Dame....	321
Vieille femme et jeune garçon c'est mariage de démon........	321
Mariage d'épervier la femelle vaut mieux que le mâle.........	321
Mariage de Jean des v'gnes, tant tenu, tant payé...............	321
*Mariage du treizième arrondissement..............................	322
*Boire, manger, coucher ensemble, c'est mariage, ce me semble.	322
Mariage de bohèmes..	322
Un bon mariage est difficile à faire, même en peinture........	323
Un bon mariage répare tout...	325
Mariage et pendaison vont au gré de la destinée................	328
*Mariage prompt, regret long...	342
*Celui qui est lié par le mariage n'est plus libre..................	350
*Mariage et malheur tout en un jour.................................	366
*Avant le mariage tu cries Io, et après tu cries Iahu.............	366
Les meilleurs mariages se font entre pareils.......................	326
*La première lune après le mariage est de miel, et celles qui la suivent sont d'absinthe..	384
La même année vit naître le mariage d'inclination et le repentir.	325
Les mariages sont écrits dans le ciel.................................	327
*Les mariages se font au ciel et se consomment sur la terre....	327
Année de noisettes, année de mariages............................	328

MARIER.

Il ne faut pas se marier pour les yeux...............................	2
Ma mère, qu'est-ce que se marier? — Ma fille, c'est filer, enfanter et pleurer..	330

Il est trop tôt pour se marier quand on est jeune et trop tard quand on est vieux.................................... 332

Il ne faut se marier ni trop tôt ni trop tard................. 333

Qui va loin se marier sera trompé ou veut tromper.......... 335

Avant de te marier, aie maison pour habiter................. 335

Il ne faut pas se marier si l'homme n'a de quoi dîner et la femme de quoi souper................................. 336

Il faut se marier en face de l'église......................... 357

Il ne faut pas se marier pour la première nuit de ses noces.... 339

* Qui recule trop à se marier, il s'avance d'être sot............. 356

Qui se marie à la hâte se repent à loisir.................... 342

On se marie pour soi...................................... 343

Le jour où l'on se marie est le lendemain du bon temps..... 345

Qui se marie fait bien, qui ne se marie pas fait mieux........ 346

Qu'on se marie ou non, l'on a toujours à s'en repentir...... 347

Qui se marie par amour a bonnes nuits et mauvais jours..... 349

Qui se marie se met la corde au cou........................ 350

Qui se marie s'achemine à faire pénitence.................. 350

Marie ton fils quand tu voudras, ta fille quand tu pourras.... 351

* Marie ta fille, et tu auras fait une grande affaire............ 351

Marie ta fille quand elle en a envie, et ton fils quand l'occasion s'en présente................................. 352

Marie ton fils à Paris..................................... 352

Marie ta fille en Normandie............................... 352

Nul ne se marie qui ne s'en repente........................ 353

Saint Nicolas marie les filles avec les gaz.................. 355

Celui qui se marie trop tard se marie pour ses voisins....... 356

* L'homme et la femme qui se marient mettent la main dans un sac où sont dix couleuvres et une anguille............ 307

* Pour peu qu'on soit marié, on l'est beaucoup................ 311

Aujourd'hui marié, demain marri........................... 366

Il sera marié cette année.................................. 366

L'homme marié est un oiseau en cage...................... 367

Les mariés auront la vigne de l'abbé....................... 368

Dénouer la jarretière de la mariée......................... 368

La mariée n'a pour dot qu'un chapeau de roses.............. 369

MISÈRE.

Prendre le collier de misère... 840

NOCES.

C'est pain de noces... 361
Le pain de noces coûte cher à qui le mange............................. 361
Pain de noces, chair de piége à vautour................................ 361
Noces de mai, noces mortelles.. 362
Noces réchauffées.. 364
Il ne s'est jamais trouvé à pareilles noces............................ 364
* Les noces remplissent la terre, la virginité remplit le ciel......... 819

OISEAU.

C'est un vilain oiseau que celui qui salit son nid..................... 75

POULE.

La poule ne doit pas chanter devant le coq............................. 54
* Quand la poule veut chanter comme le coq, il faut lui couper
   la gorge... 55
* Poule qui chante le *béguey* annonce la mort de sa maîtresse ou
   la sienne.. 56

ROSE.

Découvrir le pot aux roses... 296
* Ceci est dit sous la rose.. 297

SAULE.

*Porter la branche du saule pleureur 389

SOLLICITEUSE.

* Une belle solliciteuse vaut bien une bonne raison............ 200

TENDRE.

Voyager dans le pays de Tendre....................... 299

TENDRESSE.

Tendresse maternelle toujours se renouvelle................ 282

VÉNUS.

* Sans Cérès et Bacchus Vénus est transie.................... 251
* Vénus est pour qui a le ventre plein, non pour qui l'a vide.... 251
* Si elle est louche elle ressemble à Vénus 285

VERROU.

Baiser le verrou.. 262

VEUVE

*Si une morluche devenait veuve, elle serait grasse............. 360
*Si une sardine devenait veuve, elle serait grasse comme un thon. 361

VIVRES

*Celui qui envoie les bouches envoie aussi les vivres............ 330

FIN DE LA TABLE ALPHABÉTIQUE DES PROVERBES.

www.ingramcontent.com/pod-product-compliance
Lightning Source LLC
Chambersburg PA
CBHW070931230426
43666CB00011B/2396